Faktizität des Rechts in der forensischen Psychiatrie

Frankfurter kriminalwissenschaftliche Studien

Bd./Vol. 91

PETER LANG
Frankfurt am Main · Berlin · Bern · Bruxelles · New York · Oxford · Wien

Leonie Frenz

Faktizität des Rechts in der forensischen Psychiatrie

Eine Untersuchung im LKH Moringen

PETER LANG
Europäischer Verlag der Wissenschaften

Bibliografische Information Der Deutschen Bibliothek
Die Deutsche Bibliothek verzeichnet diese Publikation in der Deutschen Nationalbibliografie; detaillierte bibliografische Daten sind im Internet über <http://dnb.ddb.de> abrufbar.

Zugl.: Frankfurt (Main), Univ., Diss., 2005

D 30
ISSN 0170-6918
ISBN 3-631-54040-X

www.peterlang.de

Inhaltsverzeichnis

Literaturverzeichnis

Aharony, L. & **Strasser**, S. „Patient satisfaction: what we know about and what we still need to explore"; Medical Care Review, Heft 50; 1993

Alt, S. J. „Patient satisfaction rates are too high"; Health Care Strategic Management; Heft 8; 1995

Attkinson, C. C. & **Zwick**, R. „The client Satisfaction Questionnaire: Psychometric properties and correlations with service utilization and psychotherapy outcome"; Evaluation and Program Planning; Heft 5; 1982

Auerbach, S. M. „Trait-state auxiety and adjustment to surgery" J. Cons. Clin. Psycholog. 40 (1973) 264

Aust, B. „Zufriedene Patienten? Eine kritische Diskussion von Zufriedenheitsuntersuchungen in der gesundheitlichen Versorgung."; Unveröffentlichtes Manuskript, Berlin 1994

Barta, H. „Kausalität im Sozialrecht"; Berlin 1983; Duncker & Humblot

Baur, I.; „Psychiatrischer Maßregelvollzug – Einflußfaktoren auf die Unterbringungsdauer"; Göttingen 2000

Baurmann, M. C. „Sexualität, Gewalt und psychische Folgen"; BKA Forschungsreihe Band 15; Bundeskriminalamt; 2. Auflage; Wiesbaden 1996

Beutel, F. „Die Experimentelle Rechtswissenschaft"; Berlin 1971; Duncker & Humblot

Binsack, H.; „Längsschnittuntersuchungen bei nach § 42 b StGB untergebrachten männlichen Anstaltspatienten"; Frankfurt am Main 1973

Böcker, F.; „Einstellung psychisch Kranker zur psychiatrischen Krankenhausbehandlung"; Regensburg 1996; Roderer Verlag

Bruster, S., **Jarman**, B., **Sosantquet**, N., **Weston**, D., **Erens**, R. & **Delbanco**, T. L.; „National survey of hospital patients"; British Medical Journal; Heft 309; 1994

Chiotellis, A., **Fikentscher**, W. "Rechtstatsachenforschung"; Köln 1985; Dr. Otto Schmidt Verlag

Dessecker, A. "Die Praxis der strafrechtlichen Unterbringung in einem psychiatrischen Krankenhaus: Ergebnisse zur Anordnung und Vollstreckung"; Bewährungshilfe 1997, 286

Dimmek, B., **Duncker**, H. „Zur Rückfallgefährdung durch Patienten des Maßregelvollzuges"; Recht & Psychiatrie 1996, 50

Duff, R. S., **Hollinshead**, A. B. “Sickness and Society”; Harper & Row; New York 1968

Dür, W., **Grossmann**, W. & **Schmied**, H. „Patientenzufriedenheit und Patienterwartungen im Krankenhaus. Statistische Analysen als Hilfsmittel im Benchmarking; Lebensqualitätsforschung aus medizinpsychologischer und soziologischer Perspektive (18); Göttingen 2000; Hofgrefe

Ehrlich, E. „Grundlegung der Soziologie des Rechts“; 3. Auflage; Berlin 1967; Duncker & Humblot

Ehrlich, E. „Recht und Leben“; Berlin 1967; Dunker & Humblot

Ehrlich, E. „Gesetz und lebendes Recht“; Berlin 1986; Dunker & Humblot

Eicken, B., **Ernst**, E., **Zenz**, G. „Fürsorglicher Zwang – Eine Untersuchung zur Legitimation von Freiheitsbeschränkung und Heilbehandlung in Einrichtungen für psychisch kranke, für geistig behinderte und für alte Menschen“; Bundesanzeiger Nr. 31a, 1990; Jahrgang 42; Hrsg. Bundesministerium der Justiz

Engelhardt, K., **Wirth**, A., & **Kindermann**, L. „Kranke im Krankenhaus“; 2. Auflage; Stuttgart 1987; Ehnke-Verlag

Engelsberger, C. „Der Vollzug europarechtlicher Vorschriften auf dem Gebiet des Umweltschutzes. – Rechtliche Vorgaben und Verwaltungspraxis anhand einer empirischen Umfrage bei Behörden und Umweltschutzverbänden in Deutschland.“; Berlin 1998; Duncker & Humblot

Fedynskyj, J. „Rechtstatsachen auf dem Gebiet des Erbrechts im Gerichtsbezirk Innsbruck“; 1968; Universitätsverlag Wagner

Fitzpatrick, R. „Surveys of patient satisfaction: I – Important general considerations“; British Medical Journal; Heft 302; 1991

Goffmann, E.: Asyle. „Über die soziale Situation psychiatrischer Patienten und anderer Insassen“; Frankfurt 1971

Gretenkord, L.; „Gewalttaten nach Maßregelvollzug (§ 63 StGB)“ in M. Steller, K.-P. Dahle & M. Basqué (Hrsg.), Straftäterbehandlung. Argumente für eine Revitalisierung in Forschung und Praxis (S. 75-89) Pfaffenweiler: Centaurus (1994)

Hall, J. A. & **Dornan**, M. C. „Meta-analysis of satisfaction with medical care: Description of research domain and analysis of overall satisfaction“; Social Science and Medicine; Heft 27; 1988

Hartwieg, O. “Rechtstatsachenforschung im Übergang”; 1975; Vandenhoeck & Ruprecht

Janis, J. L. “A behavioral study of psychological stress among surgical patients” in: W.R. Scott and E. H. Volckart (eds): Medical Care; New York 1966

Jetter, D. „Grundzüge der Geschichte des Irrenhauses“; Darmstadt 1981; Wissenschaftliche Buchgesellschaft

Jockusch, U. „Neue Ergebnisse zur Rückfalldelinquenz forensischer Patienten"; Vortrag anlässlich des DGPPN-Kongresses, Düsseldorf,17.-21. September 1996

Jones, M. „Prinzipien der therapeutischen Gemeinschaft – Soziales Lernen und Sozialpsychiatrie"; Bern, Stuttgart, Wien 1976; Verlag Hans Huber

Lecher, S. „Patientenbefragung im Krankenhaus – Der Hamburger Fragebogen zum Krankenhausaufenthalt (HFK) als Instrument zur Defizitanalyse aus Patientensicht"; Regensburg 2002; Roderer Verlag

Leipziger, K. „Forensischen Psychiatrie am Bezirkskrankenhaus Bayreuth"; Regensburg 2000; Roderer Verlag

Leonhardt, M., **Foerster**, K. „Forensische Psychiatrie im Nationalsozialismus"; Recht & Psychiatrie 1996, 163

Leygraf, N. „Zur aktuellen Praxis des psychiatrischen Maßregelvollzugs am Beispiel des Bundeslandes Hessen"; Forensia 1984, 89

Leygraf, N. „Psychisch kranke Straftäter – Epidemiologie und aktuelle Praxis des psychiatrischen Maßregelvollzugs"; Berlin Heidelberg New York London Paris Tokyo 1988; Springer Verlag

Lietz, J., **Gretenkord**, L. „Lockerungen und Urlaube nach dem Hessischen Maßregelvollzugsgesetz", MschrKrim 1985, 229-237

Llewellyn, K. „Recht, Rechtsleben und Gesellschaft"; Berlin 1977; Dunker & Humblot

Loidl, J. „Scheidung – Ursachen und Hintergründe"; 1985; Böhlau Verlag

Lüth, P. „Kritische Medizin"; Reinbek bei Hamburg 1972; Rowohlt Taschenbuch Verlag

Melzer, K. „Psychisch kranke Straftäterinnen: Frauen im Maßregelvollzug"; Frankfurt am Main 2001; Peter Lang GmbH Verlag

Müller-Christmann, B. „Die Maßregeln der Besserung und Sicherung"; JuS 1990, 801

Müller, H.-W., **Hadamik**, W. „Die Unterbringung psychisch abnormer Rechtsbrecher"; Der Nervenarzt 37, 1966, 6

Müller-Isberner, R., **Jöckel**, D. „Die Klinik für gerichtliche Psychiatrie"; Krankenhauspsychiatrie 1994, 127-138

Nedopil, N. „Forensische Psychiatrie – Klinik, Begutachtung und Behandlung zwischen Psychiatrie und Recht; Stuttgart, New York 2000 (1996); Georg Thieme Verlag

Nowara, S.; „Sexualstraftäter und Maßregelvollzug"; KrimZ, 2001; Band 32; Wiesbaden 2001; Eigenverlag Kriminologische Zentralstelle e.V.

Pascoe, G. C. & **Attkinson**, C. C. „The Evaluation Ranking Scale"; Evaluation and Program Planning: A new methodology for assessing satisfaction; Heft 6; 1983

Nussbaum, A. “Die Rechtstatsachenforschung”; 1914; J.C.B. Mohr Siebeck Verlag

Nussbaum, A. “Die Rechtstatsachenforschung”; Berlin 1968; Duncker & Humblot

Pfeiffer, W. M. „Bewältigungsstile im Aufklärungsgespräch vor Operation“ in: Hindelang und Zillig (eds): Sprache, Verstehen und Handeln; Tübingen 1981

Pollähne, H. “Maßregelvollzugsrecht auf Abwegen”; Recht & Psychiatrie 2001, 195 f.

Psychiatrie-Enquête; „Bericht über die Lage der Psychiatrie in der Bundesrepublik Deutschland – Zur psychiatrischen und psychotherapeutisch / psychosomatischen Versorgung der Bevölkerung“; Deutscher Bundestag; Drucksache 7/4200 und 7/4201; Bonn 1975

Raspe, H. „Aufklärung und Information im Krankenhaus“; Göttingen 1983; Verlag Vanderhoeck & Ruprecht

Rehbinder, M. „Entwicklung und gegenwärtiger Stand der Rechtstatsachenforschung in den USA“; München-Pullach/Berlin 1970; Dokumentation Verlag

Ritzel, G. „Unterbringung und Wiedereingliederung psychisch kranker Rechtsbrecher“; Göttingen 1978; Habilitationsschrift

Ross, C. K., **Steward**, C. A. & **Sinacore**, J. M. „A comparative study of seven measures of patient satisfaction“; Medical Care, Heft 33; 1995

Rüther, W. „Internationale Erfahrungen bei der Behandlung von Sexualstraftätern“; Monatsschrift für Kriminologie und Strafrechtsreform, 1998, 246 ff.

Seifert, D., **Leygraf**, N. „Straftaten während und nach einer Behandlung im Maßregelvollzug gemäß § 63 StGB“; Deutsche Richter Zeitung 1997, 338

Siegrist, J. „Erfahrungsstruktur und Konflikt bei stationären Patienten“; Zeitschrift für Soziologie 1; 1972

Siegrist, J. „Arbeit und Interaktion im Krankenhaus“; Stuttgart 1978; Enke Verlag

Sitzia, J. & **Wood**, N. „Patient satisfaction: A review of issues and concepts“; Social Science and Medicine; Heft 45 (12); 1997

Tondorf, G. “Die katastrophale Lage psychisch Kranker im Maßregelvollzug”; Zeitschrift für Rechtspolitik 1983, 118

Tröndle, H., **Fischer**, T. „Strafgesetzbuch und Nebengesetze“; 50. Auflage; München 2001; C. H. Beck Verlag

Volbert, R. “Zwischenfälle im Maßregelvollzug. Wie kalkulierbar ist das Risiko?“; Monatsschrift für Kriminologie und Strafrechtsreform 1986, 341-347

Volckart, B. „Maßregelvollzug – Das Recht des Vollzuges der Unterbringung nach §§ 63, 64 StGB in einem psychiatrischen Krankenhaus und in einer Entziehungsanstalt“; 5. Auflage; Neuwied, Berlin, Kriftel 1999; Luchterhand Verlag

Wensing, M., **Grol**, R. & **Smits**, A. „Quality judgement by patients on general practis care: A literature analysis"; Social Science and Medicine; Heft 38 (1); 1994

Williams, B., **Coyle**, J. & **Healy**, D. „The meaning of patient satisfaction: an explanation of high reported levels"; Social Science and Medicine; Heft 47 (9); 1998

Young, G. J.; **Meterko**, M. & **Desai**, K. R. „Patient satisfaction with hospital care: Effect of demographic and institutional characteristics"; Medical Care; Heft 38; 2000

Tabellenverzeichnis

Übersichtenverzeichnis

1. Teil: Grundlagen und Durchführung der Untersuchung

A. Grundlagen

I. Einleitung

Der gesetzliche Auftrag des Maßregelvollzuges der Besserung und Sicherung dient zum einen dem Schutz der Allgemeinheit vor psychisch kranken und suchtkranken Rechtsbrechern, von denen die Gefahr erneuter schwerer Straftaten ausgeht. Zum anderen wird das Ziel verfolgt, die in den Maßregelvollzugsanstalten Untergebrachten in die Gesellschaft wieder einzugliedern. Die Sicherheit der Bevölkerung soll dabei vor allem durch Therapie der Straftäter erreicht werden. Doch nach jeder spektakulären Flucht eines Sexualstraftäters steht er aufs Neue in der Kritik, der Maßregelvollzug. Das Medieninteresse an psychisch kranken Straftätern ist ungebremst. In der Bevölkerung herrschen Angst und Verständnislosigkeit gegenüber Maßregelpatienten vor. Die Menschen sind sensibilisiert, neigen zu radikalen Lösungen. Dabei ist es nicht die steigende Gefährdungslage, die die öffentliche Diskussion immer wieder anfacht. Die Zahl der tatsächlich verübten Sexualmorde ging von 1971 bis 1995 auf etwa ein Drittel zurück[1].

Seit jeher lässt der Umgang mit psychisch kranken Straftätern Furcht, Ohnmacht und Hilflosigkeit erkennen. Noch bis in unser Jahrhundert hinein waren psychiatrische Kliniken Orte, an denen Menschen mit schweren psychischen Störungen meist langfristig und gegen ihren Willen untergebracht und weggeschlossen wurden. Die Unterbringungsbedingungen waren denkbar schlecht. Überbelegung, niedrige Pflegesätze und unzureichendes Personal mit schlechter

1 Rüther, Internationale Erfahrungen bei der Behandlung von Sexualstraftätern, Monatsschrift für Kriminologie und Strafrechtsreform, 1998, S. 246 ff.
Eine 1998 neu aufgelegte Studie über Sexualität, Gewalt und psychische Folgen formulierte es, indem sie die Verzerrungen der öffentlichen Diskussion als „Verharmlosung der Gewalt“ und Dramatisierung des Sexuellen“ beschrieb (Baurmann, Bundeskriminalamt).
Kriminologische Daten zum Langzeitverlauf zeigen zwischen 1972 und 1997 keine Zunahme der Häufigkeitszahlen in der Sexualkriminalität, ihr Anteil an der allgemeinen Kriminalität nahm von 1,9 auf 0,8 % ab. Sexuell motivierte Tötungen sind 1984 von 80 abgesunken auf 20 in 1997 (Meier, Hannover).

Qualifikation kennzeichnete die Krankenhauspsychiatrie. *Leygraf* legte 1988 eine Deskription der aktuellen Praxis des psychiatrischen Maßregelvollzuges in Deutschland vor und kam darin u.a. zu folgendem Schluss[2]:

„Die Unterbringungs- und Behandlungsbedingungen psychisch kranker Straftäter sind in den meisten Einrichtungen der Bundesrepublik desolat. Der Gesamteindruck des Maßregelvollzuges ist deprimierend. Die baulichen Voraussetzungen und die menschliche Atmosphäre sind in den meisten Einrichtungen ebenso unzulänglich wie die personelle Ausstattung und die therapeutische Aktivität. .... Vielfach erfolgt die Unterbringung in sogenannten „festen Häusern", die vom baulichen Charakter her mehr einer streng gesicherten Justizvollzugsanstalt als einem Krankenhaus gleichen. Die Gebäude sind meist völlig überaltert, ... Die Stationen selbst zeichnen sich oft durch eine bedrückende Enge aus. Es besteht für die Patienten kaum die Möglichkeit, sich zurückzuziehen. Meist müssen sich drei bis sechs Patienten einen Schlafraum teilen. In einigen Einrichtungen sind ernsthafte Bemühungen um ein therapeutisches Gesamtkonzept zu erkennen; häufiger findet sich aber ein geradezu antitherapeutisches Klima. .... Möglichkeiten einer schulischen oder beruflichen Weiterbildung der Patienten sind kaum vorhanden. Einen qualifizierenden Schulunterricht besuchten zum Erhebungszeitpunkt insgesamt nur 14 Patienten (0,7%) und nur 6 Patienten (0,3%) befanden sich in einer beruflichen Lehre. Die Möglichkeit einer beruflichen Lehre innerhalb der Einrichtung besteht nur in einem einzigen Krankenhaus. .... Die individuelle Behandlung des einzelnen Patienten beschränkt sich durchweg auf eine medikamentöse Therapie. Der Anteil der mit Psychopharmaka behandelten Patienten liegt in manchen Diagnosegruppen relativ hoch. Andere somatische Behandlungsverfahren wurden kaum angewandt. Individuelle Psychotherapie erfolgt nur selten. .... Mangelhaft sind auch die Möglichkeiten einer gezielten, schrittweisen Rehabilitation der Patienten. ...."

Zwar ließ sich bei den Maßregelvollzugsanstalten Deutschlands im Verlaufe der Zeit eine Entwicklung vom reinen Verwahrvollzug hin zum vergleichsweise fortgeschrittenen Behandlungsvollzug erkennen. Dennoch wird auch heute noch in vielen Einrichtungen lediglich der Mangel verwaltet, die Inkompetenz hinter „Wegschließen" und wohlklingenden Namen wie „Ergotherapie" oder „Gruppenbehandlung" versteckt. Die Maßregeleinrichtung an sich hat keine Konkurrenz. Dadurch gibt es auch heute noch in Deutschland Institutionen, die die Möglichkeit nutzen und es sich bequem machen, indem sie die Patienten ruhig stellen, eine hohe Gefährlichkeit annehmen und den Patienten in der Einrichtung wegschließen. Dies reduziert ein Rückfallrisiko, zumindest für die Zeit der Unterbringung, auf ein Minimum. Hauptaufgabe dieser beschriebenen Maßregel-

2 Leygraf, Psychisch kranke Straftäter, S. 182 ff.

vollzugsanstalten ist es, möglichst hohe Zäune und Mauern um das Gelände zu ziehen, denn den Patienten ohne Perspektive bleibt kein anderer Ausweg, als den des Ausbruchs zu suchen. Ein solcher geflohener und entmenschlichter Patient dürfte dann jedoch erst recht eine immense Gefahr für die Bevölkerung darstellen. *Goffmann* hat die Auswirkungen einer solchen „totalen Institution" auf ihre Insassen so beschrieben[3]:

„In erster Linie unterbinden oder entwerten totale Institutionen gerade die Handlungen, die in der bürgerlichen Gesellschaft die Funktion haben, dem Handelnden und seiner Umgebung zu bestätigen, dass er seine Welt einigermaßen unter Kontrolle hat – dass er ein Mensch mit Selbstbestimmung, Autonomie und Handlungsfreiheit eines Erwachsenen ist."

Es gibt aber auch andere Wege mit psychisch kranken Straftätern umzugehen. Das Niedersächsische Landeskrankenhaus in Moringen (LKH Moringen) soll als Beispiel dienen, wie Maßregelvollzug noch vollzogen werden kann. Auch hier wurde in der Vergangenheit der bloße Verwahrvollzug betrieben. Erst 1980 wurde unter neuer Leitung des Krankenhauses ein Konzept eingeführt, dass dem gesetzlichen Auftrag des Maßregelvollzuges gerecht wird, nämlich Sicherheit der Bevölkerung durch Therapie der Straftäter. Das Konzept scheint zu funktionieren. Die Rückfallquoten sind gering und die Ausbruchszahlen verschwindend[4], und das obwohl die Klinik keine meterhohen Mauern umgeben. Im Gegenteil, ein Teil des Geländes wird lediglich durch eine dichte Dornenhecke von der Außenwelt abgegrenzt.

In dieser Arbeit unterzieht sich das LKH Moringen einer kritischen Betrachtung, in der die Vollzugswirklichkeit, nicht zuletzt aus Patientensicht, offengelegt und dargestellt werden soll, was schlussendlich eine Erforschung der tatsächlichen Gesetzesgeltung und -anwendung bedeutet. Im Ergebnis wird abzulesen sein, welche Wirkung die gesetzlichen Normen erzielen, während Schwierigkeiten erkannt und gegenstandlose Probleme aufgedeckt werden können. Auf etwaige Gesetzeslücken oder Fehlregelungen wird hingewiesen. Zu guter Letzt soll die Arbeit hervorbringen, inwieweit der Maßregelvollzugspatient als psy-

---

3 Goffmann 1971, Über die soziale Situation psychiatrischer Patienten und anderer Insassen, S. 49 ff.

4 Erst unlängst stellte die niedersächsische Staatsregierung fest, dass das LKH Moringen eine „der sichersten Einrichtungen in Deutschland" ist. Dr. Kersting vom Ministerium für Frauen, Arbeit und Soziales in Niedersachsen führte aus: „Das Landeskrankenhaus Moringen gilt als eine der sichersten Einrichtungen der Bundesrepublik mit den niedrigsten Entweichungszahlen bei gleichzeitig umfangreichen gezielten Lockerungen. Es verfügt über das differenzierteste und wirksamste Sicherheitskonzept unter fast allen Bundesländern."

chisch Kranker dazu in der Lage ist, in einem standardisierten Fragebogen Stellung zu beziehen und somit Instrument einer Qualitätsverbesserung sein kann.

II. Historische Entwicklung des Maßregelvollzugs in Deutschland

Ein Blick in die Geschichte der psychiatrischen Versorgung Deutschlands zeigt den unterschiedlichen Umgang mit psychisch kranken Straftätern. Im römischen Recht wurde gegenüber kriminellen Geisteskranken keine Strafe verhängt, schwerer Affekt und Trunkenheit wirkten sich strafmildernd aus[5]. Im Mittelalter wurden die Betroffenen dagegen aus dem sozialen Leben ausgegrenzt, indem sie in „Narrentürme" eingekerkert oder mit „Narrenschiffen" außer Landes verbracht wurden[6]. Erst im 19. Jahrhundert verbesserte sich die Situation für die Versorgung psychisch kranker Straftäter, es entstanden die ersten Pflege- und Heilanstalten[7]. *J. C. Reil* verwandte 1808 erstmals den Begriff der Psychiatrie. 1845 setzte sich mit *W. Griesinger* das somatisch orientierte Konzept durch, dass Geisteskrankheiten Gehirnkrankheiten sind. Die Aufklärung brachte schließlich einen Wandel in der Einstellung zum psychisch Kranken. Nunmehr wurde er als „Kranker" (Geisteskranker) bezeichnet, der behandelt und unter Umständen geheilt werden kann. Dennoch war der Umgang mit den Betroffenen auch noch zu Beginn des 20. Jahrhunderts davon geprägt, kriminelle Geisteskranke als gefährliche Irre zu „bewahren" und die Gesellschaft vor ihnen zu „beschützen", indem sie in den geschlossenen Heil- und Pflegeanstalten langfristig untergebracht wurden[8]. Die Behandlung bestand aus jahrzehntelanger Isolierung, Bettbehandlungen, Dauerbädern, Gittern, Zellen und Zwangsjacken.

In der darauffolgenden Zeit des Nationalsozialismus wurden psychisch Kranke als Ballastexistenzen, Minderwertige und Volksschädlinge angesehen. So mussten unter der Ideologie der Starken und Gesunden sowie der Rassenhygiene mehr als 100.000 Geisteskranke ihr Leben lassen[9].

---

5 Baur, Psychiatrischer Maßregelvollzug – Einflußfaktoren auf die Unterbringungsdauer, S. 3

6 Lüth, Kritische Medizin, S. 22 ff.; Böcker, Einstellung psychisch Kranker zur psychiatrischen Krankenhausbehandlung, S. 11; Baur, Psychiatrischer Maßregelvollzug – Einflußfaktoren auf die Unterbringungsdauer, S. 3

7 Jetter, Grundzüge der Geschichte des Irrenhauses, S. 34; Böcker, Einstellung psychisch Kranker zur psychiatrischen Krankenhausbehandlung, S. 11

8 Böcker, Einstellung psychisch Kranker zur psychiatrischen Krankenhausbehandlung, S. 12

9 Leipziger, Forensische Psychiatrie am Bezirkskrankenhaus Bayreuth, S. 7

Nach dem zweiten Weltkrieg wurden die damaligen Pflege- und Heilanstalten für lange Zeit extrem vernachlässigt[10]. Die Krankenhauspsychiatrie in Deutschland zeichnete sich aus durch niedrige Pflegesätze, unzureichendes Personal mit schlechter Qualifikation und Überbelegung. Das Interesse von Öffentlichkeit, Politik, Lehre und Forschung war gering[11]. Erst 1971 setzte der Deutsche Bundestag die Enquête-Kommission, für eine Bestandsaufnahme der psychiatrischen Krankenhäuser, ein. In deren Abschlußbericht von 1975 stellte sich die absolute Schlusslichtposition des Maßregelvollzugs heraus, was den Beginn einer „Psychiatrie-Reform" mit sich führte[12]. In der Folgezeit kam es zu umfassenden Modernisierungen und Verkleinerungen vieler psychiatrischer Großkrankenhäuser. Die Stationen wurden vielerorts geöffnet, Geschlechter nicht mehr strikt getrennt. In den Kliniken entstand mehr und mehr ein therapeutisches Milieu, das den Patienten u.a. das Erlernen oder Ausüben eines Berufes erlaubte. Die Wiedereingliederung der psychisch kranken Straftäter in die Gesellschaft entwickelte sich zu einem der Hauptziele. In Allgemeinkrankenhäusern wurde mit dem Aufbau psychiatrischer Abteilungen begonnen[13]. Die Dichte zugelassener Nervenärzte nahm zu, was auch zu einer verbesserten ambulanten Versorgung führte[14]. Zudem rückte der Maßregelvollzug vermehrt in das Augenmerk der breiten Öffentlichkeit.

Heute lässt sich eine gewisse Rückläufigkeit des Besserungsgedankens feststellen, der Sicherungsaspekt rückt zunehmend wieder in den Vordergrund. Aufgrund heftiger Reaktionen der Öffentlichkeit auf Zwischenfälle werden nicht etwa die finanziellen Mittel für die Forschung auf diesem Gebiet erhöht, vielmehr werden immer mehr Maßregeleinrichtungen in Hochsicherheitstrakte verwandelt. Die Politik reagiert entsprechend.

So ließ Birgit Fischer, Ministerin für Frauen, Jugend, Familie und Gesundheit des Landes Nordrhein-Westfalen, anlässlich des Inkrafttretens der Verordnung über Sicherheitsfachkräfte, am 08. Dezember 2000 verlauten: „Die Sicherheit im Maßregelvollzug hat für mich höchste Priorität. Die neue Verordnung über Sicherheitsfachkräfte im Maßregelvollzug ist dafür ein wichtiger Baustein." Danach sollen künftig besonders geschulte Fachkräfte eingesetzt werden, um die

---

10 Leipziger, Forensische Psychiatrie am Bezirkskrankenhaus Bayreuth, S. 7

11 Böcker, Einstellung psychisch Kranker zur psychiatrischen Krankenhausbehandlung, S. 15

12 Böcker, Einstellung psychisch Kranker zur psychiatrischen Krankenhausbehandlung, S. 17; Leipziger, Forensische Psychiatrie am Bezirkskrankenhaus Bayreuth, S. 7

13 Melzer, Psychisch kranke Straftäterinnen, S. 18 f.

14 Böcker, Einstellung psychisch Kranker zur psychiatrischen Krankenhausbehandlung, S. 17

Sicherheitsvorkehrungen in den forensischen Einrichtungen ständig zu überwachen und zu verbessern.

Die CDU-Fraktion des Landes Nordrhein-Westfalen will im Februar 2001 die Prioritäten im Maßregelvollzug umkehren: Es soll nicht mehr, wie bisher, der Therapieanspruch des Patienten und damit der Besserungsgedanke an erster Stelle stehen, als vielmehr der Sicherungsgedanke der Bevölkerung als wichtigster Grundgedanke im Maßregelvollzugsgesetz festgesetzt werden.

Im März 2001 kündigte Minister Alwin Ziel Änderungen des Psychisch-Kranken-Gesetzes und des Sicherheitskonzeptes für den brandenburgischen Maßregelvollzug an. Mit neuen Gesetzesvorschriften solle dabei in erster Linie die Sicherheit im Maßregelvollzug erhöht werden.

Der Bundeskanzler forderte 2002 das „Wegschließen" von Sexualstraftätern, „und zwar für immer", in der Folge brachte das Bundesministerium der Justiz unter Bundesjustizministerin Zypries einen Gesetzentwurf zur Sicherung der Unterbringung in einem psychiatrischen Krankenhaus hervor, in dem u.a. „...der Schutz der Bevölkerung vor gefährlichen Straftätern verbessert wird". Und tatsächlich steigt die Verweildauer von Maßregelvollzugspatienten Jahr für Jahr[15], so hat es den Anschein, als liege eine Entwicklung zurück ins Mittelalter vor uns, in der psychisch kranke Straftäter lediglich verwahrt und ausgegrenzt wurden, als dass erforscht werden soll, wie der Maßregelvollzugspatient geheilt werden kann.

Diese Arbeit soll einen Beitrag dazu leisten, festzustellen, inwieweit eine schärfere Sicherung des Maßregelvollzugspatienten tatsächlich notwendig ist oder ob eine gute Therapie des psychisch Kranken nicht bessere Dienste leisten kann. Hierzu sollen die Erfahrungen des LKH Moringen herangezogen werden.

III. Strafrechtliche Entwicklung des Maßregelvollzugs in Deutschland

Das Reichsstrafgesetzbuch von 1871 sah in § 51 RStGB die Straffreiheit des kriminellen Geisteskranken vor. Die Sicherheit der Allgemeinheit, durch Unterbringung der Geisteskranken in dafür vorgesehene Anstalten, wurde daher nicht von strafrechtlicher Seite, sondern ausschließlich aus dem Polizeirecht heraus

15 Beispielhaft die Entwicklung der Aufenthaltsdauer des LKH Moringen siehe S. 44

gewährleistet[16]. Die strafrechtliche Zuständigkeit ergab sich erst zu Beginn des 20. Jahrhunderts[17].

Am 24.11.1933 wurde das „Gesetz gegen gefährliche Gewohnheitsverbrecher und über Maßregeln der Sicherung und Besserung" erlassen, was im Anschluss die rechtliche Grundlage des heutigen psychiatrischen Maßregelvollzugs darstellen sollte[18]. Mit diesem Gesetz konnte erstmals, als Reaktion auf eine Straftat, neben der Strafe auch mit Maßregeln der Sicherung und Besserung reagiert werden (sog. Zweispurigkeit)[19]. Hieran wurden bis heute keine wesentliche Änderungen vorgenommen, die Reformen des Strafgesetzbuches von 1969 und 1975 hielten an dem System von Strafe und Maßregel weiterhin fest. Die Strafrechtsreform der 70er Jahre schuf darüber hinaus die rechtlichen Grundlagen für mehr Rehabilitationsbehandlungen im Maßregelvollzug. Der Resozialisierungsgedanke hob sich verstärkt hervor, wie schon der sechste Titel des Strafgesetzbuches zeigt, der nunmehr „Maßregeln zur *Besserung* und *Sicherung*" lautet und nicht mehr „Maßregeln der *Sicherung* und *Besserung*". In § 62 StGB wurde das Verhältnismäßigkeitsprinzip verankert. Durch den neu eingeführten § 67 StGB wurde das System der Strafe und Maßregel in Bezug auf die freiheitsentziehenden Maßregeln der §§ 63, 64 StGB etwas abgemildert, indem bei einer Verurteilung zu einer Freiheitsstrafe zusammen mit einer Maßregel, eine Anrechnung der Zeit des Vollzugs der Maßregel auf die Strafzeit erfolgte (§ 67 IV StGB)[20]. Außerdem zielte die Strafrechtsreform darauf ab, dass die Maßregeln nur Täter betreffen, die tatsächlich eine Gefahr für die Allgemeinheit darstellten. Deswegen wurden Regelungen wie zum Beispiel §§ 67 b (Möglichkeit der Aussetzung zur Bewährung) oder 67 e StGB (jederzeitige Überprüfungsmöglichkeit des Gerichts bei der Vollstreckung) geschaffen[21].

Der Bundesgesetzgeber erließ jedoch in den jeweiligen Reformen kein Vollzugsgesetz. Hier oblag es den Landesgesetzgebern diese Regelungslücke zu schließen[22]. Das geschah in der Folgezeit z.B. in Form eines „Landesmaßregel-

---

16 Baur, Der Vollzug der Maßregeln der Besserung und Sicherung nach §§ 63 und 64 StGB in einem psychiatrischen Krankenhaus und einer Erziehungsanstalt, S. 15; Leipziger, Forensische Psychiatrie am Bezirkskrankenhaus Bayreuth, S. 6 f.; Melzer, Psychisch kranke Straftäterinnen, S. 2

17 Leipziger, Forensische Psychiatrie am Bezirkskrankenhaus Bayreuth, S. 7

18 Leonhardt/Foerster, Forensische Psychiatrie im Nationalsozialismus, R&P 1996, 163

19 Ausführlich siehe D. Rechtliche Aspekte zum Maßregelvollzug im Allgemeinen, S. 12; Baur, Psychiatrischer Maßregelvollzug – Einflußfaktoren auf die Unterbringungsdauer, S. 4

20 Tröndle/Fischer, Strafgesetzbuch, § 67, Rdnr. 2; Müller-Christmann, Die Maßregeln der Besserung und Sicherung, JuS 1990, 801

21 Tröndle/Fischer, Strafgesetzbuch, Vor § 63, Rdnr. 3

22 Leipziger, Forensische Psychiatrie am Bezirkskrankenhaus Bayreuth, S. 9

vollzugsgesetzes“, eines „Landesunterbringungsgesetzes“ bzw. eines „Psychisch-Kranken-Gesetzes“. In Niedersachsen wurde 1982 das „Niedersächsische Maßregelvollzugsgesetz“ eingeführt. Die Bundesländer ließen die Vollzugsgesetze allerdings zu unterschiedlichen Zeitpunkten in Kraft treten und die jeweilige inhaltliche Ausgestaltung des Gesetzes sowie die unterschiedliche politische Einstellung der Länder führte zu divergierenden Rahmenbedingungen. Das ist zumindest auch teilweise der Grund dafür, dass in den einzelnen Bundesländern unterschiedlich lange Aufenthaltsdauern der Patienten in den Heil- und Pflegeanstalten festzustellen sind[23].

1998 hat der Bundesgesetzgeber schließlich das „Gesetz zur Bekämpfung von Sexualdelikten und anderen gefährlichen Straftaten“ erlassen. Mit der Konsequenz, dass in der Folgezeit die Einweisungen deutlich zunahmen, die Patientenzahl sich erhöhte und sich in vielen Einrichtungen die Unterbringungszeiten verlängerten[24]. Die prognostischen Anforderungen bei der Entlassung aus dem Maßregelvollzug auf Bewährung wurden zudem zu Lasten der Untergebrachten verschärft (§ 67 d II StGB), indem nunmehr ein Sachverständigengutachten eingeholt werden muss.

Am 29. Juli 2004 trat das „Gesetz zur Einführung der nachträglichen Sicherungsverwahrung“[25] in Kraft, womit die Bevölkerung vor „hochgefährlichen“ Straftätern geschützt werden soll. Damit können Gefangene nunmehr auch nach Ende der Strafhaft in Sicherungsverwahrung genommen werden, wenn sich Anhaltspunkte für ihre Gefährlichkeit erst nach ihrer Verurteilung ergeben. Bislang musste eine Unterbringung in der Sicherungsverwahrung unmittelbar im Urteil angeordnet werden (§ 66 StGB) bzw. eine mögliche Anordnung im Urteil vorbehalten worden sein (§ 66 a StGB). Mit § 66 b StGB wurde nunmehr die *nachträgliche* Sicherungsverwahrung eingeführt, wodurch die Allgemeinheit in seltenen Ausnahmefällen vor „besonders gefährlichen“ Straftätern geschützt werden kann, deren besondere Gefährlichkeit sich erst im Laufe des Vollzuges herausstellt. Eine bundesrechtliche Regelung für diese Fälle wurde für notwendig erachtet, nachdem das Bundesverfassungsgericht am 10. Februar 2004 festgestellt hatte, dass verschiedene Landesgesetze zur nachträglichen Sicherungsverwahrung verfassungswidrig sind, weil nur der Bund über die hierfür erforderliche Gesetzgebungskompetenz verfüge[26].

---

23 Nedopil, Forensische Psychiatrie – Klinik, Begutachtung und Behandlung zwischen Psychiatrie und Recht, S. 254; Leygraf, Psychisch kranke Straftäter, S. 84 ff.

24 Nedopil, Prognostizierte Auswirkungen der Gesetzesänderungen vom 26.01.1998 auf die Forensische Psychiatrie und was daraus geworden ist, Monatsschrift für Kriminologie und Strafrechtsreform, 2002, S. 208 ff.

25 BGBl I, Nr. 39, S. 1838

26 2 BvR 834/02

Mit dieser neuen Regelung gerät der Besserungsgedanke innerhalb des Maßregelvollzuges weiter in den Hintergrund, denn Folge ist, dass die Schwerstbehandelbaren, unter Vermeidung der hohen Kosten eines Behandlungsvollzuges, schlicht technisch gut gesichert und verwahrt werden. In den Vollstreckungseinrichtungen halten anstelle von Vollzugsbeamten, Sozialarbeitern und Psychologen immer mehr Videokameras und andere Formen von Sicherungs- und Kontrollinstrumenten Einzug. Der Entzug von Menschen bedeutet aber nicht zuletzt auch den Verlust sozialer Kontakte und hat damit schädliche Wirkungen. Je weniger qualifizierte Behandlungskräfte zur Verfügung stehen, desto weiter verschiebt sich die Grenze der Behandelbarkeit für die Maßregelvollzugspatienten, nur noch wenige – in der Regel die weniger Gestörten – werden als behandlungsfähig angesehen.

B. Stand der Forschung zum Maßregelvollzug

Ende der 70er Jahre stand die Evaluationsforschung der Therapie psychisch kranker Straftäter noch in den Anfängen. Erst in den 80er Jahren erfreute sich der Forschungsgegenstand des Maßregelvollzugs zunehmender wissenschaftlicher Aufmerksamkeit. Dennoch muss der Forschungsstand in Deutschland diesbezüglich auch heute noch als unzureichend und unbefriedigend bezeichnet werden. Einer der Gründe dafür liegt sicherlich in der Tatsache, dass das Behandlungsziel im Bereich der forensischen Psychiatrie durch die Gesellschaft und das Gesetz bestimmt werden. So steht der Schutz der Allgemeinheit im Vordergrund und nicht etwa, wie in der Medizin, die Heilung oder Linderung eines krankhaften Zustandes. Erschwerend kommt hinzu, dass sich der Fachbereich der forensischen Psychiatrie wirtschaftlich nicht auszahlt und Forschungen, die keinen unmittelbaren wirtschaftlichen Nutzen bringen, kaum eine Chance haben in die Forschungsförderung aufgenommen zu werden. Private Investoren finden sich ohnedies nicht. Dies erklärt, wieso, obwohl die jüngsten Ereignisse die öffentliche und politische Diskussion wieder neu angefacht haben, nicht etwa erwogen wird, der Forschung auf diesem Gebiet mehr Gelder zur Verfügung zu stellen. Vielmehr wird über weitere und schärfere strafrechtliche Konsequenzen nachgedacht.

Darüber hinaus sind die Möglichkeiten zur wissenschaftlichen Forschung begrenzt, da es nur an wenigen Universitäten Abteilungen für forensische Psychiatrie gibt. 1983 gab es in Deutschland lediglich sechs Professuren für dieses Fach[27]. Daran hat sich bis heute nichts Wesentliches geändert. Die meisten Ver-

27 Foerster, 1983 (Nedopil, Forensische Psychiatrie, S. 296)

änderungen im Maßregelvollzug entstanden aus der organisatorischen Notwendigkeit, durch öffentlichen oder politischen Druck, aus der praktischen Erfahrung oder aus Ideen im Alltag des Maßregelvollzugs, aber selten aus wissenschaftlichen Erkenntnissen heraus[28].

Anders als in der Straftäterbehandlung, fehlen in Deutschland für den Maßregelvollzug noch immer empirisch belegte Behandlungsstrategien und Organisationsmodelle, die allgemeine Anerkennung finden. Zur Straftäterbehandlung liegen dagegen inzwischen weltweit über 600 Evaluationsstudien vor[29], die unter anderem einen Überblick über

- erfolgversprechende oder unangemessene Behandlungsmethoden,
- die Auswirkung von Einstellung, Motivation und Kompetenz des Personals,
- die Auswirkung des Organisationsklimas,
- die Auswirkung von Kooperation mit anderen Einrichtungen,
- die Rückfallquoten

ermöglichen.

Es existieren jedoch auch konkrete Studien zum Maßregelvollzug, die dabei folgende Themenkomplexe umfassen[30]:

- Untersuchungen zur Unterbringungsdauer[31]
- Untersuchungen zu Ausbrüchen und Entweichungen[32]
- Rückfalluntersuchungen[33]

---

28 Nedopil, Forensische Psychiatrie, S. 300

29 Müller-Isberner (Lösel), Forensische Psychiatrie, S. 30 ff.

30 Die folgende Auflistung erhebt keinen Anspruch auf Vollständigkeit, sondern soll lediglich die in der Literatur immer wieder vorkommenden und häufig zitierten Abhandlungen aufzeigen.

31 z.B. Ritzel, Unterbringung und Wiedereingliederung psychisch kranker Rechtsbrecher, 1978; Binsack, Längsschnittuntersuchungen bei nach § 42 b StGB untergebrachten männlichen Anstaltspatienten, 1973; Leygraf, Zur aktuellen Praxis des psychiatrischen Maßregelvollzugs am Beispiel des Bundeslandes Hessen, 1984; Müller u. Hadamik, Die Unterbringung psychisch abnormer Rechtsbrecher, 1966; Volbert, Zwischenfälle im Maßregelvollzug. Wie kalkulierbar ist das Risiko?, 1986

32 z.B. Müller u. Hadamik, Die Unterbringung psychisch abnormer Rechtsbrecher, 1966; Volbert, Zwischenfälle im Maßregelvollzug. Wie kalkulierbar ist das Risiko?, 1986

33 z.B. Lietz & Gretenkord, Lockerungen und Urlaube nach dem Hessischen Maßregelvollzugsgesetz, 1985; Gretenkord, Gewalttaten nach Maßregelvollzug (§ 63 StGB), 1994; Leygraf, Psychisch kranke Straftäter, 1988; Ritzel, Unterbringung und Wiedereingliederung psychisch kranker Rechtsbrecher, 1978; Dimmek und Duncker, Zur Rückfallgefährdung durch Patienten des Maßregelvollzuges, 1996; Jockusch, Neue

- Kasuistiken und Bestandserhebungen aufgrund von Stichtagsuntersuchungen[34]
- Leygraf stellte 1988 eine topographische Deskription der aktuellen Praxis des psychiatrischen Maßregelvollzuges in der BRD dar und ging dabei folgenden Fragen nach:
  - Wegen welcher Delikte wird derzeit in der BRD eine „Maßregel der Besserung und Sicherung" angeordnet?
  - Im Rahmen welcher psychischen Erkrankungen werden diese Delikte begangen?
  - Bestehen Zusammenhänge zwischen Deliktart, Krankheitsdiagnose und Dauer der strafgerichtlichen Unterbringung?
  - Gibt es regionale Unterschiede?
  - Wie sind die Patienten untergebracht? Welche Behandlung erfahren sie und welcher Freiheitsraum wird ihnen zugestanden?
  - Überprüfung der Effizienz bestimmter Versorgungsmodelle (hierzu führt Leygraf aus, dass bisher nicht bekannt ist, welche der verschiedenen Möglichkeiten der Behandlung dieser Patienten erfolgversprechend und praktikabel sind).

Wenig bekannt sind dagegen die Auswirkungen von Therapiekonzepten auf die Aufenthaltsdauer, die Entweichungsrate, die Zufriedenheit der Patienten oder die Zahl der hausinternen Zwischenfälle[35].

Nach alledem ist der Kenntnisstand zur Situation untergebrachter psychisch kranker Straftäter als bisher unzureichend zu bezeichnen.

C. Zielsetzung und Methodik der Untersuchung

I. Zielsetzung

Die vorliegende Untersuchung zum Maßregelvollzug soll sich nicht in der reinen Darstellung der Rechtsdogmatik verlieren. Vielmehr soll ein Einblick in die Faktizität des Rechts innerhalb der forensischen Psychiatrie geboten werden, der

---

Ergebnisse zur Rückfalldelinquenz forensischer Patienten, 1996; Dessecker, Die Praxis der strafrechtlichen Unterbringung in einem psychiatrischen Krankenhaus: Ergebnisse zur Anordnung und Vollstreckung, 1997; Nowara, Sexualstraftäter und Maßregelvollzug, 2001

34 Nedopil, Forensische Psychiatrie, S. 300

35 Müller-Isberner u. Jöckel, Die Klinik für gerichtliche Psychiatrie, 1994; Nedopil, Forensische Psychiatrie, S. 300

eine lebendige Anschauung des Rechtslebens ermöglicht. Das Landeskrankenhaus Moringen soll hierbei als Beispiel dienen.

Die Kenntnis von der Rechtswirklichkeit ist sowohl in der Forschung als auch in der Rechtsanwendung und Gesetzgebung von entscheidender Bedeutung, denn häufig ist das scheinbar Einfache und Selbstverständliche in Wahrheit vielfältig – das scheinbar Vereinzelte und Zufällige dagegen möglicherweise notwendig[36]. Eine Beleuchtung der tatsächlichen Verhältnisse führt zu den fruchtbaren Problemen und eröffnet die Möglichkeit, gegenstandslose Probleme als solche zu erkennen. Die Rechtstatsachenforschung legt außerdem die tatsächliche Gesetzesgeltung und -anwendung offen und stellt damit nicht zuletzt ein Mittel gegen Formalismus und Weltfremdheit dar[37]. In der Rechtswissenschaft gibt es seit Anfang des letzten Jahrhunderts Ansätze zu einer Rechtstatsachenforschung, die danach fragt, ob das Recht auch den Alltag trifft, den es regeln soll. Besonders erwähnenswert sind hier die Veröffentlichungen von *Nussbaum*[38], der Erfinder des Begriffs und Begründer einer langen Serie von rechtstatsächlichen Untersuchungen war. Ebenso wie *Ehrlich*[39], der häufig als „Begründer der Rechtssoziologie" zitiert wird. Weiter bedeutungsvoll sind die Werke von *Fedynskyj*[40] und *Llewellyn*[41]. Zu den späteren Arbeiten zählen die von *Barta*[42], *Beutel*[43], *Loidl*[44] und *Rehbinder*[45]. *Hartwieg*[46] brachte 1975 eine Bestandsaufnahme zur empirischen Rechtssoziologie in der Bundesrepublik Deutschland hervor, während *Chiotellis & Fikentscher*[47] 1985 methodische Probleme und Beispiele aus dem Schuld- und Wirtschaftsrecht offen legten. In Be-

36 Engelsberger, Der Vollzug europarechtlicher Vorschriften auf dem Gebiet des Umweltschutzes. – Rechtliche Vorgaben und Verwaltungspraxis anhand einer empirischen Umfrage bei Behörden und Umweltschutzverbänden in Deutschland., S. 48

37 Engelsberger, Der Vollzug europarechtlicher Vorschriften auf dem Gebiet des Umweltschutzes. – Rechtliche Vorgaben und Verwaltungspraxis anhand einer empirischen Umfrage bei Behörden und Umweltschutzverbänden in Deutschland., S. 55

38 u.a. Nussbaum, Die Rechtstatsachenforschung, 1914 und 1968

39 Ehrlich, Grundlegung der Soziologie des Rechts, 1967; Recht und Leben, 1967; Gesetz und lebendes Recht, 1986

40 Fedynskyj, Rechtstatsachen auf dem Gebiet des Erbrechts im Gerichtsbezirk Innsbruck, 1968

41 Llewellyn, Recht, Rechtsleben und Gesellschaft, 1977

42 Barta, Kausalität im Sozialrecht, 1983

43 Beutel, Die Experimentelle Rechtswissenschaft, 1971

44 Loidl, Scheidung – Ursachen und Hintergründe, 1985

45 u.a. Rehbinder, Entwicklung und gegenwärtiger Stand der Rechtstatsachenforschung in den USA, 1970

46 Hartwieg, Rechtstatsachenforschung im Übergang, 1975

47 Chiotellis/Fikentscher, Rechtstatsachenforschung, 1985

zug auf die forensische Psychiatrie kann die Arbeit von *Eicken/Ernst/Zenz*[48] hervorgehoben werden, die die Legitimation von Freiheitsbeschränkung und Heilbehandlung in Einrichtungen für psychisch kranke, geistig behinderte und alte Menschen untersucht hat.

Die vorliegende Arbeit soll eine Ergänzung zu den bestehenden Werken der Rechtstatsachenforschung sein und zugleich eine Lücke schließen, indem zum ersten Mal in der wissenschaftlichen Literatur ein dicht informierendes Bild des Maßregelvollzuges nach § 63 StGB in einem bestimmten Krankenhaus aus Sicht der Eingewiesenen ermöglicht wird. Zu diesem Zwecke soll das Niedersächsische Landeskrankenhaus Moringen zunächst als Einrichtung sowie der therapeutische Rahmen, in dem sich die Maßregel vollzieht, beschrieben werden. Bauliche Voraussetzungen, der Personalschlüssel, die bestehende Grundatmosphäre und das „therapeutische Klima" werden dargestellt. Darüber hinaus geben die Aufzeichnungen subjektive Eindrücke der Verfasserin bei ihren zahlreichen Besuchen der Klinik wieder. An den darstellenden Teil der Arbeit schließt sich eine Patientenbefragung per Fragebogen an, in der analysiert werden soll, wie der Klinikbetrieb auf die Untergebrachten wirkt, was als wirksam für den Gesundungsprozess gehalten wird, wo Defizite in der Versorgung gesehen und inwieweit die den Patienten zustehenden (Grund-)Rechte eingehalten werden. Im allgemeinen Gesundheitswesen wurde die Stärkung der Patientenrolle schon lange als notwendig erkannt, während dies im Maßregelvollzug noch immer weitgehend auf sich warten lässt. Aber auch hier ist die Patientenperspektive immanent wichtig. Die Mitwirkung des Patienten am Behandlungsprozess und dessen Gemütslage machen einen wesentlichen Bestandteil zu dessen Gesundung aus[49]. Die aktive Einbeziehung der Kranken ist allgemein wichtig für die Verweildauer, nur bei frühzeitiger Mobilisierung der Patienten ist eine zeitige Entlassung möglich. Um die Patientensicht besser kennen zu lernen, muss sich sowohl der Gesetzgeber als auch die Klinik von ihm über seine Erfahrungen, Erwartungen und Bedürfnisse informieren lassen. Behandlungsweisen, die aus Expertensicht für qualitativ gut eingeschätzt werden, müssen vom Patienten nicht gleichermaßen gesehen werden. Im Ergebnis wird des weiteren festzustellen sein, ob der Maßregelvollzugspatient aufgrund seiner psychischen Erkrankung überhaupt zu einer solchen Patientenbefragung in der Lage ist, d.h. inwieweit der standardisierte Fragebogen hier ein probates Mittel zur Erkenntnisge-

---

48 Eicken/Ernst/Zenz, Fürsorglicher Zwang, 1990

49 So konnten Janis 1966, Auerbach 1973, Pfeiffer 1981, u.a. für den operativen Bereich nachweisen, daß die präoperative Angst für den Heilungsprozess von Bedeutung ist. Danach hat die präoperative psychische Verfassung einen wesentlichen Einfluss auf die postoperativen Verhältnisse. Allgemein vollzog sich der postoperative Verlauf bei Patienten mit geringerer Angst rascher und mit weniger Komplikationen.

winnung darstellt. Schlussendlich soll das LKH Moringen durch die Auswertung der Befragungsbögen eine weitere Optimierung des Klinikgeschehens vornehmen können. Mögliche Gesetzeslücken oder Fehlregelungen werden im Anschluss diskutiert.

II. Methodik

Der Verfasserin standen verschiedene Erhebungsinstrumente zur Verfügung, um sich dem Untersuchungsziel zu nähern. Für die Darstellung der Klinik stattete die Verfasserin dem LKH Moringen zahlreiche Besuche ab, in denen subjektive Eindrücke gesammelt werden konnten, welche sich in Gesprächen mit der Klinikleitung, dem Personal und den Patienten verfestigten. Zudem wurden zur Verfügung gestellte Unterlagen, Veröffentlichungen, Internetpräsenz etc. gesichtet und verwertet.

Hinsichtlich der Patientenbefragung galt es sich zu entscheiden zwischen dem Verfahren des standardisierten Fragebogens und dem des persönlichen Interviews. Beide Erhebungsarten haben spezifische Vor- und Nachteile.

Das **persönliche Interview** stellt den intensiveren Weg zur Ermittlung der Patientenperspektive dar. Es bieten sich hierbei folgende Vorteile:

- Intensiverer Weg zur Ermittlung der Patientenbewertung, da der Patient frei erzählen kann
- Geringe Gefahr unverstandener Fragestellungen und missverständlicher Beantwortung
- Möglichkeit der Präzisierung der Angaben durch Nachfragen
- Befragung auch krankheitsbedingt eingeschränkter Patienten möglich (Sehbehinderung o.ä.)

Als Nachteile sind dagegen zu sehen:

- Mangelnde Anonymität (befürchtete Nachteile bei ehrlichen Antworten)
- Befragter traut sich nicht gegenüber Interviewer seine wirkliche Meinung zu sagen (Patient möchte sich nach sozialer Erwünschtheit verhalten)
- Hoher materieller und personeller Aufwand (Auswertung der Freitexte)

Der schriftlich **standardisierte Fragebogen** ist das geeignetere Mittel, um eine größere Zielgruppe zu erreichen. Die Vorteile sind:

- Anonymität
- Keine Einflussnahme durch Interviewer
- Größere Gruppe kann befragt werden
- Erhebung und Auswertung der Fragebögen ist effizient
- Höhere Beteiligungsrate

Als nachteilig kann angesehen werden:

- Möglicher Motivationsmangel der Befragten, weil direkte Ansprache fehlt
- Missverständnisse bei der Beantwortung werden nicht erkannt
- Personen, die krankheitsbedingt nicht in der Lage sind, den Fragebogen auszufüllen, bleiben unbefragt

Die Entscheidung fiel schlussendlich auf die Erhebungsart des standardisierten Fragebogens. Ausgangspunkt der Überlegung war, dem LKH Moringen u.a. eine (Defizit-)Analyse aus Patientensicht an die Hand geben zu können, die das Klinikgeschehen weiter zu optimieren in der Lage ist. Für diesen Zweck erschien es sinnvoll, einen möglichst großen Kreis der Patienten mit einzubeziehen. Dafür ist der Fragebogen das geeignete Mittel, denn auf diesem Wege können rund ein Drittel der im LKH Moringen lebenden Patienten befragt werden. Bei persönlichen Interviews wäre die Zahl ungleich kleiner gewesen, da die Verfasserin diese persönlich hätte durchführen müssen und ein gewisser zeitlicher Rahmen für die Erstellung dieser Arbeit bestand. Darüber hinaus darf nicht unterschätzt werden, dass die Patienten durch den Fragebogen auch tatsächlich das Gefühl haben, ihre Angaben anonym zu tätigen. Immerhin leben diese zwanghaft in der Institution und sind in gewisser Weise in ihrem weiteren Lebensweg von dem Urteil und der Einschätzung des Klinikpersonals abhängig. So mancher Patient würde sich hüten, in dieser Lage wirklich kritische Aussagen über die Klinik oder das Personal zu treffen.

D. Rechtliche Aspekte zum Maßregelvollzug

I. Das zweispurige System

Das heute im Strafgesetzbuch verankerte System der Maßregeln war im Reichsstrafgesetzbuch von 1871 noch nicht vorgesehen. Einzige Sanktionsmöglichkeit war die Bestrafung des Täters, wobei hierfür die Vorwerfbarkeit des geahndeten Verhaltens, d.h. die Schuld des Delinquenten vorausgesetzt wurde. Nicht schuldfähig war, wer für sein Tun oder Unterlassen nicht die Verantwortung übernehmen konnte und nicht in der Lage war, sich normgerecht zu verhalten und abweichende Handlungen zu unterlassen, wie z.B. Menschen mit krankhaften seelischen Störungen. Die konsequente Anwendung des Schuldprinzips (keine Strafe ohne Schuld und keine strafrechtliche Reaktionsmöglichkeit bei schuldunfähigen Tätern) warf damit Probleme auf. Am 24.11.1933 erhielten die Maßregeln der Besserung und Sicherung durch die Nationalsozialisten Einzug in das Strafgesetzbuch in Form des „Gesetzes gegen gefährliche Gewohnheitsverbrecher und über Maßregeln der Sicherung und Besserung".[50] Damit trat neben die strafrechtliche Reaktionsmöglichkeit der Strafe, die Anordnung von Maßregeln, wodurch nunmehr auch schuldunabhängig ein Freiheitsentzug gerechtfertigt werden konnte. Die Maßregeln der Nationalsozialisten waren unter anderem Zwangskastrationen, sowie sonstige besondere Strafschärfungen gegen Gewohnheitsverbrecher. Diese wurden nach 1945 wieder aufgehoben. Die Einführung des Systems der Maßregeln neben der Strafe wurde aber auch nach dem Ende des Nationalsozialismus und bis heute, mit einigen Modifizierungen, beibehalten[51]. Die Legitimation für diesen Freiheitsentzug ist nach heutigem Verständnis die zukünftige Sicherung der Allgemeinheit vor „gefährlichen" Menschen.

Der Aufenthalt des Maßregelpatienten in der geschlossenen Einrichtung darf demnach heute nicht als Sühne gesehen werden. Vielmehr bringt der Patient der Allgemeinheit ein Sonderopfer. So, nämlich als Patienten und nicht als Straftäter, sollten die Eingeschlossenen auch gesehen und behandelt werden. Deren Wiedereingliederung in die Gesellschaft muss das oberste Gebot sein. Daraus ergeben sich vielfältige Fürsorgepflichten sowie die Verpflichtung, alles Mögliche für die Heilung des Patienten zu veranlassen.

II. Materiellrechtliche Voraussetzungen bei der Unterbringung in einer Maßregelvollzugsanstalt

Die Entscheidung, einen Rechtsbrecher in einem psychiatrischen Krankenhaus unterzubringen, wird in aller Regel von den Strafgerichten durch Urteil getroffen. Rechtsgrundlage für die Einweisung oder Entlassung aus dem Maßregelvollzug sind §§ 63, 64, 67 ff. StGB. In § 63 StGB lautet es u.a. wie folgt:

§ 63. Unterbringung in einem psychiatrischen Krankenhaus
Hat jemand eine rechtswidrige Tat im Zustand der Schuldunfähigkeit (§ 20) oder der verminderten Schuldfähigkeit (§ 21) begangen, so ordnet das Gericht die Unterbringung in einem Psychiatrischen Krankenhaus an, wenn die Gesamtwürdigung des Täters und

50 Leonhardt/Foerster, Forensische Psychiatrie im Nationalsozialismus, R&P 1996, 163
51 BVerfGE 2, 118

seiner Tat ergibt, dass von ihm infolge seines Zustandes erhebliche rechtswidrige Taten zu erwarten sind und er deshalb für die Allgemeinheit gefährlich ist.

Die Ziele des Maßregelvollzuges bestimmen sich durch §§ 136, 137 StVollzG. § 136 StVollzG erklärt mitunter:

§ 136. Unterbringung in einem psychiatrischen Krankenhaus
Die Behandlung des Untergebrachten in einem psychiatrischen Krankenhaus richtet sich nach ärztlichen Gesichtspunkten. Soweit möglich, soll er geheilt oder sein Zustand soweit gebessert werden, dass er nicht mehr gefährlich ist. Ihm wird die nötige Aufsicht, Betreuung und Pflege zuteil.

§ 138 StVollzG weist den Bundesländern die Aufgabe zu, gesetzliche Maßregelvollzugsvorschriften zu erlassen. Diese stellen eine Legitimation, aber auch eine Begrenzung dar, inwieweit im Zuge der Maßregelbehandlung in die Grundrechte der Patienten eingegriffen werden darf[52]. Denn zum einen darf das Personal nicht in der Verlegenheit belassen werden, in akuten und schwierigen Situationen ohne gesetzliche Grundlage handeln zu müssen. Zum anderen gelten alle Grundrechte, wie z.B. die Unantastbarkeit der Menschenwürde, der Schutz des Lebens und der körperlichen Unversehrtheit, das Recht auf freie Entfaltung der Persönlichkeit sowie das allgemeine Persönlichkeitsrecht auch für psychisch Kranke, die sich in einer Maßregelvollzugsanstalt befinden. Beim Erlass von Maßregelvollzugsgesetzen hat der Landesgesetzgeber aber natürlich den bundesgesetzlichen Rahmen einzuhalten.

Das Niedersächsische Maßregelvollzugsgesetz wurde am 01. Juni 1982 erlassen und regelt darin „den Vollzug, der durch strafrichterliche Entscheidung angeordneten freiheitsentziehenden Maßregeln der Besserung und Sicherung in einem psychiatrischen Krankenhaus ....“. Am 17.12.1991 wurde das Gesetz letztmals geändert (GVBl. 370). Auf weitere Einzelheiten wird im Verlaufe der Arbeit bei gegebenem Anlass eingegangen werden.

III. Organisation der Maßregelvollzugsbehörde

In aller Regel handelt es sich bei Maßregelvollzugseinrichtungen um staatliche Behörden. Die Tätigkeit der Bediensteten besteht überwiegend aus Grundrechtseinschränkungen und Eingriffen gegenüber dem Patienten. Verwaltungsrechtlich

52 Bundesverfassungsgerichtsentscheidung vom 14.03.1972 (BVerfGE 33, 1): danach bedürfen die mit dem Vollzug verbundenen Eingriffe in Grundrechte einer gesetzlichen Grundlage. Diese Entscheidung wurde zwar für Strafvollzug gefällt. Es besteht hier jedoch kein Unterschied zum Maßregelvollzug.; Pollähne R & P 2001, 195 f.

bedeutet das, belastende Verwaltungsakte und Maßnahmen werden erlassen, Rechte der Patienten stellen häufig begünstigende Verwaltungsakte und Maßnahmen dar. Auch die ärztliche Behandlung ist ein Verwaltungsakt. Damit besteht im forensischen Krankenhaus die Besonderheit, dass das leitende Personal zum einen therapeutische Funktionen und zum anderen Verwaltungsaufgaben zu erfüllen hat. Dies vereint sich hier in einer Person. Dabei darf nie aus dem Auge verloren werden, dass alles was das Personal gegenüber dem Patienten unternimmt, dem Vollzugsziel der Wiedereingliederung unterworfen ist (§ 136 StVollzG).

Einige Bundesländer, wie z.B. auch Niedersachsen, erlauben durch ihre Maßregelvollzugsvorschriften auch private und kommunale forensische Einrichtungen. Das OLG Hamm hat in seinem Beschluss vom 22.11.1979 (1 VAs 39/78) eine Übertragung der Aufgaben des Maßregelvollzugs auf private Krankenhäuser für zulässig erachtet, sofern es durch Landesgesetz geregelt ist. Von dieser Möglichkeit haben unter anderem die Bundesländer Bremen, Niedersachsen, Nordrhein-Westfalen, Rheinland-Pfalz, Sachsenanhalt und Thüringen Gebrauch gemacht. *Volckart*[53] hält die Heranziehung privater Krankenhäuser dagegen für verfassungsrechtlich nicht gerechtfertigt und damit für rechtswidrig. Es verstoße gegen das Grundprinzip rechtsstaatlich-verfassungsmäßigen staatlichen Handelns. Art. 33 Abs. 4 GG schreibe für hoheitliche Tätigkeiten des Staates grundsätzlich Beamte vor. Solche Tätigkeit von Beamten geschehe in Einrichtungen der öffentlichen Verwaltung, sprich Behörden. Wo der Grundsatz des Art. 33 Abs. 4 GG gelte, dort seien auch Behörden einzurichten und für die betreffende Staatstätigkeit auch allein zuständig. Zwar könne sich der Staat bei der Wahrnehmung seiner Verwaltungsaufgaben grundsätzlich in gewissem Umfang Privater als beliehener Unternehmer bedienen. Dies sei jedoch da nicht hinzunehmen, wo in besonderem Maße in die Grundrechte der Betroffenen eingegriffen werde, wie dies beim Maßregelvollzug der Fall sei. Die zwangsweise und unbefristete Freiheitsentziehung in der forensischen Psychiatrie sei eine der schwersten rechtsstaatlich legitimierten Eingriffe in elementare Grund- und Menschenrechte[54].

Da es sich beim LKH Moringen faktisch nach wie vor um eine Behörde handelt, soll dieser Streitgegenstand in der vorliegenden Ausarbeitung lediglich aufgezeigt und angerissen werden. Eine Bewertung bzw. intensivere Auseinandersetzung mit diesem Thema würde den Rahmen der Arbeit überschreiten.

53 Volckart, Maßregelvollzug – Das Recht des Vollzuges der Unterbringung nach §§ 63, 64 StGB in einem psychiatrischen Krankenhaus und in einer Entziehungsanstalt, S. 216 ff.

54 So auch: Pollähne R & P 2001, 198

IV. Vollzugsverwaltungsverfahren

Für die Maßnahmen der Maßregelkrankenhäuser finden die Landesverwaltungsverfahrensgesetze Anwendung. Hier finden sich Regelungen über das Verwaltungshandeln an sich, über Gebundenheit und Ermessen, rechtliches Gehör, Bekanntmachung von Maßnahmen, Einsicht in die Krankenakten, Hilfe für den Betroffenen durch einen Rechtsanwalt, Rücknahme und Widerruf von Maßnahmen, innerbehördliche Schweigepflicht, Befangenheit usw.[55]

V. Haus- oder Stationsordnung

Themen wie Besuchszeiten, Benutzung der Stationsküche, Gottesdienste, Benutzung des Telefons etc. werden in den Einrichtungen häufig durch sogenannte Haus- oder Stationsordnungen geregelt, so auch im LKH Moringen. Eine solche Haus- oder Stationsordnung kann niemals Grundlage für eine Grundrechtseinschränkung sein[56]. Sie muss mit höherrangigem Vollzugsrecht vereinbar sein[57] und kann nur auf der Grundlage einer gesetzlichen Regelung nähere Ausgestaltungen vornehmen[58].

VI. Rechtsbehelfe und -mittel

Der Patient kann gegen eine Maßnahme, die er als rechtswidrig empfindet, zunächst eine Dienstaufsichtsbeschwerde einlegen. Grundsätzlich ist die Klinik als Behörde zur Selbstkontrolle verpflichtet. Die Erfahrung zeigt jedoch, dass die Dienstaufsichtsbeschwerden in den meisten Bereichen der Staatsverwaltung fruchtlos sind[59]. Gemäß §§ 138 Abs. 3, 109 ff. StVollzG ist im Maßregelvollzug die Strafvollstreckungskammer für die gerichtliche Überprüfung von Maßnah-

---

55 Volckart, Maßregelvollzug – Das Recht des Vollzuges der Unterbringung nach §§ 63, 64 StGB in einem psychiatrischen Krankenhaus und in einer Entziehungsanstalt, S. 40 f.

56 BVerfG StV 1996, 499

57 Pollähne R & P 2001, 200 f.

58 Volckart, Maßregelvollzug – Das Recht des Vollzuges der Unterbringung nach §§ 63, 64 StGB in einem psychiatrischen Krankenhaus und in einer Entziehungsanstalt, S. 228

59 Volckart, Maßregelvollzug – Das Recht des Vollzuges der Unterbringung nach §§ 63, 64 StGB in einem psychiatrischen Krankenhaus und in einer Entziehungsanstalt, S. 241 f.

men zuständig. Die Oberlandesgerichte (Strafsenate) stellen eine Art Revisionsinstanz dar. Die wichtigsten hier vom Patienten zu stellenden Anträge sind:

Der **Anfechtungsantrag**, falls der Patient von einer belastenden Maßnahme betroffen wird, wie z.B. einer ärztlichen Behandlung.

Der **Verpflichtungsantrag**, im Falle der Verwehrung einer den Patienten begünstigenden Maßnahme, wie z.B. der Versagung von Urlaub.

Der **Untätigkeitsantrag**, wenn der vom Patienten gestellte Antrag auf Erlass einer begünstigenden Maßnahme nicht beschieden, sondern liegen gelassen wird.

Der **vorbeugende Unterlassungsantrag**, wenn der Patient eine belastende Maßnahme zu befürchten hat und ein Abwarten darauf unzumutbar ist.

Der **Antrag auf Feststellung der Rechtswidrigkeit**, wenn sich die Maßnahme bereits erledigt hat, der Patient an der Feststellung ein Rechtsschutzinteresse hat und sein Begehren sich nicht anderweitig verfolgen lässt.

Mit dem Urteil des Oberlandesgerichts in zweiter Instanz ist der Rechtsweg erschöpft und das Bundesverfassungsgericht kann mit einer Verfassungsbeschwerde angerufen werden[60]. Hatte die Verfassungsbeschwerde keinen Erfolg und liegt ein Verstoß gegen die Menschenrechtskonvention vor, so kann eine Menschenrechtsbeschwerde beim Europäischen Gerichtshof für Menschenrechte in Straßburg eingelegt werden[61].

---

60 Volckart, Maßregelvollzug – Das Recht des Vollzuges der Unterbringung nach §§ 63, 64 StGB in einem psychiatrischen Krankenhaus und in einer Entziehungsanstalt, S. 241

61 Art. 34 MRK in der seit 01.11.1998 geltenden Fassung

2. Teil: Deskriptiver Teil

A. Das Niedersächsische Landeskrankenhaus Moringen und seine Rahmenbedingungen

I. Das Versorgungsgebiet des LKH Moringen

Das Versorgungsgebiet des LKH Moringen umfasst das gesamte Bundesland Niedersachsen. Neben eigenständigen Einrichtungen hat Niedersachsen mittlerweile an allen Landeskrankenhäusern Forensische Abteilungen. Mit einer Größe zwischen 36 in der kleinsten und 318 Betten in der größten Einrichtung, zählte das Land insgesamt 831 Behandlungsplätze zum 1. März 2003. Etwa ein Drittel davon sind zentral in Moringen. Diese Zentralisierung bietet den Vorteil, differenzierte und spezialisierte Therapiekonzepte zur Anwendung kommen zu lassen. Nachteilig ist dagegen die häufig große Entfernung zum Heimatort der Patienten, die zum Beispiel die Aufrechterhaltung familiärer Kontakte erschwert.

II. Die Gebäude des LKH Moringen

Wie bereits ausgeführt geschieht die Unterbringung eines psychisch kranken Rechtsbrechers in einer Maßregelvollzugsanstalt mit dem Ziel der Wiedereingliederung. Die Behandlung des Untergebrachten in einem psychiatrischen Krankenhaus richtet sich nach ärztlichen Gesichtspunkten. Soweit möglich, soll er geheilt oder sein Zustand soweit gebessert werden, dass er nicht mehr gefährlich ist. Ihm wird die nötige Aufsicht, Betreuung und Pflege zuteil (§ 136 StVollzG). Deswegen wäre es nicht nur therapeutisch, sondern auch rechtlich geboten, neue Maßregelvollzugsanstalten nicht als öde Festungen zu bauen, bzw. alte Einrichtungen derart zu belassen. Dem gesetzlichen Auftrag werden sie so jedenfalls nicht gerecht.

Das LKH Moringen liegt im Süden Niedersachsens, nahe der Universitätsstadt Göttingen. Das äußere Erscheinungsbild der Institution erinnert eher an ein herkömmliches Krankenhaus, als an eine Sicherheitseinrichtung[62]. Die flache Gebäudestruktur wirkt übersichtlich und fügt sich reibungslos in die übrige Um-

62 Bilder der Anstalt finden sich auf Seite 165

gebung Moringens ein. Erst bei näherem Hinsehen fallen im Eingangsbereich die hohen Tore auf. Ansonsten wurde überwiegend auf hohe Mauern mit Stacheldraht verzichtet. Das Gelände grenzt sich hauptsächlich durch ganze Gebäude nach außen hin ab. Ein Teil wird lediglich durch eine dichte Dornenhecke geschützt. Inzwischen sind im LKH Moringen so gut wie alle Bauten neu errichtet oder renoviert worden. Im Inneren der Klinik findet sich ein überwiegend natürliches und freundliches Milieu mit Grünanlagen, die die Patienten zum Teil selbst angelegt haben. Es bietet sich dem Betrachter eine einfache, ruhige, entspannte, beschützende und unkomplizierte Atmosphäre.

Das Raumangebot in der Klinik umfasst Ein- bis Sechsbettzimmer, wobei Ein- und Zweibettzimmer nur für etwa 60 Patienten bereit stehen. Aus der Platznot heraus sind über die Hälfte der Eingesperrten in Drei- bis Vierbettzimmern untergebracht. Der jeweilige „private" Lebensraum pro Patient beträgt damit im Durchschnitt 4 qm. An dieser Stelle gibt es sicherlich Verbesserungsbedarf und es läge an der Landesregierung, entsprechende Veränderungen einzuleiten[63]. Der Staat hat die Aufgabe, die Bedingungen zu schaffen, unter denen die Menschen ein würdiges Dasein führen können[64]. Dies gilt selbstverständlich auch für den Maßregelvollzug. Die chronische Überbelegung der bestehenden Einrichtungen in Niedersachsen stellt ein altbekanntes und drängendes Problem dar. Die Zahl der im Maßregelvollzug untergebrachten Patienten hat sich in den vergangenen zehn Jahren mehr als verdoppelt. Die Schaffung einer dritten zentralen Einrichtung in Niedersachsen neben Göttingen und Moringen lehnte Sozialministerin Trauernicht jedoch im August 2002 ab. Dabei lässt sich sowohl aus dem Allgemeinen Persönlichkeitsrecht (Art. 2 GG) als auch aus der Unantastbarkeit der Menschenwürde (Art. 1 GG) entnehmen, dass jeder Mensch ein Recht auf Diskretion und Wahrung seiner Intimsphäre hat. Mehr als drei Patienten in einem Krankenzimmer und pro Kopf nur 4 qm Lebensraum lassen sich nach diesen Grundsätzen nicht rechtfertigen[65].

Auf dem Klinikgelände befinden sich darüber hinaus sechs kleine Appartements mit Wohnzimmer, Schlafzimmer, Kochnische, Dusche und WC die von den Patienten in Anspruch genommen werden können, um hier z.B. einige Stunden oder Tage mit ihrem Partner verbringen zu können.

Die Wachstation des LKH Moringen besteht in der Hauptsache aus zwei Schlafsälen mit jeweils 20 Betten für Patienten, die sich selbst, Mitpatienten oder

63 Seit In-Kraft-Treten des neuen Maßregelvollzugsgesetzes vom 15.06.1999 ist der Aufgabenträger das Land (§ 29)

64 Volckart, Maßregelvollzug – Das Recht des Vollzuges der Unterbringung nach §§ 63, 64 StGB in einem psychiatrischen Krankenhaus und in einer Entziehungsanstalt, S. 95

65 Zu den rechtlichen Konsequenzen siehe S. 111 ff.

das Personal gefährden könnten. Von einem Podest aus wacht ein Pfleger durch bruchsichere Scheiben über die Anwesenden. Die Unterbringung auf der Wachstation ist dabei stets vorübergehend und nicht auf Dauer angelegt.

III. Das Personal des LKH Moringen

Der Klinikbetrieb wird gewährleistet von 16 Ärzten/innen , 15 Psychologen/innen, 7 Pädagogen/innen, 1 Sprachtherapeutin, 11 Sozialarbeitern/innen, 20 Ergotherapeuten/innen, 3 Sportlehrern und 225 Krankenpflegern/innen. 90 weitere Arbeitsstellen werden von Verwaltung und dem technischen Bereich besetzt. Diese Stellenausstattung ist unzulänglich und liegt deutlich unter der Psychiatrie-Personalverordnung.

1. Die Klinikleitung

Die Führungsrolle innerhalb einer Maßregeleinrichtung ist von erheblicher Bedeutung, da sie mit enormen Machtbefugnissen ausgestattet ist. Zwar ist Macht an sich nichts Unrechtes, der Machtmissbrauch allerdings kann zu Frustration und Unzulänglichkeiten innerhalb einer Institution führen. Und obwohl die Bereitschaft des Einzelnen, einen Teil seiner Befugnisse abzutreten, in aller Regel äußerst gering ist, hat sich im LKH Moringen innerhalb der letzten 25 Jahre das Konzept einer „kollektiven Führung" durchsetzen können. Denn es gibt keinen Grund, die Leitung auf der Basis der herkömmlichen Autoritätsstruktur beizubehalten. Vielmehr ist es vorteilhaft, diese vom Führungskonzept zu trennen. Das bedeutet, Macht und Autorität wird an eine Vielzahl von Menschen verteilt und der Entscheidungsprozeß im Konsens geführt. Volle Übereinstimmung lässt sich dabei natürlich nicht immer erzielen. Ziel ist es vielmehr, dass sich die Mehrzahl der Betroffenen mit der Entscheidung identifizieren kann. Dadurch wird bei denjenigen, die den Beschluss letztendlich umzusetzen haben, mehr Freude, Engagement und Interesse an der Verwirklichung geweckt. Im Klartext bedeutet das, dass im LKH Moringen Autorität weitgehend an die Leute delegiert wird, die in einem bestimmten Bereich tätig sind, z.B. an eine Station oder Abteilung. Wichtige Entscheidungen werden ausnahmslos im zuständigen Komitee besprochen, und es wird so weit wie möglich versucht, die Angelegenheit durch Übereinstimmung zu entscheiden. Allerdings hat nach wie vor die Klinikleitung die Verantwortung für alle Vollzugsmaßnahmen zu tragen.

2. Das Pflegepersonal

Der Aufgabenbereich des Pflegepersonals hat sich im Laufe der Zeit stark ausgeweitet. Im Rahmen eines modernen pflegerischen Qualitätsmanagements erfüllt das Pflegepersonal neben der Durchführung medizinischer Maßnahmen heute zahlreiche soziotherapeutische und pädagogische Aufgaben. Sie bieten den Patienten praktische Lebenshilfe. Krankenschwester und Krankenpfleger stehen in aller erster Linie mit dem Patienten in Kontakt und sind so Helfer, Vertrauter und Vermittler für diesen. Deshalb macht es auch Sinn, dass das Pflegepersonal an der Gruppentherapie teilnimmt, da sie den Patienten aus dem Alltag kennen. Die Pflegeplanung orientiert sich an den Therapiezielen des Gesamtbehandlungsplans. Regeln, Pflichten und Forderungen, die die Klinikleitung in entsprechenden Verfahren für den Klinikablauf beschließt, müssen vom Pflegepersonal gegenüber den Patienten, für diese verständlich, umgesetzt werden. Darüber hinaus haben sie Gefährdungen permanent im Auge zu behalten und bestehende Sicherheitsvorkehrungen zu überwachen.

3. Sicherheitsbeauftragte

Das LKH Moringen beschäftigt zwei Sicherheitsbeauftragte, die Kontrollen durchführen, für den Austausch sicherheitsrelevanter Informationen sorgen und im direkten Kontakt zu Polizei, Bevölkerung aber auch zu den Patienten stehen. Die beiden Bediensteten konnten lange Zeit Erfahrung in der Psychiatrie als Krankenpfleger sammeln. Neben einem handwerklichen Vorberuf haben sie besondere Fortbildungen in der Psychiatrie absolviert. Es wurde Wert darauf gelegt, dass mit den beiden Ämtern nicht zwei „Sheriffs" durch das Klinikgelände streifen. Vielmehr sollten sie von den Patienten anerkannt werden, was auch überwiegend gelungen zu sein scheint – die beiden Sicherheitsbeauftragten pflegen ein freundliches Verhältnis mit den Untergebrachten.

IV. Die medizinische Infrastruktur des LKH Moringen (Med. Fachabteilungen)

Allgemeinmedizinische, neurologische und internistische Behandlungen können von den Stationsärzten der Klinik durchgeführt werden. Ebenso einfache Labor-, EKG-, EEG-Untersuchungen sowie Physiotherapie, Krankengymnastik und Bewegungstherapie.

Einmal wöchentlich haben ein Zahnarzt und eine Hautärztin Sprechstunde im Hause. Für alle sonstigen medizinischen Belange müssen auswärtige Ärzte in

Anspruch genommen werden, was einen relativ hohen personellen Aufwand für die notwendige Sicherung erfordert.

V. Die Patienten des LKH Moringen

Das LKH Moringen bietet offiziell 318 Behandlungsplätze für Maßregelvollzugspatienten an. Ca. 335 Patienten werden dagegen tatsächlich durch die Einrichtung betreut, wovon etwa 20 bereits entlassen worden sind und sich in der Nachsorge befinden. Am 21.01.2004 setzte sich die Belegung im LKH Moringen wie folgt zusammen:

- 295 der Patienten sind Männer und 20 Frauen,
- 280 sind nach § 63 StGB eingewiesene psychiatrische Patienten,
- 25 sind Suchtpatienten gemäß § 64 StGB,
- einige Patienten sind mit anderer Unterbringungslage.

Seit Jahren besteht eine anhaltende Überbelegung im LKH Moringen.

Die Patienten leiden im Allgemeinen unter diagnostizierten Krankheitsbildern wie Psychosen, Neurosen und Persönlichkeitsstörungen, hirnorganischen Veränderungen, Intelligenzmangel, Sucht u.a..

Nach Angaben der Klinikleitung wurde über die Hälfte der Patienten aufgrund eines Sexualdeliktes gerichtlich eingewiesen, die übrigen befinden sich wegen Brandstiftung, Aggressions- und Tötungsdelikten oder Eigentumsdelikten in der Klinik.

Während die durchschnittliche Unterbringungsdauer der Patienten innerhalb der letzten 25 Jahre stetig abnahm, lässt sich in den letzten 8 Jahren wieder ein Anstieg der Aufenthaltsdauer verzeichnen: (siehe Übersicht S. 44)

Bei den nach § 63 StGB Eingewiesenen betrug die durchschnittliche Aufenthaltsdauer Ende 1984 noch über 8 Jahre, während diese im Jahre 1990 nur noch bei etwas über 4 Jahren lag. Aktuell ist allerdings wieder ein Anstieg auf knapp 6, 5 Jahre zu beobachten, was mit den veränderten juristischen und politischen Rahmenbedingungen und mit der Aufnahme deutlich schwerer gestörter Patienten in den letzten Jahren zusammenhängt. Grundsätzlich sollte eine allzu lange Aufenthaltsdauer vermieden werden, da eine solche sekundär durch eine unvermeidliche Hospitalisation zu immer schlechteren Voraussetzungen für eine erfolgreiche soziale Reintegration führt.

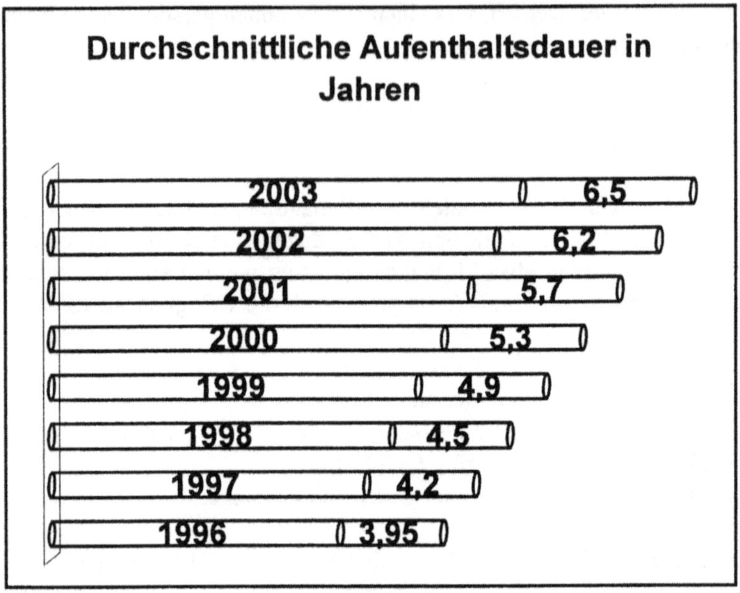

Übersicht 1: Durchschnittliche Aufenthaltsdauer im LKH Moringen

Innerhalb des Krankenhauses bestehen verschiedene Grade von Freizügigkeit. Fast allen Patienten ist es erlaubt die Klinik in Begleitung eines Bediensteten zu verlassen, zum Beispiel für eine Vorstellung bei auswärtigen Ärzten, für Wanderungen, Einkaufsfahrten o.ä.. Über 50% der Patienten können das Haus ohne Beaufsichtigung verlassen oder Urlaub in Anspruch nehmen. Um den Kontakt der Patienten zu Angehörigen aufrechtzuerhalten und zu fördern, können diese gemeinsame Zeit in einem der Appartements verbringen.

VI. Historische Entwicklung der Rahmenbedingungen des Maßregelvollzugs im LKH Moringen

Das LKH Moringen hat eine bewegende Geschichte vorzuweisen. Gegründet 1732 als ein Waisenhaus für adelige Stände, wurde es 1818 sodann zu einer „Straf- und Korrektionsanstalt" umfunktioniert, bis die Nationalsozialisten 1933 ein Konzentrationslager in Moringen einrichteten. Unter pädagogischer Leitung wurden 1948 die ersten psychisch kranken Straftäter im sogenannten „Arbeitshaus" untergebracht. Diese Leitung wandelte sich erst 1954 in eine nervenärztliche um. 1966 wurde die Anstalt in „Niedersächsisches Landeskrankenhaus Moringen“ umbenannt.

Noch in den 80er Jahren befanden sich im LKH Moringen teilweise bis zu 35 Patienten auf einer Station. Die Patienten waren in insgesamt drei Sälen untergebracht: dem Schlafsaal, dem Tagesraum sowie dem Arbeitsraum. Wohngruppen gab es zu jener Zeit keine, dafür waren Schlägereien an der Tagesordnung.

Heute werden höchstens 20, überwiegend aber 15 Patienten auf einer Station untergebracht. Die Schlafräume sind allerdings auch heute noch häufig mit drei und vier Betten belegt. Neben inzwischen 17 Stationen wurden in der Vergangenheit 16 Wohngruppen mit jeweils vier bis fünf Bewohnern geschaffen. Fünf dieser Wohngruppen befinden sich davon außerhalb des Hauses, im Rahmen des Offenen Maßregelvollzuges.

VII. Das Therapiekonzept im LKH Moringen

Im Zuge der Erkenntnis, dass Einrichtungen, die Patienten lediglich verwahren, zugleich auch krank machen und um dem gesetzlichen Auftrag der Wiedereingliederung gerecht zu werden, erfuhr das LKH Moringen innerhalb der letzten zwanzig Jahre einen Wandel vom reinen Verwahrvollzug hin zu einem Behandlungsvollzug. Die anfangs noch gesunden Möglichkeiten der Patienten verringern sich anderenfalls im Verlaufe der Zeit zu krankhaften Stereotypien[66]. Hinzu kommt, dass sich die psychiatrischen Kliniken in Deutschland in der Vergangenheit hauptsächlich an den Prinzipien und Praktiken der allgemeinen Medizin angelehnt und dabei weitgehend die konventionellen und hierarchischen Strukturen der allgemeinen Krankenhäuser übernommen haben. Ihrer gänzlich verschiedenen Funktion wurde dabei wenig Rechnung getragen. Mit dieser Problematik hat sich das LKH Moringen, 1980 einhergehend mit einem Wechsel in der Klinikführung, auseinandergesetzt und sich die Frage gestellt: Wie kann die Umgebung des LKH Moringen so strukturiert werden, dass die Behandlung wirkungsvoll erleichtert wird? Drei Hauptziele haben sich aus dieser Überlegung heraus ergeben:

- Die Schaffung einer wechselseitigen Kommunikation zwischen dem Personal, den Patienten und dem Mitarbeiterstab.
- Weitreichende Einbeziehung der Mitarbeiter in wichtige Entscheidungen, damit jeder das Gefühl hat, sich mit den Zielen der Klinik, mit Veränderungen und mit Erfolgen und Niederlagen identifizieren zu können.

---

66 Jones, Prinzipien der therapeutischen Gemeinschaft, S. 7

- Die Entwicklung eines therapeutischen Klimas, das die Einstellungen von Patienten und Mitarbeitern widerspiegelt. Hierzu gehört auch, der Umgebung, in der die Behandlung erfolgt, die entsprechende Wichtigkeit zuzuordnen. Diese kann zuweilen direkt bestimmend für die Wirksamkeit einer spezifischen Behandlungsmethode sein.

Nachdem diese Erkenntnisse gereift waren, galt es sich der langwierigen, aber durchaus lohnenden Aufgabe zu stellen und die notwendigen Veränderungen innerhalb dieser alteingesessenen Institution herbeizuführen.

Das Therapiekonzept im LKH Moringen ist darauf ausgerichtet, jeden Patienten individuell zu behandeln und ihm die erforderlichen Förderungsmöglichkeiten zukommen zu lassen. Hierfür gibt es viele differenzierte und spezialisierte Angebote. Das bedeutet nicht, dass ausnahmslos jeder Patient auch behandelt und therapiert werden kann. Bei sogenannten „unheilbaren" Patienten oder bei Störungen und Schwierigkeitsgraden, denen sich die Klinik nicht gewachsen fühlt, wird sich um andere Unterbringungsformen bemüht. Was die individuelle Betreuung teilweise erschwert, sind die bestehenden räumlichen Begrenzungen, personelle Engpässe sowie institutionelle Abläufe.

Das LKH Moringen lässt sich strukturell unterteilen in einen Aufnahmebereich, einen geschlossenen und einen gelockerten Bereich. Spezielle Stationen bestehen für Jugendliche und jüngere Erwachsene, für Frauen und Suchtpatienten, für ältere, schwerbehinderte und zum Teil chronisch kranke Patienten. Auf weitere Einteilungen wurde bewusst verzichtet, so dass es keine besonderen Stationen für Patienten zum Beispiel mit bestimmter Erkrankung, Lockerungsstufe, Alter oder Persönlichkeitsstruktur gibt. So kann weitgehend auf jeder Station jede Behandlungsform durchgeführt werden. Der Charakter der einzelnen Stationen bestimmt sich vielmehr durch den therapeutischen Stil, die Ausbildung des Stationsleiters bzw. des Stationsteams und durch die Fähigkeiten der Patienten, in der Behandlung mitzuarbeiten. Dadurch ergeben sich zwischen den Stationen unterschiedliche Schwerpunkte und Milieus. Die Zuweisung auf eine bestimmte Station richtet sich nach den Gesichtspunkten einer therapeutischen Beziehung. Ein Großteil der Patienten leidet als Außenseiter der Gesellschaft unter schweren psychischen und sozialen Konflikten und Defiziten und hat häufig nie ein sicheres Zuhause kennengelernt und auch keine Eltern gehabt, deren Verhalten ihnen ein Vorbild hätte sein können oder von denen sie Unterstützung hätten erwarten können. Diese Patienten sind es nicht gewohnt, dass sich eine andere Person für ihre Belange interessiert. Zuneigung und Anteilnahme sind ihnen fremd. Der Einzeltherapeut ist daher oft für die Entwicklung oder Erarbeitung einer Beziehungsfähigkeit von entscheidender Bedeutung. Bei einem Wechsel der Station behält der Patient deswegen meist seinen Therapeuten. Auf seiner Station soll er darüber hinaus Beziehungen zu seinen Mitpatienten und dem Stationsteam entwickeln, aufrechterhalten und bearbeiten können. Die Station soll die Funktion einer Familie für den Patienten übernehmen, in der er sich zugehörig fühlen sowie Vertrauen und Gruppenidentität entwickeln kann.

Die im LKH Moringen angewandte Behandlungsweise zielt darauf ab, Umwelteinflüsse mit einzubeziehen und sich dabei aller potentiellen therapeutischen Möglichkeiten zu bedienen, welche sich innerhalb einer Gemeinde bieten, bei gleichzeitiger Auswertung aller vorhandenen sozialen Kräfte zur Ergänzung des Behandlungsprozesses. Entscheidend ist, dass Behandlung, Ausbildung und Lernen als sozialer Prozess nicht voneinander getrennt werden. Der Patient kann auch nicht wirkungsvoll in einem Vakuum behandelt werden, abgeschnitten von seiner Familie und anderen Menschen, die für ihn von Bedeutung sind.

1. Diagnostik

In der Diagnostik sind sowohl psychiatrische Befunderhebung einschließlich biographischer Anamnese, als auch testpsychologische Untersuchungen (IQ-Tests etc.) enthalten. Unentbehrlich sind hierbei die pflegerischen Verhaltens- und Beobachtungsberichte über die Patienten. Gespräche mit Familienangehörigen, Freunden und Bekannten runden die Diagnostik ab. Spätestens halbjährlich wird für den Patienten gemäß dem Niedersächsischen Maßregelvollzugsgesetz ein neuer Therapieplan entworfen.

2. Behandlungsformen

Es wird Einzel- und, soweit es bei dem einzelnen Patienten möglich ist, Gruppentherapie angeboten (tiefenpsychologisch orientiert, gesprächstherapeutisch, verhaltenstherapeutisch, gestaltungstherapeutisch u.a.). Stationsgruppen sind obligatorisch.

Zur Behandlung von Psychosen werden, bei entsprechender Indikation, Psychopharmaka oral oder in größerem zeitlichen Abstand als Depotpräparat verabreicht.

3. Milieutherapie

Für Patienten, die in der Vergangenheit Schutz, Liebe und Unterstützung aus der Familie nie oder zu wenig erfahren haben, ist es wichtig nunmehr ein förderndes, schützendes und stützendes Milieu im Lebens- und Arbeitsbereich zu schaffen. Selbständigkeit und Entwicklung sollen so ermöglicht werden. Darüber hinaus muss der Patient erleben, dass er als Person und mit seinen Alltagsproblemen ernst genommen wird. Erst dadurch wird er sich in einer Therapie öffnen.

4. Psychotherapie

Die Psychotherapie wird im LKH Moringen als ein entscheidendes Mittel gesehen, um gefährlichen Reaktionen von Patienten entgegenzuwirken und diese weitgehend zu reduzieren, bis es nicht mehr zu Rückfällen kommt und der Patient schließlich entlassen werden kann. Deshalb finden wöchentlich mindestens ein bis zwei Stunden Einzeltherapie statt. Die Psychotherapie wird angewandt bei:

- Persönlichkeitsstörungen und Neurosen
- Minderbegabten
  Es wird nicht als ausreichend angesehen, Minderbegabten nur allgemeine pädagogische Maßnahmen und sogenannte äußere Strukturierung anzubieten. Sie sind durchaus auch mit einer modifizierten Form von Psychotherapie erreichbar.
- Suchtpatienten
  Bei Suchtpatienten kommt es entscheidend auf das psychodynamische Verständnis und die Aufarbeitung schwerer Störungen an.
- Patienten, die an einer Psychose leiden, wie zum Beispiel einer Schizophrenie. Auch hier ist eine rein medikamentöse Behandlung nicht ausreichend. Es hat mit Hilfe der Psychotherapie eine Aufarbeitung der Persönlichkeitsstörung und der durch die Psychose bedingten Beeinträchtigung zu erfolgen.

5. Teamarbeit

Ein wichtiger Baustein in der psycho- und soziotherapeutischen Arbeit ist die Zusammenarbeit und der Austausch der Mitarbeiter untereinander, die mit dem jeweiligen Patienten in Kontakt stehen. Aufgrund dessen finden regelmäßig wöchentliche Teamsitzungen und mehrmals jährlich Teamtage statt. Supervisionssitzungen und Balint-Gruppen, die von auswärtigen Supervisoren geleitet werden, dienen dem zusätzlich.

6. Familientherapie

Die Familientherapie wird für Patienten angeboten, die eine intensive, wenn auch nicht selten problematische Beziehung zu ihren Familienangehörigen haben. Die Familienmitglieder können auf diesem Wege im Rahmen einer Familientherapie in die Behandlung miteinbezogen werden. Jeder Patient hat zumindest einmal im Jahr die Möglichkeit, seine Familie im Wege einer Ausführung zu besuchen.

7. Soziotherapie

Viele Patienten haben auf der sozialen Ebene erhebliche Defizite zu verzeichnen. Diese müssen bei dem Versuch einer sozialen Wiedereingliederung intensiv betreut werden. Dazu gehört u.a. die berufliche Wiedereingliederung, die Vermittlung und Betreuung von auswärtigem Schulbesuch, ein Berufsgrundbildungsjahr oder eine Lehre in Angriff zu nehmen. Die sozialen und materiellen Verhältnisse der Patienten sind zu klären. Zudem bekommen die Betroffenen eine Anleitung, wie mit Geld und Eigentum umzugehen ist. Neben lebenspraktischen Fähigkeiten wird außerdem der Umgang mit Behörden und Justiz vermittelt. Weiter wichtig ist die Aufrechterhaltung oder Wiederherstellung von Kontakten zu Familie, Freunden und Bekannten.

Im Rahmen der Soziotherapie finden auch entscheidende Entlassungsvorbereitungen für den Patienten statt. Es werden Voraussetzungen für Wohnen und Arbeit sowie Kontakt zu Bewährungshelfern, Führungsaufsicht, Heimen etc. geschaffen.

8. Ergotherapie

Die Ergotherapie beinhaltet die Arbeits- und Beschäftigungstherapie. Hierbei sollen vor allem sensorische und motorische Fähigkeiten, Kreativität, Geschicklichkeit, Ausdauer und Sorgfalt sowie angemessenes Sozialverhalten geschult werden.

9. Behandlung in Wohngruppen

Das LKH Moringen hält für etwa 80 Patienten ein Einzelzimmer in einer Wohngruppe bereit. Die Behandlung in Wohngruppen bietet den Untergebrachten wesentlich bessere und individuellere Rehabilitationsmöglichkeiten. Die Bewohner sind hier Selbstversorger und haben die Möglichkeit ihre Umgebung in Eigenregie zu gestalten, was entscheidend deren Selbständigkeit fördert und ihre Motivation für die Psychotherapie stärkt. Innerhalb der Wohngruppe lernen die Patienten den sozialen Umgang miteinander und mit realen sozialen Chancen sowie Konflikten umzugehen.

10. Patientenzufriedenheit

Im LKH Moringen wird großen Wert auf die Zufriedenheit der Patienten gelegt, da sie nur so für ein therapeutisches Arbeitsbündnis offen sein werden. Nur ein zufriedener und gut motivierter Patient wird in seiner Behandlung Fortschritte machen und kann so alsbald wieder entlassen werden.

11. Lockerungen

Die Lockerungsvoraussetzungen sind in § 15 Nds. MVollzG geregelt. Das Niedersächsische Maßregelvollzugsgesetz ist diesbezüglich eines der strengsten in Deutschland, da es schon heute bei jeder Vollzugslockerung die Staatsanwaltschaft in die Entscheidung mit einbezieht. Die ehemalige niedersächsische Sozialministerin Gitta Trauernicht und der Justizminister Christian Pfeiffer haben im November 2002 nach der Gewalttat eines Freigängers im Maßregelvollzug Konsequenzen für die künftige Gewährung von Vollzugslockerungen angekündigt. Wenn sich Gericht und Staatsanwaltschaft zukünftig bei der Prüfung von Lockerungsmaßnahmen nicht einig sind, soll bei vorangegangenen schweren Straftaten ein „externer Gutachter" hinzugezogen werden. Tatsache ist jedoch, ist die vom Patienten ausgehende Gefahr so weit gebannt, dass er während eines Ausgangs voraussichtlich keine rechtswidrige Tat begehen wird, dass er zurückkehren wird und dass der Ausgang seiner Behandlung nicht schadet, dann hat er ein Recht darauf, dass ihm dieser Ausgang auch gewährt wird. Lockerungen sollen dem Patienten ermöglichen Kontakte zur Außenwelt, hauptsächlich zu Angehörigen und Freunden, aufrechtzuerhalten. Ziel ist es, eine spätere Wiedereingliederung in die Gesellschaft zu vereinfachen. Die Patienten können sich im Zuge der Lockerung wieder langsam an die Freiheit gewöhnen, erlernen Sozialtechniken und können sich zum Beispiel im Falle von Alkoholgefährdung bewähren. Außerdem fördern Lockerungen ein friedliches und geordnetes Zusammenleben zwischen den Patienten und dem Personal. Totaler Freiheitsentzug ohne Perspektive einer Lockerung kann gefährliche Geiselnahmen innerhalb der Klinik produzieren, wie erst unlängst in Eickelborn geschehen[67].

67 Dort hatte ein 27-jähriger Patient am Abend des 1. Juli 2003 eine Krankenschwester mit einem Messer bedroht, vergewaltigt und anschließend als Geisel genommen, um sich damit das Öffnen der Ausgangstür der Eickelborner Forensik zu erzwingen. Das Paderborner Landgericht verurteilte den Angeklagten am 23. Februar 2004 dafür zu siebeneinhalb Jahren Haft.

Folgende Lockerungsmaßnahmen können den Patienten zuteil werden:

- Ausführungen mit Bediensteten in Form von Gruppen- oder Einzelausführung (z.B. Einkauf, Besuch der Eltern, Arztbesuch etc.)
- Ausgang in Begleitung von Besuch (Angehörige, Bekannte etc.)
- Ausgang ohne Begleitung (z.B. beginnend mit einer Stunde und langsamer Steigerung in kleinen Schritten, anfangs zweckgebunden, z.B. zum Einkaufen)
- Urlaub (ebenfalls in gestufter Form)
- Aufenthalt im Offenen Maßregelvollzug, Probewohnen etc.

Das Genehmigungsverfahren im LKH Moringen bei einem Lockerungsantrag sieht wie folgt aus:

a. Der Lockerungsantrag wird in schriftlicher Form gestellt (mit Unterstützung des jeweiligen Stationsleiters).
b. Besprechung des Antrags in der wöchentlich stattfindenden Stationsteambesprechung (anwesend: Stationsarzt, Psychologe, Sozialarbeiter, Krankenpfleger).
c. Besprechung des Antrags in der wöchentlich stattfindenden Funktionsbereichskonferenz (anwesend: Personal mehrerer Stationen, Oberarzt, pflegerischer Funktionsbereichsleiter, Sicherheitsbeauftragter).
d. Besprechung des Antrags in der wöchentlich stattfindenden Klinikkonferenz (anwesend: Ärzte, Psychologen, Sozialarbeiter, Pädagogen, Beschäftigungstherapeuten, vier pflegerische Funktionsbereichsleiter, vier Oberärzte, Sicherheitsbeauftragte, Pflegedirektor, Ärztlicher Direktor), wobei der Ärztliche Direktor abschließend über den Antrag entscheidet.
e. Bei besonders schweren Fällen wird ein externes Gutachten eingeholt und ggf. die vorgesetzte Behörde, das Ministerium für Frauen, Arbeit und Soziales informiert bzw. um Stellungnahme gebeten.
f. Die Zustimmung der Staatsanwaltschaft wird eingeholt.
g. Die Zustimmung oder Ablehnung über den Antrag wird dem Patienten schriftlich mitgeteilt. Erneute Kontrolle durch den Stationsleiter und den Sicherheitsbeauftragten. Bei Genehmigung des Antrags unterliegt diese dem ständigen Vorbehalt des Stationsleiters.
h. Darf der Patient die Klinik als Lockerungsmaßnahme alleine verlassen, wird ihm ein Ausweis für Ausgänger ohne Begleitung ausgestellt. Wiederum Kontrolle der Lockerungsentscheidung durch den Ärztlichen Direktor und Sicherheitsbeauftragten.

i. Permanente Überprüfung der genehmigten Lockerung durch das Stationsteam und die Sicherheitsbeauftragten.
k. Regelmäßige Überprüfung der Lockerung durch Oberärzte, pflegerische Funktionsbereichsleiter, Pflegedirektor, Ärztlichem Direktor und Sicherheitsbeauftragte.

Das so recherchierte Genehmigungsverfahren innerhalb der Klinik lässt die gesetzlich notwendige Anhörung des Patienten vermissen (§ 28 VwVfG), bevor ihm seine beantragte Lockerung verwehrt wird. Die Untergebrachten wurden innerhalb des Fragebogens hierzu befragt, so dass an späterer Stelle darauf eingegangen werden wird, inwieweit eine solche Anhörung tatsächlich nicht stattfindet.

12. Nachsorge entlassener Patienten

Aufgrund ihres Krankheitsbildes, ihrer Gefährlichkeit und um einem möglichen Rückfall wirksam entgegenwirken zu können, bedürfen Maßregelvollzugspatienten nach ihrer Entlassung einer besonderen und intensiven Nachbehandlung und Nachsorge. Dies stellt keine „Über-Fürsorge" an die Patienten dar, als dass es vielmehr der Sicherheit der Allgemeinheit dient. In einigen Bundesländern existieren deswegen zur Nachsorge und mit gutem Erfolg forensische Ambulanzen. Da in Niedersachsen solche Ambulanzen nicht existieren, werden aus dem LKH Moringen entlassene Maßregelvollzugspatienten seit Anfang der 90er Jahre in einem Nachsorgeprojekt in Form von Wohngemeinschaften in Hannover betreut (Offener Maßregelvollzug). Zu jener Zeit entstand auch die Zusammenarbeit mit dem Arbeitskreis Gemeindepsychiatrie in Hannover. Darüber hinaus beschäftigt das LKH Moringen einige Therapeuten auf Honorarbasis, die nach der Entlassung des Patienten die erforderliche Nachsorge betreiben.

VIII. Sonstige Einrichtungen des LKH Moringen

Dem Patienten steht ansonsten eine Vielzahl von Beschäftigungsmöglichkeiten zur Verfügung. Dies ist für den Therapieerfolg unerlässlich, da Langeweile und Unterforderung für eine Rehabilitierung kontraproduktiv sind. Zudem haben die Untergebrachten ein Recht auf Arbeit oder Ausbildung bzw. Weiterbildung[68].

68 § 9 Nds. MVollzG sowie Volckart, Maßregelvollzug – Das Recht des Vollzuges der Unterbringung nach §§ 63, 64 StGB in einem Krankenhaus und in einer Entziehungsanstalt, S. 102 f.

Einige Patienten haben nie gelernt, Interesse für etwas Sinnvolles zu entwickeln und haben Folge dessen ihre Neigungen und Talente nie kennengelernt. Voraussetzung ist dabei immer auch der eigene Wille des Patienten, einer Beschäftigung nachzugehen. Es wird hier kein Zwang ausgeübt, wenngleich daraufhingewirkt wird entsprechendes Interesse zu wecken. Es wird der Versuch unternommen den Patienten klar zu machen, dass ihnen im LKH Moringen keine „Zauberkur" angeboten werden kann, und dass jede Veränderung, die sie befähigen sollte ein „normales" Leben zu führen (unterstellt, dass dies ihr Ziel sei), nur das Ergebnis gemeinsamer Bemühungen sein kann. Dem Patienten eine Pflicht zur Mitarbeit an der Behandlung aufzuerlegen ist medizinisch sinnlos und darüber hinaus verfassungsrechtlich ausgeschlossen[69]. In einem therapeutischen Gespräch gewährt der Patient zwangsläufig Einblicke in seine Persönlichkeit, wozu er nicht gezwungen werden darf – anderenfalls würde ein Verstoß gegen die Würde des Menschen (Art. 1 GG), das allgemeine Persönlichkeitsrecht sowie gegen das Grundrecht auf freie Entfaltung seiner Persönlichkeit (Art. 2 I GG) vorliegen[70]. Der Patient hat zudem ein Recht auf einen unantastbaren Geheimnisbereich.

Im LKH Moringen können die Patienten folgenden Beschäftigungen nachgehen:

- Ergotherapie (Arbeits- und Beschäftigungstherapie)
  Für die knapp 40 Patienten aus dem Aufnahme- und Wachstationsbereich wird eine niederschwellige „Spielgruppe", für schwerstgestörte Patienten eine heilpädagogische Gruppe und eine ergotherapeutische Eingangsgruppe angeboten. Eigene Arbeiten, wie zum Beispiel jene aus Tiffany und Pappe, können von Besuchern des Hauses später käuflich erworben werden. Im Trainingsbereich werden Holzspielzeuge hergestellt und Möbel restauriert. Außerdem können die Patienten in den Bereichen Bildhauerei, Malerei, Gärtnerei, Schlosserei, Tischlerei sowie in der Küche arbeiten und hierbei teilweise eine Lehre absolvieren. Die Gestaltungstherapie soll unbewusste Inhalte ergründen und die Phantasie anregen, so dass therapeutisch daran gearbeitet werden kann. Auf diesem Wege können besonders gut persönliche Neigungen, Fertigkeiten und Ausdrucksmöglichkeiten gefördert werden.
- Schule
  Es kann der Haupt- oder Realschulabschluss sowie das Abitur absolviert werden. Analphabeten können Lesen und Schreiben erlernen. Darüber hinaus

69 Jedenfalls für den Strafvollzug: OLG Celle vom 04.03.1985 – 3 Ws 495/84 StrVollz
70 Volckart, Maßregelvollzug – Das Recht des Vollzuges der Unterbringung nach §§ 63, 64 StGB in einem Krankenhaus und in einer Entziehungsanstalt, S. 161 f.

gibt es Sprachunterricht und heilpädagogische Maßnahmen. Auch kulturelle Aktivitäten sind für die Förderung des Einzelnen von sehr großer Bedeutung. Deswegen kann der Patient, seinen Neigungen entsprechend, an einer Literaturgruppe, Theatergruppe, Musikgruppe, Fotogruppe, Zeitungsgruppe oder Malergruppe teilnehmen. Außerdem werden im Zuge von freizeit-pädagogischen Maßnahmen zum Beispiel umweltorientiertes Arbeiten auf einer Hallig oder pädagogisches Reiten organisiert.
Schwerstgestörte Patienten werden heilpädagogisch und soziotherapeutisch mit grundlegenden Kulturtechniken und sozialen Kompetenzen vertraut gemacht.

- Mitarbeit in Betrieben
- Sport
  Die Patienten können wählen zwischen Fußball, Volleyball, Leichtathletik, Gymnastik, Jogging, Krafttraining, Indiaka, Tischtennis, Schwimmen (hauseigenes Schwimmbad), Bewegungstherapie und Inline-Skaten. Beim Sport können Aggressionen abgebaut werden, die Patienten können sich miteinander messen und haben Erfolgserlebnisse.
- Tiere
  Das LKH Moringen verfügt über einen „Mini-Zoo", der von einigen Patienten versorgt und gepflegt wird. So werden u.a. Schweine, Hühner, Meerschweinchen, Kaninchen, Vögel und ein Frettchen gehalten. Die Patienten lernen dabei Verantwortung zu übernehmen, Zuverlässigkeit und können emotionale Bindungen zu den Tieren aufbauen.
- Freizeitangebote
  Zur Abwechslung dienen den Patienten Wanderungen, Ausflüge, Stationsurlaube, Radfahren, Skilaufen, Grillen, Kegeln, Einkaufsfahrten, Kino-, Konzert-, Theater- und Diskobesuche, Feste (Stationsfeiern, Sommerfest, Weihnachtsfest), Gartengruppe, Spielkreis.
- Religion
  Die Patienten haben ein grundgesetzlich gewährtes Anrecht auf ungestörte Religionsausübung (Art. 4 Abs. 1, 2 GG, Art. 140 GG, Art. 141 WRV). Im LKH Moringen können daher verschiedene Konfessionen ausgeübt werden. Sonntags wird ein Gottesdienst abgehalten. Darüber hinaus findet sich ein Bibelkreis, ein Gospelchor sowie seelsorgerische Einzelbetreuung im Angebot.

IX. Sicherheit im LKH Moringen

Für das LKH Moringen ist entscheidend, die **notwendige** Sicherheit zu gewährleisten. Notwendige Sicherheit ist dabei zum einen der erforderliche Schutz der Bevölkerung, zum anderen aber auch die Sicherheit, die der jeweilige Patient zur Heilung seines krankhaften Zustandes braucht und dabei die persönlichen Entwicklungsmöglichkeiten nicht erstickt. Da jeder Patient verschieden ist, richtet sich das Sicherheitskonzept im LKH Moringen individuell und gezielt nach dem Einzelnen, pauschale Maßnahmen werden dagegen weitestgehend vermieden. Vorderstes Ziel ist, dem Heilungserfolg nicht entgegenzuwirken. So wird es beispielsweise für kontraproduktiv gehalten, das Gelände mit sechs bis acht Meter hohen Mauern und Stacheldraht zu umzäunen. Hiermit wird lediglich, sowohl für die Bevölkerung, als auch für den Maßregelpatienten, der Eindruck von Angst und Unbehagen gesät, obgleich erwiesenermaßen nur wenig Zwischenfälle durch Ausbrüche, als vielmehr und wenn überhaupt, während der Lockerung geschehen[71]. Das Gelände des LKH Moringen grenzt sich daher fast ausschließlich durch ganze Gebäude zur Außenwelt ab, wodurch die Einrichtung optisch eher an ein gewöhnliches Krankenhaus erinnert, als an eine Maßregelvollzugsanstalt. Fenstergitter wurden teilweise durch Panzerglas ersetzt und ein Teil der Klinik wird, wie bereits beschrieben, durch eine dichte Dornenhecke geschützt, durch die bis heute noch kein einziger Fluchtversuch unternommen wurde. Bekanntermaßen erzeugt Druck Gegendruck. Der Patient unterwirft sich zwar zeitweilig den ihn umgebenden Zwängen, doch sobald das Sicherheitssystem Lücken aufweist, wird er versucht sein diese zu nutzen. Willkür und Devianz sind damit Tür und Tor geöffnet. Sicherlich brauchen manche Patienten Grenzen, Festigkeit und Geduld, was dagegen auf jeden Fall schadet sind Härte, Kälte oder Ausgrenzung. Dies gilt es zu vermeiden.

Weiterhin der Sicherheit dienlich ist ein **positives Klima** und die Schaffung möglichst vieler **Kommunikationsmöglichkeiten** innerhalb der Klinik. Bei den Veränderungen, die seit 1980 an der Einrichtung vorgenommen wurden, um von dem reinen Verwahrvollzug hin zu einem Behandlungsvollzug zu gelangen, wurde darauf Wert gelegt Lebendigkeit, soziales Leben, Integration sowie ein hohes Maß an Interaktionen zu ermöglichen. Dabei geht es nicht darum, die Patienten zu „verhätscheln", als vielmehr darum, ihnen eine Perspektive und einen Sinn in ihrem Leben zu verschaffen. Ohne das wird sich der Patient nicht veran-

---

71 Nowara, Sexualstraftäter und Maßregelvollzug, S. 14; Seifert & Leygraf, 1997: danach hat sich gezeigt, daß ca. 80 % der von den Patienten im Verlauf ihrer Unterbringung begangenen Straftaten im Rahmen von Lockerungen bzw. nach Entweichungen aus Lockerungen geschahen.

lasst sehen, in seinem Leben etwas zu verändern. Deswegen sollen die Patienten einen möglichst mühelosen Zugang zu Mitarbeitern und Mitpatienten haben und von großzügigen Besuchsregelungen Gebrauch machen können. Im Zuge dessen werden auch gerne die sechs kleinen Appartements mit Wohnzimmer, Schlafzimmer, Kochnische, Dusche und WC auf dem Klinikgelände in Anspruch genommen, die von den Patienten bis zu einigen Tagen hotelartig genutzt werden können.

Um wichtige Entscheidungen, wie zum Beispiel anstehende **Lockerungen**, sicher treffen zu können, ist es erforderlich den Sachverstand, die Beobachtungsgabe und das Einfühlungsvermögen jedes einzelnen Mitarbeiters größtmöglich zu wecken. An dieser Stelle sind auch für die Mitarbeiter Kommunikation, gute soziale Beziehungen und Integration von entscheidender Bedeutung. Deswegen ist es neben der jeweiligen Fachkompetenz notwendig, die Kooperation und Zufriedenheit des Behandlungsteams untereinander zu fördern. Zu diesem Zweck finden regelmäßig Teamtage außerhalb der Einrichtung sowie Teamsupervisionen statt. Diese in Anspruch genommene Sachkompetenz außerhalb der Klinik hilft auch, die notwendige Distanz und den klaren Blick zu den Patienten aufrecht zu erhalten.

Die Lockerungsschritte, die dem Patienten zuteil werden sollen, werden im Stationsteam und in der Klinikkonferenz eingehend besprochen. Daran sind alle Mitarbeiter beteiligt, die mit dem Patienten in Kontakt stehen und ihn kennen. So kommt es, dass mitunter auch Zivildienstleistende in den Lockerungsprozess miteinbezogen sind. Den Patienten zu kennen und ihn einschätzen zu können bietet das größte Maß an Sicherheit. Zuletzt muss der Ärztliche Direktor einer Lockerung zustimmen, um sodann die zuständige Staatsanwaltschaft um Stellungnahme bzw. Genehmigung anzurufen. Um Irrtümer zu vermeiden, findet eine mehrfache Überprüfung und Dokumentation statt. In besonders schwierigen Fällen können externe Gutachter bestellt werden. Darüber hinaus beschäftigt das LKH Moringen zwei Sicherheitsbeamte, die alle sicherheitsrelevanten Vorgänge kontrollieren sowie zwei Nachtwächter mit Hund, die das Freigelände des LKH Moringen nachts bewachen.

Dennoch lassen sich **Entweichungen** zu hundert Prozent nicht vermeiden. Nach Aussagen der Klinikleitung entweichen aus dem LKH Moringen pro Jahr durchschnittlich bis zu 20 Patienten, womit die Klinik bundesweit weit im untersten Bereich liegt. Unter einer Entweichung ist dabei jedes unerlaubte Sichentfernen, zum Beispiel während Ausführungen oder Ausgängen und Urlauben, zu verstehen. Ein entwichener Patient wird umgehend der Polizei sowie dem Träger gemeldet, versehen mit dem Hinweis, inwieweit eine erhebliche Gefährdung für die Allgemeinheit besteht. Der überwiegende Teil der entwichenen Patienten findet sich nach wenigen Tagen wieder in der Klinik ein. Längere Entweichungszeiten als einige Wochen kommen selten vor. Nur in vereinzelten Fällen wurden schwerwiegendere Straftaten verübt.

B. Das Vorfeld der Patientenbefragung

Für den Patienten stellt die Aufnahme in eine Maßregelvollzugsanstalt eine bedrohliche und schwierige Situation dar. Er wird zwangsweise aus der ihm vertrauten Umgebung gerissen und an einen ihm unbekannten und fremden Ort verbracht. Hier hat er sich in ein neues Milieu einzugliedern. In aller Regel fühlt er sich dabei ausgeliefert und abhängig[72] und wird sich nach Geborgenheit und Halt sehnen. Wie der Kranke auf das neue Umfeld reagiert hängt von vielerlei Faktoren ab, wie seiner Persönlichkeit, seiner Krankheit, seinen sozialen Vorerfahrungen und den Erfahrungen, die er nunmehr innerhalb der Klinik macht. Eine anonyme, hektische, nüchterne oder oberflächliche Behandlung würde eine Atmosphäre der Angst und Hilflosigkeit erzeugen, in der sich der Patient gegen Hilfs- und Behandlungsangebote sperren wird. Die Klinik muss sich also schon sehr früh, bei der Aufnahme, am Patienten orientieren, optimale Behandlungsbedingungen schaffen und dies während des gesamten Aufenthaltes fortführen. Patientenorientierung bedeutet dabei, den Patienten wahr und ernst zu nehmen. Hierzu ist es erforderlich seine Erfahrungen, Erwartungen und Bedürfnisse zu kennen, ihn in das Versorgungsgeschehen mit einzubeziehen und ihn zur Mitwirkung zu animieren. Patientenbefragungen sind hierzu ein Mittel, um aus Patientenperspektive Defizite in der Versorgung aufzudecken und die Vollzugswirklichkeit darzustellen. Da es sich beim LKH Moringen um eine Maßregelvollzugseinrichtung handelt, sind bei einer derartigen Befragung jedoch einige Aspekte gesondert zu berücksichtigen. Unter anderem, dass es sich bei den hierin zu behandelnden Patienten um solche handelt, die nicht selten unter Persönlichkeits- und Wahrnehmungsstörungen leiden und häufig in ihrem Intellekt eingeschränkt sind. Die Befragung zielt deshalb nicht darauf ab, die tatsächliche und objektive Realität des Klinikalltags und -geschehens zu ermitteln. Vielmehr geht es darum, das subjektive Empfinden der Patienten darzustellen. Denn auch der wahrnehmungsgestörte Patient hat seine Wirklichkeit, unter der er leiden und die ihn in seinem Resozialisierungsprozess behindern kann. Selbst wenn diese mit der Realität nicht übereinstimmen sollte, ist es doch bedeutend die Perspek-

72 Siegrist, Erfahrungsstruktur und Konflikt bei stationären Patienten, S. 271; Siegrist, Arbeit und Interaktion im Krankenhaus; Siegrist, Asymmetrie der Arzt-Patient-Beziehung im Krankenhaus

tive der Patienten kennenzulernen, um so gegebenenfalls darauf reagieren zu können.

I. Befragungsziel

Mit Hilfe eines Fragebogens soll analysiert werden, wie der Betrieb des LKH Moringen auf die Untergebrachten wirkt, wo aus deren Sicht Fehlleistungen im Klinikablauf gesehen werden bzw. was für wirksam im Gesundungsprozess gehalten wird. Aus den Ergebnissen der Befragung soll eine Verbesserung der Versorgungsqualität und der Arbeitsprozesse vorgenommen werden können. Dem Personal wird auf diese Weise eine Selbsteinschätzung ermöglicht, was zu einer Sensibilisierung im Umgang mit den Patienten führen soll. Nach der Offenlegung von wirkungsvollen Prozessen und der Enthüllung von Mängeln werden Lösungsstrukturen geschaffen und Verbesserungsvorschläge unterbreitet.

II. Konstruktion des Fragebogens

Die Patientenpopulation im LKH Moringen besteht zu einem nicht unerheblichen Teil aus niedrig gebildeten bzw. minderbegabten Kranken. Auf diese Besonderheit wurde bei der Entwicklung des Fragebogens Rücksicht genommen[73].

Der Erhebungsbogen enthält zunächst eine Einleitung, die das Ziel der Befragung dargelegt. Anschließend wird der Patient zu einer kritischen Haltung bei der Beantwortung der Fragen motiviert, in dessen Zusammenhang ihm absolute Vertraulichkeit und Anonymität zugesichert wird. Als reliables und valides Instrument zur (Schwachstellen-)Analyse aus Patientensicht wurde der „Hamburger Fragebogen zum Krankenhausaufenthalt" (HFK) in abgewandelter Form verwandt. Die Entwicklung des HFK erfolgte im Rahmen des von der Bundesärztekammer und dem Deutschen Pflegerat initiierten Modellprojektes „Interprofessionelle Kommunikation im Krankenhaus", welches vom Bundesministerium für Gesundheit finanziert wurde und das patientennah, zielgruppenspezifisch die wesentlichen Inhalte des Krankenhausaufenthaltes aus Patientensicht erfragt und dabei Antwortfehler und -tendenzen vermindern soll[74]. Abgewandelt wurde der HFK, weil er in seiner ursprünglichen Form auf allgemeine

73 Im Anhang der Arbeit befindet sich der Abdruck eines originalen Fragebogens, wie er tatsächlich zum Einsatz kam, S. 158 ff.

74 Lecher, Patientenbefragung im Krankenhaus – Der Hamburger Fragebogen zum Krankenhausaufenthalt (HFK) als Instrument zur Defizitanalyse aus Patientensicht, S. 100, 157

Krankenhäuser ausgelegt ist und nicht auf Maßregelvollzugsanstalten. Den sich hieraus ergebenden Besonderheiten wurde bei Erstellung des Erhebungsbogens Rechnung getragen. Zudem wurde der HFK einer sprachlichen Variation unterzogen. Nach einer Studie von Lecher (2002) führt die Nutzung des Dritte-Personen-Effekts zu einer Erhöhung der Problemnennung bei den Patienten. Das bedeutet eine Umformulierung der Items in die 3. Person Plural („Das Pflegepersonal nahm sich wenig Zeit für die Patienten") statt in der 1. Person Singular („Das Pflegepersonal nahm sich wenig Zeit für mich"). Die Patienten sollen ihren Klinikaufenthalt bei Verwendung dieser Anonymisierung kritischer bewerten als in der Ich-Form. Einflüsse wie soziale Erwünschtheit, Dankbarkeit, Angst vor Repressalien sollen sich nicht mehr so verfälschend auf das Urteil auswirken. Die Fragebogenitems wurden deswegen in der 3. Person Plural formuliert.

Um zu verwertbaren Ergebnissen zu kommen, müssen die Patienten außerdem zur Teilnahme und zu einer kritischen Haltung motiviert werden. Folgende aus der einschlägigen Literatur bekannten Aspekte wurden dafür in dem Fragebogen umgesetzt:

- Einfache Satzkonstruktionen
- Einfache Sprachwahl
- Einfaches und übersichtliches Layout
- Maximal 50 Fragen zzgl. soziodemographischer Daten, um die Auffassungsgabe, Konzentration und Aufmerksamkeit der Patienten nicht überzustrapazieren
- Beantwortung der Fragen durch Rating-Skalen mit verbalen Marken zum Ankreuzen
- Vier verschiedene Skalenstufen
- Wechselnde „positiv-negativ" Formulierungen der Items
- Möglichkeiten der freitextlichen Angabe
- Kein direktes Erfragen von Zufriedenheit

Zur Übersichtlichkeit und vereinfachten Auswertbarkeit wurde der Fragebogen unterteilt in die Bereiche: Aufnahme, Ärztliche Betreuung, Pflegerische Betreuung, Stationsklima, Behandlung & Tagesablauf, Unterbringung & Verpflegung, Außenkontakte, Information & Aufklärung und Gesamtbeurteilung.

Bei der Befragungsaktion im LKH Moringen war gerade auch das Aufdecken von negativen Patientenerlebnissen und Patientenkritik relevant. An dieser Stelle taucht das Problem der falsch-hohen Zufriedenheit auf, das in der Literatur vielseitig diskutiert wird[75]. Danach neigt der Patient bei Befragungen dazu, über die einzelnen Items einheitlich positiv zu urteilen. Internationale Studien belegen jedoch, dass diese extrem hohen Zufriedenheitswerte nicht mit der Wirklichkeit übereinstimmen[76]. Wieso die Zufriedenheitsangaben derart hoch ausfallen, ist nicht abschließend geklärt[77]. Folgende Aspekte sind jedoch geeignet dieser Problematik zu begegnen:

- Der Befragte eines Fragebogens hat die Tendenz einzelne Beurteilungen von einem groben Pauschalurteil abhängig zu machen (sog. Halo-Effekt)[78]. Dem sollen differenzierte Einzelfragen entgegenwirken.
- Bei der Sprachwahl wurde zwischen Zufriedenheits- und Bewertungsfragen unterschieden. Während sich Zufriedenheitsfragen auf die Intensität der Patientenangabe beziehen („Wie zufrieden sind Sie mit den Beschäftigungsan-

---

75 z.B. Aust, Zufriedene Patienten? Eine kritische Diskussion von Zufriedenheitsuntersuchungen in der gesundheitlichen Versorgung; Lecher, Patientenbefragung im Krankenhaus – Der Hamburger Fragebogen zum Krankenhausaufenthalt (HFK) als Instrument zur Defizitanalyse aus Patientensicht; Williams et. al., The meaning of patient satisfaction: an explanation of high reported levels

76 Alt, Patient satisfaction rates are too high, S. 2 ff.; Engelhardt, Wirth & Kindermann, Kranke im Krankenhaus; Erzberger et. al., Der zufriedene Patient? Die auffallend positive Bewertung von Krankenhausleistungen durch die Patienten, S. 140 ff.; Raspe, Aufklärung und Information im Krankenhaus, 1983; Williams, Coyle & Healy, The meaning of patient satisfaction: an explanation of high reported levels, S. 1351 ff.; Fitzpatrick, Surveys of patient satisfaction: I – Important general considerations, S. 887 ff.; Sitzia, Patient satisfaction: A review of issues and concepts; S. 1829 ff.

77 Wensing et. al., Quality judgement by patients on general practis care: A literature analysis, S. 45 ff. (Der Befragungszeitpunkt nehme Einfluss auf die Zufriedenheitsangaben); Pascoe & Attkinson, The Evaluation Ranking Scale, S. 335 ff. (Der Zusammenhang von Befragungszeitpunkt und Angaben sei gering); Aharony & Strasser, Patient satisfaction: what we know about and what we still need to explore, S. 49 ff. (Der Zusammenhang zwischen soziodemographischen Merkmalen der Patienten und der Patientenzufriedenheit sei inkonsistent); Young, Meterko & Desai, Patient satisfaction with hospital care, S. 325 ff. (Ältere Patienten tendieren zu höheren Zufriedenheitsangaben als jüngere); Hall & Dornan, Meta-analysis of satisfaction with medical care, S. 637 ff. (Das Geschlecht habe keine Auswirkungen auf die Zufriedenheitsangaben); Attkinson & Zwick, The client Satisfaction Questionnaire, S. 233 ff. (Frauen seien zufriedener als Männer); Dür et. al., Patientenzufriedenheit und Patientenerwartungen im Krankenhaus (Je höher der Bildungsstand, desto kritischer die Aussagen der Patienten); Aust, Zufriedene Patienten? (Dankbarkeit gegenüber dem Behandler und über Gesundung sowie Hemmung der Kritikäußerung vor der Autoritätsperson Arzt)

78 Lecher, Patientenbefragung im Krankenhaus -- Der Hamburger Fragebogen zum Krankenhausaufenthalt (HFK) als Instrument zur Defizitanalyse aus Patientensicht, S. 52

geboten?", Antwortspektrum: „sehr" bis „gar nicht" bzw. mit Schulnoten), erfragen Bewertungsfragen die Zustimmung oder Ablehnung der Patienten („Es gibt ausreichend Beschäftigungsangebote!", Antwortspektrum: „stimmt" bis „stimmt nicht"). Bewertungsfragen führen zu kritischeren Aussagen der Patienten und ermöglichen eine höhere Streuung der Antworten[79], weshalb diese Einzug in den Erhebungsbogen erhielten.

- Es wurde vermieden Häufigkeitsfragen zu stellen, da solche Einschätzungen oft durch besonders prägnante, gerade erinnerliche oder typische Ereignisse verfälscht werden[80].
- Ein weiteres Verfälschungspotential trägt der Faktor der sozialen Erwünschtheit in sich. Speziell bei brisanten und normkritischen Fragen hat der Patient die Tendenz zur normgerechten und positiven Selbstdarstellung[81]. Durch gezielte Vorgabe der normkritischen Fragen soll der Proband dazu ermutigt werden auch sozial unerwünschte Antworten zu treffen.
- Ein weiteres Problem stellt die sogenannte „Ja-Sage-Tendenz" dar, die als stereotype Reaktionsweise auf Fragebögen bekannt ist[82]. Durch eindeutige Formulierungen positiver wie negativer Fragen in unsortierter Reihenfolge wurde versucht dem zu begegnen. Auf bloße Ja/Nein-Antworten wurde verzichtet.
- Die Fragebogenitems wurden überwiegend als Behauptung formuliert, da eine solche zur Erkundung von Positionen, Meinungen und Einstellungen, deren Zutreffen der Patient einzustufen hat, besser geeignet sind als Fragen[83]. Für die Befragten stellt es eine Erleichterung dar, die negativen bzw. kritischen Sachverhalte nicht selbst artikulieren, sondern nur bestätigen oder ablehnen zu müssen.

---

79 Bruster, et. al., National survey of hospital patients; S. 1542 ff.; Ross, Steward & Sinacore, A comparative study of seven measures of patient satisfaction, S. 392 ff.

80 Lecher, Patientenbefragung im Krankenhaus – Der Hamburger Fragebogen zum Krankenhausaufenthalt (HFK) als Instrument zur Defizitanalyse aus Patientensicht, S. 52

81 Lecher, Patientenbefragung im Krankenhaus – Der Hamburger Fragebogen zum Krankenhausaufenthalt (HFK) als Instrument zur Defizitanalyse aus Patientensicht, S. 53

82 Ross, Steward & Sinacore, A comparative study of seven measures of patient satisfaction, S. 393

83 Lecher, Patientenbefragung im Krankenhaus – Der Hamburger Fragebogen zum Krankenhausaufenthalt (HFK) als Instrument zur Defizitanalyse aus Patientensicht, S. 50 ff.

III. Befragungsverfahren

1. Pre-Test

Der Hauptuntersuchung ging ein sogenannter Pre-Test vor. Ziel dessen sollte sein, etwaige Schwachstellen des Fragebogens ausfindig zu machen. Besonders wichtig war auch herauszufinden, inwieweit die Patienten mit der Formulierung der einzelnen Fragen zurecht kommen und ob sie diese inhaltlich verstehen würden. Dies ist nicht unerheblich, da nicht wenige der Untergebrachten in ihrem Intellekt eingeschränkt sind und mitunter unter Persönlichkeitsstörungen leiden.

Letztlich wurden nach dem Zufallsprinzip vier Patienten zur Beantwortung der Fragebögen ausgewählt, denen dabei absolute Anonymität bzgl. ihrer Person zugesichert wurde. Von der zufälligen Auswahl ausgenommen wurden Patienten, die Analphabeten sind sowie solche, die an jenem Tag durch besonders aggressives Verhalten auf der Station aufgefallen und die dadurch nicht in der Lage waren den Erhebungsbogen auszufüllen bzw. denen man dies in dieser Situation nicht zumuten wollte. Die vier Patienten, die schlussendlich an dem Pre-Test teilnahmen, wurden unmittelbar vor der Beantwortung der Erhebungsbögen darauf angesprochen, ob sie an diesem Test teilnehmen wollen, so dass diese ihre Antworten relativ spontan treffen konnten, ohne dass sie sich zu dem Thema lange Gedanken machen bzw. sich darauf vorbereiten konnten. Zur Motivation und als eine Art Aufwandsentschädigung erhielt jeder der Probanden 5,- Euro.

Die Fragebögen wurden gegen Mittag in einem sogenannten Mehrzweckraum ausgefüllt, in dem sich die Patienten versammelten. Die Verfasserin war während der gesamten Zeit zugegen, um eventuell auftretende Unklarheiten und Fragen beantworten zu können und dabei gleichzeitig zu sehen, womit die Teilnehmer Schwierigkeiten haben. Es konnte Folgendes beobachtet werden:

- Die Abgabe der Fragebögen erfolgte bei Zweien nach 15 Minuten, bei Einem nach 31 und bei Einem nach 37 Minuten.
- Innerhalb der Rating-Skalen (1-5) beantwortete Einer fast alle Fragen mit „3 – teil/teils“ (Mittelwert). Zwei Weitere hatte ebenfalls eine gewisse Tendenz zu dieser Mittelwert-Beantwortung. Der vierte Teilnehmer antwortete dagegen kreuz und quer.
  Es wurde daraufhin die Überlegung angestrengt die Skalen auf vier Stufen zu reduzieren, so dass es keine Mitte mehr gibt, was letztlich auch umgesetzt wurde.
- Die Formulierung der Fragen in der 3. Person („Die Patienten werden von den Ärzten/Psychologen ernst genommen!“ anstatt „Ich werde von den Ärz-

ten/Psychologen ernst genommen!") wurde von einem Teilnehmer besonders wörtlich genommen und mit „Das empfindet ja jeder anders!" kommentiert. Die 3. Person-Formulierung wurde in dem Fragebogen dennoch beibehalten, weil sich letztlich nur einer von vier Patienten daran gestoßen hatte und der Effekt überwiegt, die Teilnehmenden damit zu kritischeren Antworten zu animieren[84].

- In der Rubrik „Freie Meinungsäußerung" war sich ein Proband nicht im Klaren darüber, ob an dieser Stelle seine Meinung über den Fragebogen oder über die Klinik gefragt sei.
  Um dem zu begegnen wurde auf Seite 6 des Fragebogens der einleitende Satz wie folgt geändert: „Vielleicht ist bei der Klinikbewertung in Ihren Augen ein Aspekt zu kurz gekommen. Bitte geben Sie mir hier Ihre Anmerkungen."
- Die Frage B. 1. „Welches Gefühl hatten Sie am ersten Tag im LKH Moringen?" empfand einer der Teilnehmer als schwierig zu definieren, gab sich schlussendlich aber sehr wortgewandt („bedrückend").
  Die Fragestellung wurde unverändert in dem Erhebungsbogen beibehalten, da lediglich ein Patient von Vieren die Frage für schwer definierbar hielt und sich dieser Einzelne letztendlich sehr gut auszudrücken wusste. So entsteht die Vermutung, dass die Frage nur als unbequem empfunden wurde, da hier keine Antworten vorgegeben waren und er sich eigenständige Gedanken machen musste. Von einer Überforderung konnte offensichtlich nicht ausgegangen werden.
- Freiraum für selbst zu Formulierendes wurde von allen vier Patienten nur sehr wenig genutzt.
  Dennoch soll den 100 Patienten, die an der Hauptuntersuchung teilnehmen, die Möglichkeit gewährt werden sich an dieser Stelle selbst auszudrücken und zu verwirklichen. Ohne diese Möglichkeit läuft der Fragebogen Gefahr eindimensional zu werden und ggf. Themen, die wirklich betreffen nicht abzudecken.

Anhand der vier ausgefüllten Fragebögen wurde sodann eine erste Auswertung per Microsoft Office Excel und dem Statistikprogramm SPSS vorgenommen, um auch hier etwaige Schwachstellen erkennen zu können.

2. Hauptuntersuchung

Im Zuge der Hauptuntersuchung wurden dem Klinikleiter des LKH Moringen 100 ausgefertigte und durch den Pre-Test modifizierte Fragebögen überlassen,

84 Siehe ausführlicher S. 58

die dieser innerhalb der Klinik in Umlauf brachte. Nach dem Zufallsprinzip wurden je 10 Erhebungsbögen an 10 Stationen verteilt. Die hier lebenden Patienten wurden dazu befragt, ob sie freiwillig und anonym an der Untersuchung teilnehmen wollten. Ausgenommen von der Befragung waren wiederum Analphabeten sowie diejenigen, die aus sonstigen Gründen nicht zur Teilnahme in der Lage waren. Wie bereits beim Pre-Test geschehen, erhielten die Patienten bei Abgabe des ausgefüllten Fragebogens je 5,- Euro. Schlussendlich konnten im ersten Durchlauf 97 der 100 Erhebungsbögen eingesammelt werden. Um auf die anvisierte Zahl von 100 Bögen zu gelangen, wurden weitere Eingewiesene aus anderen Stationen zur Teilnahme befragt. Nach einigen Absagen fanden sich im Endeffekt die noch notwendigen drei Patienten, so dass 100 Erhebungsbögen der Auswertung zugeführt werden konnten. Bei den Befragten handelt es sich sowohl um Untergebrachte aus dem geschlossenen wie auch aus dem offenen Vollzug.

Bei Durchsicht der 100 Fragebögen konnte Folgendes beobachtet werden:

- Bis auf wenige Ausnahmen haben die Probanden sehr differenziert geantwortet, das heißt nicht überall einheitlich ein und dieselbe Zahl (z.B. „3“) angekreuzt, sondern eher kreuz und quer. Lediglich bei der Rubrik „E. Stationsklima“ sowie bei den jeweiligen Insgesamt-Beurteilungen der einzelnen Themenblöcke bestand eine gewisse Tendenz häufig mit einer Zahl zu antworten.
- Fragen, in denen der Teilnehmer seine Antwort selbst zu formulieren hatte, wurden, im Gegensatz zum Pre-Test, sehr zahlreich beantwortet. In der Auswertung wurde das Selbstformulierte als Zitat belassen und nur insoweit abgeändert, als Rechtschreibfehler korrigiert und in der Formulierung Unverständliches verständlicher gemacht wurde.
- Einige Teilnehmer stießen sich auch in der Hauptuntersuchung an der 3. Person-Formulierung, wie den jeweiligen Antworten entnommen werden konnte („Kommt auf die Person an!“). Im Verhältnis zu den 100 Befragten trat dies jedoch verhältnismäßig selten auf.
- Die Frage B. 1. „Welches Gefühl hatten Sie am ersten Tag im LKH Moringen?“ wurde lediglich von 10 Patienten unbeantwortet gelassen.

IV. Auswertung und Aufbereitung der Daten

Um ein umfassendes Aussagebild zu gewinnen, vollzog sich die Datenauswertung in mehreren Schritten. Zunächst wurde jedem Fragebogen eine Nummer (1 bis 100) zugewiesen. Sodann folgte die Codierung eines Musterfragebogens mit entsprechenden Kennziffern. Dies hätte zwar bereits bei der Herstellung der Erhebungsbögen geschehen können, ein solches „Zahlenwerk" hätte bei den Befragten jedoch wohl eher Verwirrung als Motivation zur Teilnahme hervorgerufen, so dass darauf verzichtet wurde. Das hierfür erforderliche Nummernsystem wurde von der Verfasserin selbst entwickelt und dabei auf Art sowie Maß der Antwortmöglichkeiten zugeschnitten.

Grundsätzlich erhielt jede Frage eine Variablennummer. In Block A. erhielt zudem jede Antwortmöglichkeit eine gesonderte Codenummer, während in den übrigen Frageblöcken (B. bis K.) die Antwort mit der jeweils angekreuzten Zahl (1 bis 4) übertragen wurde. Bei der Frage nach dem Geschlecht wurde die Antwort männlich mit einem „m" und weiblich mit einem „w" gekennzeichnet.

In einem nächsten Schritt wurden Tabellen erstellt, in deren jeweiligen Spalten die Variablennummern und in deren jeweiligen Zeilen die Fragebogennummern eingetragen wurden. In die den Variablennummern zugeordneten Spalten wurden sodann die Antworten eingetragen.

Das Datenmaterial konnte nunmehr per Computer erfasst werden, wobei zum Zwecke der Übersichtlichkeit jede Variable mit einem ihr entsprechenden Stichwort versehen wurde, das einem späteren Herausgreifen einzelner Variablen bzw. Antworten nützlich war. Nach der Datenübertragung wurde zur Feststellung von denkbaren Übertragungsfehlern eine Überprüfung des codierten Datenmaterials sowohl summarisch durch Abzählen, als auch stichprobenartig durch Herausziehen eines einzelnen Fragebogens und eines Vergleichs mit den entsprechenden Tabellen vorgenommen. Die Datenauswertung erfolgte sodann durch die Computerprogramme Microsoft Office Excel und SPSS.

Die Mehrheit der Fragen konnte mithilfe einer sogenannten **Likert-Skala** beantwortet werden:

stimmt voll	*stimmt*	*stimmt nicht*	*stimmt gar nicht*
1	2	3	4

Die Werte `1´ und `4´ waren dabei als Extremwerte zu sehen. In einem ersten Auswertungsschritt wurde eine Häufigkeitszählung durchgeführt, um den Anteil der einzelnen Merkmalsausprägungen und damit die entsprechende **Prozentualverteilung** festzustellen. Auch wenn diese Auswertungsmöglichkeit sehr simpel ist, sollte sie nicht gering geschätzt werden, denn sie liefert häufig schon sehr wichtige Aussagen und ist Grundlage für viele weitere Analyseverfahren. Im Anschluss wurden Kreuztabellen erstellt, um Zusammenhänge zwischen einzelnen Merkmalen aufzuzeigen.

In der Untersuchung wurden:

- Kennzahlen (wie Mittelwerte und Korrelationsmaße) bestimmt,
- für die entsprechenden Kennzahlen Signifikanztests durchgeführt.

1. Kennzahlen

Die Verteilung eines Merkmals (einer Variablen) wird häufig durch einfache Kennzahlen beschrieben:

a) **Arithmetisches Mittel**
Hierbei wird der Mittelwert errechnet. (Neben dem Durchschnittswert wurde allerdings auch auf die Anzahl der Antworten eingegangen, die gerade nicht diesen Mittelwert kennzeichnen sollten und dabei hervorhebenswert erschienen.)

b) **Modalwert**
Darunter versteht man den Wert, der die meisten Antworten erhalten hat. Er ist wichtig, um zu überprüfen, ob der Gesamteindruck, der beim arithmetischen Mittel entsteht tatsächlich stimmig ist.

c) **Korrelationskoeffizient**
Es ist für die Untersuchung wichtig zu überprüfen, ob bestimmte Variablen (Merkmale) systematisch, also nicht zufällig, miteinander zusammenhängen. In vielen Fällen ist es möglich, den Zusammenhang zwischen zwei Variablen durch eine Maßzahl auszudrücken, die als Korrelationskoeffizient bezeichnet wird. Die Wahl eines bestimmten unter der Vielzahl verschiedener Korrelationskoeffizienten hängt primär von dem Skalenniveau der beiden Variablen ab. Der hier verwandte Spearman-Rho-Korrelationskoeffizient gibt an, wie stark der Zusammenhang zwischen zwei ordinalskalierten Merkmalen ist (z.B. Abitur – Antwortverhalten).

2. Signifikanztest

Zudem wurden Signifikanztests durchgeführt, wobei von einem Signifikanzniveau von $p>0{,}05$ als statistisch nicht signifikant ausgegangen wurde. Dieser Test soll überprüfen, ob ein Zusammenhang auf den Zufall zurückgeführt werden muss. Es handelt sich dabei um ein Verfahren, das angewendet wird, um Nullhypothesen statistisch zu überprüfen. Das Ziel des Signifikanztests besteht darin, die Irrtumswahrscheinlichkeit, also das Risiko einer irrtümlichen Ablehnung der Nullhypothese möglichst gering zu halten. Um Signifikanztests zur Analyse von Häufigkeitsunterschieden im Auftreten bestimmter Merkmale oder Merkmalskombinationen durchzuführen, mit anderen Worten um festzustellen, ob die in Kreuztabellen enthaltenen Unterschiede in der Zellenbesetzung signifikant sind, wird in der vorliegenden Untersuchung der **Chi²-Test** und der **T-Test** angewendet.

Der Chi²-Test nach Pearson überprüft (bei Kreuztabellen) die Hypothese, daß Zeilen- und Spaltenvariable unabhängig sind, ohne daß dabei die Stärke oder Richtung der Beziehung angegeben wird. Der T-Test vergleicht die Mittelwerte zweier Gruppen (Gruppenunterschied).

Um einen möglichst realistischen Eindruck hinsichtlich des Meinungsspektrums der am Fragebogen teilnehmenden Patienten zu vermitteln, wurden bei **offenen Fragen** Zitate besonders typischer Antworten bzw. eine zusammenfassende Darstellung der wesentlichen Kernaussagen mehrerer Antworten wiedergegeben. Bei Fragen, die konkret auf eine **Zahlenangabe** gerichtet waren, wurde im Zuge der Auswertung zunächst in aller Regel der durchschnittliche Wert, anschließend bei Bedarf der Maximal- sowie der Minimalwert aufgeführt.

Einige Teilnehmer haben zu einzelnen Fragen keine Antwort abgegeben. Der Grund für einen solchen „Item-Non-Response" kann sein, dass die Person die Antwort verweigert hat, sie keine spezifische Meinung zu dem jeweiligen Thema oder die Frage schlicht übersehen hat. Bei der Auswertung derartig fehlender Antwortreaktionen blieb die Person in dem Fall insgesamt unberücksichtigt. Mit Ausnahme des Blocks „C. Ärztliche und psychologische Betreuung" wurde dieser Fall innerhalb des Nummernsystems mit der Ziffer \`0´ gekennzeichnet. Da die Patienten in Block C. Zahlenangaben machen konnten und darunter auch von der Ziffer \`0´ Gebrauch machten, wurde eine nicht beantwortete Frage hier mit der Ziffer \`9´ gekennzeichnet.

Bei der Interpretation der Auswertungsergebnisse erhebt die Ausarbeitung keinen Anspruch auf Vollständigkeit. Die einzelnen Ergebnisse gestatten es, jeweils aus unterschiedlichsten Perspektiven heraus bewertet zu werden, sei es aus psychologischer, medizinischer, soziologischer, juristischer oder aber politischer Sicht. Die Arbeit soll einen ersten Schritt in die Auslegung des Datenmaterials bieten und dabei den Anstoß für eigene Überlegungen bzw. andere Dissertationsvorhaben geben.

Überdies haben sich im Zuge der Auswertung, innerhalb der Versuchsgruppe, mehrere kleinere **Randgruppen** herausgebildet. Hierzu zählen die Frauen (7%), die Verwitweten (2%), die Abiturienten (3%) sowie Patienten mit Hochschul- bzw. Fachhochschulabschluss (3%). Es stand die Überlegung an, wie mit diesen Minderheiten verfahren werden sollte. Die Aussagekraft eines Ergebnisse, welches sich auf eine solch kleine Gruppe bezieht, kann sicherlich in Frage gestellt werden. Andererseits spiegelt es auch die Patientenverteilung im LKH Moringen wieder. Nur wenige Maßregelvollzugspatienten sind Frauen, haben Abitur oder gar einen Hochschulabschluss, aber dennoch sind diese Patientengruppen vorhanden. Es erscheint daher bedenklich diese so zu behandeln, als wären sie nicht zugegen. Die Gruppen künstlich zu vergrößern widerspräche der Stichprobenauswahl nach dem Zufallsprinzip. Schlussendlich schien es wichtig, aufzuzeigen, dass es sich bei den Patienten nicht um ein homogenes Gefüge handelt. Gewisse Gruppen haben zu bestimmten Themen eine abweichende Meinung, die dargestellt werden sollte. Die sogenannten Randgruppen wurden deshalb in der Auswertung mit aufgeführt. Nicht zuletzt auch aus dem Grund, weil nicht unterschätzt werden sollte, dass auch wenige Patienten Auswirkungen haben können, z.B. indem sie schlechte Stimmung/Meinungen unter den übrigen Mitbewohnern verbreiten und so eine negative (oder positive) Grundstimmung innerhalb der Station erzeugen. Es wird daher für wichtig gehalten, zumindest die Existenz solcher Insassen zu kennen. An den entsprechenden Stellen wird die Randgruppe jeweils als solche kenntlich gemacht.

C. Ergebnisse der Patientenbefragung

I. Soziodemographische Daten

Zunächst werden die soziodemographischen Daten der 100 befragten Patienten dargestellt. Die folgenden Ergebnisse beziehen sich auf das Alter, das Geschlecht, den Familienstand, den Schulabschluss, die Aufenthaltsdauer sowie auf das Delikt, welches die Teilnehmer begangen haben.

1. Altersstruktur

Die Altersstruktur der Probanden setzte sich wie folgt zusammen: Von den 100 Befragten gaben 97 ihr Alter an, weswegen 3 Fragebögen in diesem Punkt unberücksichtigt gelassen wurden. Nach Berechnung des arithmetischen Mittels waren die Insassen durchschnittlich 38,6 Jahre alt, wobei der jüngste Patient 21 Jahre und der älteste 68 Jahre alt war. Nur rund ein Drittel (36% (35)) der Insassen gab an älter als 40 Jahre alt zu sein, 64% (62)[85] waren dagegen 40 Jahre alt oder jünger. Dieses Ergebnis ist nicht überraschend, denn als ein bekanntes Phänomen minimieren sich kriminelle Karrieren häufig im Verlauf des Älterwerdens.

85 Die in Klammern gesetzten Zahlen bezeichnen die jeweilige Anzahl von Patienten

2. Geschlecht

Bei 7% (7) der Befragten handelte es sich um Frauen, während 93% (93) männlichen Geschlechts waren. Zahlen, die sich auf die Gesamtheit der in der Einrichtung lebenden Patienten übertragen lassen. Nach eigener Erhebung der Klinik sind im LKH Moringen insgesamt 295 Männer und 20 Frauen (6,8%) untergebracht.

3. Familienstand

Zum Zeitpunkt der Befragung waren mehr als die Hälfte der Patienten (56% (56)) ledig, ohne sich in fester Partnerschaft zu befinden oder bereits geschieden (15% (15)), was darauf schließen lässt, dass es für die Insassen in der Klinikstruktur schwierig ist einen Partner kennen zu lernen bzw. eine Beziehung am Laufen zu halten. Lediglich 16% (16) der sich als ledig Bezeichnenden hatten einen festen Partner an ihrer Seite und nur 10% (10) gaben an, verheiratet zu sein. Ein relativ geringer Anteil von 2% (2) der Teilnehmenden galt als verwitwet.

Laut § 2 Abs. 2 Nds. MVollzG soll der Maßregelvollzug den allgemeinen Lebensverhältnissen angeglichen sowie die familiäre und soziale Eingliederung des Untergebrachten gefördert werden. Zudem obliegt dem Staat grundsätzlich eine besondere Pflicht Ehe und Familie zu schützen (Art. 6 GG). Demnach müsste ihm daran gelegen sein, den Maßregelvollzugspatienten möglichst wenig in seiner Freiheit zu beschränken, so dass er seinen Partner und die Familie besuchen kann bzw. die Anstalten so offen zu halten, dass ein reger Kontakt zwischen den Familienangehörigen gehalten werden kann. Andererseits bedarf es aber auch des Schutzes der Allgemeinheit vor erneuten Straftaten des Insassen, was ein Absondern desselben von der übrigen Bevölkerung notwendig machen kann. Diesem Zwiespalt kann letztlich nicht mit Generalregelungen begegnet werden, sondern allenfalls mit konkreten Einzelfallentscheidungen. Grundsätzlich muss der Untergebrachte die Möglichkeit haben, eine partnerschaftliche Beziehung führen zu können. Soweit es erforderlich ist den Patienten von der Allgemeinheit fern zu halten, sollte er Gelegenheit erhalten innerhalb der Maßregeleinrichtung Beziehungen zu Mitmenschen zu pflegen, sei es durch großzügige Besuchszeiten oder durch die Möglichkeit Mitpatienten kennen zu lernen.

Da im LKH Moringen über die Hälfte der Befragten keinen festen Partner an ihrer Seite hat, was eine relativ hohe Zahl darstellt, sollte hier über Verbesserungsmöglichkeiten nachgedacht werden. Das LKH Moringen hat das Problem offensichtlich bereits erkannt und stellt den Untergebrachten im Zuge dessen auf dem Klinikgelände kleine Appartements zur Verfügung, die diese mit ihren

Partnern, beispielsweise für ein Wochenende, nutzen können. Dies ist sicherlich der richtige Ansatz, scheint jedoch aufgrund der oben genannten Zahlen nicht auszureichen. Es könnte an eine Ausweitung dessen gedacht werden. Dass die Insassen unter den Mitpatienten einen Partner finden, ist aufgrund der ungleichen Männer-Frauen-Verteilung (nur 7% sind weiblichen Geschlechts) relativ unwahrscheinlich. Es könnte aber an eine Erweiterung der Besuchsregelungen gedacht werden, wobei diesbezüglich an späterer Stelle darauf eingegangen werden wird, inwieweit die Befragten die Besuchszeiten für ungenügend erachten[86]. Was die Situation zudem verbessern könnte, wären häufigere Veranstaltungen seitens der Klinik, wie z.B. eine Art „Tag der offenen Tür" im LKH Moringen oder mehr Besuchergruppen (wie Medizin-, Psychologie- oder Rechtswissenschaftsstudenten). Auf diesem Wege kann die Bevölkerung Kontakt zu den Patienten aufnehmen, wobei sich Berührungsängste und Vorurteile abbauen und private Kontakte geschlossen werden können. Es hat sich gezeigt, dass derartige Besuche zu Brieffreundschaften oder ggf. zu weiteren Besuchen in der Klinik geführt haben, was nicht zuletzt auch in einer Freundschaft oder Partnerschaft enden könnte. Bei dieser Thematik darf natürlich nicht ganz außer Acht gelassen werden, dass sich noch immer ein großer Teil der Bevölkerung vor Maßregelvollzugspatienten fürchtet und aus diesem Grund eine Partnerschaft nicht eingehen würde. Dem ließe sich nur durch Öffentlichkeitsarbeit begegnen.

4. Schulabschluss

Bei der Frage nach der Schulbildung gaben 18% (17) der Befragten an, (noch) keinen Schulabschluss zu besitzen. Ungefähr die Hälfte (47% (44)) hatte dagegen die Volks- bzw. Hauptschule besucht und abgeschlossen. Ein Teilnehmer gab an, die Sonderschule besucht zu haben. Aufgrund der Anzahl von Patienten mit geistigen Behinderungen und intellektuellen Minderbegabungen war mit dem erhöhten Anteil von keinem bzw. einem nur geringen Schulabschluss zu rechnen. Es gaben aber auch immerhin 29% (27) der Untergebrachten an, die Mittlere Reife erlangt zu haben. Das Abitur bzw. einen Hochschul- oder Fachhochschulabschluss erreichten dagegen gerade mal jeweils 3% (3) der Insassen, was mit den erhöhten Leistungsanforderungen dieser Schulformen oder den allgemeinen Lebensumständen der Patienten zu erklären sein wird.

---

86 Siehe Seite 115 f.

5. Aufenthaltsdauer

Die Befragten befinden sich durchschnittlich 6,74 Jahre im LKH Moringen, was mit den eigenen Erhebungen der Klinik übereinstimmt[87]. Einer der teilnehmenden Patienten hält sich zum Zeitpunkt der Befragung erst seit einem Monat in der Einrichtung auf, was die kürzeste Aufenthaltsdauer ausmachen sollte. Die längste Zeit verbrachte ein Patient mit 25 Jahren im LKH Moringen.

Ansonsten verteilte sich die Aufenthaltsdauer der Befragten wie folgt: 12% (12) waren bis zu einem Jahr in der Einrichtung untergebracht. Von 1 bis zu 5 Jahren befanden sich bereits 32% (32) der Untergebrachten im Maßregelvollzug. 35% (35) saßen zum Erhebungszeitpunkt von 5 bis zu 10 Jahren ein, 20% (20) darüber hinaus. Interessanterweise ergab sich hier ein signifikanter Unterschied zwischen männlichen und weiblichen Patienten ($p<0,05$). Danach hielten sich die Männer (Mittelwert = 84,8 Monate) im Durchschnitt länger im LKH Moringen auf, als die Frauen (Mittelwert = 29,7 Monate).

6. Deliktzugehörigkeit

Die Frage, wegen welchem Delikt die Probanden in das LKH Moringen eingewiesen wurden, ließen 14 der 100 Befragten unbeantwortet und wurden somit aus dieser Wertung herausgenommen. Während 16% (14) der Insassen angaben, wegen einer Straftat gegen das Leben in den Maßregelvollzug gelangt zu sein, begingen eben so viele ein Körperverletzungsdelikt. 30% (26) der Befragten sitzen nach eigenen Angaben wegen eines Sexualdeliktes ein, 11% (9) wurden dagegen wegen Brandstiftung eingewiesen. Etwas mehr als ein Viertel der Befragten beantwortete die Frage nach dem Delikt mit Angaben wie „Wegen Alkohol", „Aufenthalt im Ausland", „Fahren ohne Führerschein", „Vollrausch" o.ä., was in der folgenden Tabelle unter der Rubrik „Sonstiges" zusammengefasst wurde.

Soziodemographische Variablen		**Patienten-Stichprobe**	**Anzahl**	**Gesamtzahl**
Durchschnittsalter	**(in Jahren)**	38,6		97
	Minimum	21 Jahre	1	97
	Maximum	68 Jahre	1	97
Altersverteilung	***bis 40 Jahre***	64 %	62	97
	> 40 Jahre	36 %	35	97

87 Siehe Übersicht auf Seite 44

Geschlecht	***weiblich***	7 %	7	100
	männlich	93 %	93	100
Familienstand	***ledig, ohne feste Partnerschaft***	56 %	56	99
	ledig, in fester Partnerschaft	16 %	16	99
	verheiratet	10 %	10	99
	geschieden	15 %	15	99
	verwitwet	2 %	2	99
Schulabschluss	***(noch) ohne Schulabschluss***	18 %	17	94
	Volks-, Hauptschule	47 %	44	94
	Mittlere Reife	29 %	27	94
	Abitur	3 %	3	94
	Hochschulsabschluss bzw. Fachhochschulabschluss	3 %	3	94
Durchschnittliche	**Aufenthaltsdauer (Jahre)**	6,74		99
	Minimum	1 Monat	1	99
	Maximum	25 Jahre	1	99
	bis 1 Jahr	12 %	12	99
	> 1 Jahr bis 5 Jahre	32 %	32	99
	> 5 Jahre bis 10 Jahre	35 %	35	99
	> 10 Jahre	20 %	20	99
Delikte[88]				
	Straftaten gegen das Leben	16 %	14	86
	Körperverletzungsdelikt	16 %	14	86
	Sexualdelikt	30 %	26	86
	Brandstiftung	11 %	9	86
	Sonstiges	27 %	23	86

Tabelle 1: Sozidemographische Daten

88 Eine ausführliche Tabellierung mit Angabe der jeweils zitatgenauen Delikte, Anzahl der Patienten und Prozentangaben befindet sich im Anhang der Arbeit, S. 167

II. Die Aufnahme im LKH Moringen

In einem nächsten Schritt wurden die Teilnehmer zu ihrer Aufnahme in das LKH Moringen befragt. Die Behauptungen und Fragen in diesem Abschnitt zielen zum einen darauf ab, festzustellen wie der Patient den ersten Tag in der Klinik empfunden hat. In der psychisch belastenden Anfangsphase der Unterbringung ist der Kranke besonders verletzlich. Vor neuen und unbekannten Situationen hat der Mensch in aller Regel ein Unwohlsein, was wird wohl passieren, wie wird es sein? Der erste Tag ist aber für die Patienten ein wichtiger Einstieg. Hier wird mitunter entschieden, wie er sich für Behandlungen öffnen wird und was seinen Genesungsprozess fördert. Deswegen sollte die Aufnahmeprozedur für den Eingewiesenen möglichst positiv verlaufen. In der ersten Frage des Erhebungsbogens wurden die Patienten deshalb zu ihrem Gefühl am Aufnahmetag befragt. Es stellte sich heraus, dass 83% (75) der Untergebrachten ein negatives Gefühl und nur 17% (15) ein positives dabei empfanden. Die Gefühle wurden wie folgt beschrieben:

Welches Gefühl hatten Sie am ersten Tag im LKH Moringen? [89]
Negativ-Antworten: Mangelhaft; Angst; Ungewissheit; Bedrückend; Ich komme hier nicht wieder raus; Grauenvoll; Scheiß Gefühl; Total fehl am Platz; Hass; Verwirrung; Kein gutes Gefühl; Schlecht, Unsicher; Sehr schlechtes; Nicht gutes; Schnell wieder weg; Resignative; Sehr bedrückt, vielleicht ängstlich; Ungewiss; Genervt; Scheu; Kein gutes; Aufgeregt; Naja; Ängstlich, orientierungslos; Schlechte Laune; Besorgtes; Unwohlsein; Unsicherheit; Mulmig; Ganz schlechtes; Unangenehm; Ratlosigkeit; Komisch; Schlimmes; Angst; Eingesperrt; Laues Gefühl im Magen; Katastrophal; Bewacht zu sein; Abgeschoben; Nervös; Ungewohnt; Nicht so gut; Alles voll scheiße; Sehr schlechtes Gefühl; Wut; Schock; Ein ungutes; Ghettofeelings; Große Unsicherheit; Beklemmend.
Positiv-Antworten: Alles neu und ungewohnt; Gutes, was danach schlecht wurde; Gutes Gefühl; Ein gutes (positives); Gut, ich kannte schon fast die Hälfte aus den JVA´en; Erleichtert; Positiv überrascht; Neugier; Neugierig; Gutes; Locker; Normal; Gemischt; Gutes, wegen Hilfe.

Tabelle 2: Gefühl am Aufnahmetag

89 Die Antworten wurden zitatgenau übernommen und lediglich auf Rechtschreibfehler hin korrigiert. Doppelnennungen wurden nur einmal aufgeführt.

Interessanterweise gelten die oben genannten Zahlen unabhängig vom Geschlecht. Sowohl bei den weiblichen, als auch bei den männlichen Patienten gaben 83% negative Gefühle an und 17% positive. Demnach lässt sich eine geschlechtsspezifische Problematik an dieser Stelle ausschließen.

Allerdings könnte die jeweilige Aufenthaltsdauer der Befragten einen Einfluss auf die retrospektive Beantwortung der Frage gehabt haben. Denn auffällig ist, dass sich die Patienten mit einem positiven Gefühl am Aufnahmetag durchschnittlich rund 9 Monate länger im LKH Moringen aufhielten, als diejenigen, die negative Emotionen dabei hatten:

Befragte	Durchschnittliche Aufenthaltsdauer
Positiv-Antwortende	86,2 Monate
Negativ-Antwortende	78,5 Monate

Tabelle 3: Durchschnittliche Aufenthaltsdauer der Positiv-/Negativ-Antwortenden in Monaten

Dabei befanden sich 50% (7) der Positiv-Antwortenden zwischen 5 und 10 Jahren im LKH Moringen, während dies bei den Negativ-Antwortenden gerade mal 33% (25) waren:

Aufenthaltsdauer	%	Anzahl
bis 1 Jahr	12	9
> 1 Jahr bis 5 Jahre	35	26
> 5 Jahre bis 10 Jahre	33	25
> 10 Jahre	20	15
Summe	100	75

Tabelle 4: Durchschnittliche Aufenthaltsdauer der Negativ-Antwortenden in Prozenten

Aufenthaltsdauer	%	Anzahl
bis 1 Jahr	14	2
> 1 Jahr bis 5 Jahre	14	2
> 5 Jahre bis 10 Jahre	50	7
> 10 Jahre	21	3
Summe	100	14

Tabelle 5: Durchschnittliche Aufenthaltsdauer der Positiv-Antwortenden in Prozenten

Daraus können unterschiedliche Schlüsse gezogen werden. Es könnte die Vermutung geäußert werden, dass je länger sich die Patienten im LKH Moringen befinden, desto unschärfer ist die Erinnerung an den ersten Tag in der Institution. Häufig erinnert sich der Mensch nur noch an die positiven Erlebnisse der Vergangenheit. Wobei sich daraus ableiten lassen könnte, dass sich die Befragten in der Klinik zur Zeit einigermaßen wohl fühlen müssen. Denn mit Groll über die momentane Situation, fallen positive Gedanken über das Vergangene sicherlich eher schwer.

Es könnte aber auch vermutet werden, dass bei den Untergebrachten mit zunehmendem Aufenthalt die Erkenntnis reift, dass ihnen vor Ort geholfen wird. Der Aufnahmetag steht allerdings sicherlich nicht nur für das Procedere der Klinik, sondern im übertragenen Sinne auch für den Eintritt in die Institution Maßregelvollzug. Dieser neuen Situation werden viele Patienten skeptisch gegenüber gestanden haben, möglicherweise bis sie realisiert haben, dass ihnen hier Unterstützung für ihren Lebensweg angeboten wird. Mit dieser Erkenntnis wird es leichter fallen, sich wohlwollend an die Aufnahmeprozedur zu erinnern.

Nichtsdestotrotz trug sich ein Großteil der Eingewiesenen (83%) am ersten Tag im LKH Moringen mit schlechten Gefühlen. Interessanterweise kamen auch schon andere Studien zu ähnlichen Ergebnissen, wie z.B. *Engelhardt*[90], der bei internistischen Patienten zum Zeitpunkt der stationären Aufnahme bei 42% Angst bzw. offene massive Furcht- und Existenzbedrohung feststellen konnte. Dahingegen hatten 30% der Kranken keine Angstreaktion, während sich 25% geborgen fühlten. Untersuchungen an einem chirurgischen und internistischen Krankenhaus führten zu noch desolateren Zahlen (*Duff & Hollinshead*, 1986). Hier reagierten nur 27% der Patienten positiv und gefasst auf die Krankenhausaufnahme, die restlichen 73% waren ängstlich, hatten gemischte Gefühle oder empfanden sogar offene Furcht. Natürlich kann ein derartiger Vergleich nur eingeschränkt geführt werden. Berücksichtigt werden muss, dass es sich bei letzteren Studien um solche handelt, die ausschließlich das „normale" Krankenhauswesen zum Gegenstand haben. Bei der gemeinen stationären Aufnahme kann der Patient gewöhnlich mit einer Entlassung innerhalb weniger Tage oder Wochen rechnen, während der Maßregelvollzugspatient einige Jahre in der Einrichtung verbringen wird. Dem Patienten im Krankenhaus besteht vermutlich eine Operation mit hoffentlich alsbaldiger Genesung bevor, wohingegen der im Maßregelvollzug Untergebrachte langwierige Therapien und Behandlungen zu bewältigen hat. Ein Krankenhaus wird in aller Regel freiwillig aufgesucht, während der Maßregelvollzugspatient zwangsweise in die Anstalt eingewiesen wird. Beiden Patientengruppen gemein ist allerdings, dass sie bei der Aufnahme in die Klinik

90 Engelhardt, Kranke im Krankenhaus ,1987

einer unbekannten Situation gegenüber stehen, die offensichtlich bei beiden ähnliche Emotionen hervorruft. Das lässt erkennen, dass es sich bei den negativen Gefühle der Patienten des LKH Moringen am Aufnahmetag nicht vordergründig um ein rein klinikinternes Problem handelt. Vermutlich bereitet vielmehr der Eintritt in die Institution als solcher Sorgen. Hauptproblem für die Kranken wird sein, dass sie sich in gewisser Weise in fremde Hände, nämlich die des Klinikpersonals, begeben müssen. Die Herausnahme des Kranken aus seinem familiären Milieu und seiner natürlichen Alltagswelt sowie eine gewisse Einschränkung seiner Privatsphäre, die innerhalb des Klinikalltags zu erdulden ist, führen zu zusätzlichen Belastungen, die mit entsprechenden Emotionen verbunden sind. Als Gegenmaßnahme sollten die Patienten schon möglichst vor der Einweisung darüber aufgeklärt werden, was sie in der Klinik erwartet. Dies könnte entweder durch die Gerichte oder durch entsprechend eingewiesene Sozialarbeiter geschehen. Darüber hinaus sollte das LKH Moringen weiter die Atmosphäre bei der Aufnahmeprozedur zu verbessern suchen, z.B. durch ansprechende Bestuhlung, Sitznischen, Bepflanzung des Aufenthalts- bzw. Wartebereiches.

Die weiteren Behauptungen, die den Teilnehmenden zu ihrem Aufnahmetag vorgelegt wurden, zielten darauf ab festzustellen, inwieweit bereits zu Beginn die Persönlichkeit, das Ehr- und Schamgefühl des Patienten geachtet wird. Hierauf ist gemäß Art. 1 GG Rücksicht zu nehmen. Ein unfreundlicher Umgang, endloses Warten, ein Hin- und Herkommandieren des Patienten, der vielleicht mit „Du" anstelle von „Sie" angesprochen wird ist nicht zu rechtfertigen. Dies liefe der Aufgabe zuwider, den psychisch kranken Rechtsbrecher wiedereinzugliedern, weil es seine Unselbständigkeit betont und es erschwert ein stabiles Selbstwertgefühl aufzubauen.

Der Behauptung, dass man sich beim Aufnahmegespräch ausreichend Zeit für die Patienten nahm, stimmten 52% der Befragten zu und immerhin 11% stimmten dem als Extremwert voll zu. 30% der Untergebrachten stimmten dem Gesagten dagegen nicht zu bzw. 7% stimmten gar nicht zu. Die Auswertung hat außerdem einen signifikanten Zusammenhang zwischen Patienten mit Abitur und dem Antwortverhalten ergeben. Ein Vergleich der Abiturienten mit Teilnehmern ohne Schulabschluss hat ergeben, dass sich diese Gruppen signifikant voneinander unterscheiden ($p<0,05$). Diejenigen, die die Schule ohne Abschluss abgebrochen haben, stimmten der Behauptung im Durchschnitt zu, dass man sich beim Aufnahmegespräch genügend Zeit für sie nahm (Mittelwert = 2,21), während die Patienten mit Abitur dem gerade nicht zustimmten (Mittelwert = 3,33). Bei der Interpretation dieser Ergebnisse ist einschränkend zu berücksichtigen, dass die Abiturienten eine Minderheit in der Patientenpopulation ausmachen. Gerade mal 3% der Befragten verfügten nach eigenen Angaben über diesen Schulabschluss. Die Aussagekraft kann daher an dieser Stelle in Frage gestellt werden.

Im weiteren Verlauf stimmten 43% der Teilnehmer der Behauptung zu, am ersten Tag auf die einzelnen Gespräche mit Ärzten oder Psychologen lange gewartet haben zu müssen. 28% stimmten dem voll zu, während 23% nicht zustimmten bzw. 7% gar nicht zustimmten. Dass die Patienten freundlich aufgenommen wurden kreuzten dagegen 60% der Insassen mit „stimmt" an, 17% stimmten dem als Extremwert voll zu. Lediglich 23% fühlten sich im LKH Moringen nicht freundlich aufgenommen („stimmt nicht") und nur 1% beantworteten die Behauptung mit dem Extremwert „stimmt gar nicht".

Behauptungen	Stimmt voll		Stimmt		Stimmt nicht		Stimmt gar nicht	
	%	Anzahl	%	Anzahl	%	Anzahl	%	Anzahl
2. Beim Aufnahmegespräch nahm man sich ausreichend Zeit für die Patienten.	11	11	52	50	30	29	7	7
3. Auf die einzelnen Gespräche mit Ärzten oder Psychologen mussten die Patienten am ersten Tag lange warten.	28	27	43	42	22	22	7	7
4. Die Patienten wurden freundlich aufgenommen.	16	16	60	58	23	22	1	1

Tabelle 6: Die Aufnahme

Demnach hatten etwa zwei Drittel (63%) der Teilnehmer das Gefühl, man nahm sich am Aufnahmetag ausreichend Zeit für sie. Rund drei Viertel (76%) der Patienten fühlten sich zudem am ersten Tag vom Personal freundlich behandelt. Damit wird diesbezüglich bereits einem Großteil der Untergebrachten der nötige Respekt entgegen gebracht, die Persönlichkeit sowie das Scham- und Ehrgefühl der Untergebrachten werden offensichtlich geachtet. Verbesserungsbedürftig scheinen dagegen die Wartezeiten bei der Aufnahmeprozedur zu sein. Hier hatten immerhin 71% der Eingewiesenen das Gefühl, lange warten zu müssen. An dieser Stelle könnte der klinische und organisatorische Ablauf überdacht und optimiert werden.

In der Gesamtbeurteilung bewerteten die Eingewiesenen die Aufnahme in das LKH Moringen auf einer Skala von 1 (sehr gut) bis 5 (mangelhaft) im Durchschnitt als „befriedigend". Das arithmetische Mittel wurde errechnet auf 3,04.

III. Die ärztliche und psychologische Betreuung im LKH Moringen

In dem folgenden Abschnitt soll das im LKH Moringen tatsächlich bestehende Verhältnis zwischen Patient und Arzt/Psychologe begutachtet werden. Wie ist der Umgang miteinander, besteht ein Vertrauensverhältnis und wie wirken die Ärzte und Psychologen auf die Untergebrachten? Die Beziehung zwischen den Beteiligten stellt einen wichtigen Bestandteil zur Genesung des psychisch Kranken dar. Der in der Maßregelvollzugsanstalt Eingewiesene ist in seiner Rolle faktisch sehr wehrlos, die Ärzte und Psychologen, als Vollzugsbehörden, demgegenüber mit relativ viel Macht ausgestattet. Damit können die psychisch Kranken leicht zum bloßen Objekt der ärztlichen/psychologischen Kunst werden, was es zu vermeiden gilt. Das Behandlungspersonal sollte bestenfalls verständnis- und respektvoll, aber auch verlässlich und gelassen gegenüber dem Patienten auftreten. Darüber hinaus haben die Ärzte und Psychologen des LKH Moringen laut § 8 Abs. 1 Nds. MVollzG die notwendige therapeutische Behandlung zu gewährleisten. Für eine funktionierende therapeutische Gemeinschaft muss auch im täglichen Umgang die Persönlichkeit, das Ehr- und Schamgefühl des psychisch kranken Rechtsbrechers gewahrt werden (Art.1 GG). Zur Beleuchtung der ärztlichen und psychologischen Betreuung im LKH Moringen wurden die Patienten mit folgenden Behauptungen konfrontiert:

Behauptung 1:
Die Patienten werden von den Ärzten/Psychologen ernst genommen.

	%	Anzahl
Stimmt voll	13	13
Stimmt	56	55
Stimmt nicht	26	26
Stimmt gar nicht	5	5
	100	99

Übersicht: 2

Die Auswertung der Erhebungsbögen ergab, dass sich immerhin 69% der Patienten von den Ärzten und Psychologen ernst genommen fühlten, 31% der Befragten stimmten dem dagegen nicht zu, wobei nur 5% von dem Extremwert „stimmt gar nicht“ Gebrauch machten und demgegenüber 13% von dem Extremwert „stimmt voll“. Ein Patient ließ die Behauptung unbeantwortet. Es konnte an dieser Stelle ein signifikanter Zusammenhang zwischen verheirateten

Patienten und dem Antwortverhalten festgestellt werden, auf den an späterer Stelle eingegangen wird[91].

Behauptungen 2, 4 und 5:
2. Die Ärzte/Psychologen gehen zu wenig auf die Gefühle der Patienten ein.
4. Die Ärzte/Psychologen wirken distanziert und unpersönlich auf die Patienten.
5. Bei Problemen oder Fragen ist sofort ein Arzt/Psychologe erreichbar.

Während sich also ein Großteil der Befragten von den Ärzten/Psychologen ernst genommen fühlte, waren diese im Nachfolgenden dagegen deutlich zweigeteilter Meinung. So haben die Teilnehmer zwar auf die Behauptung hin, dass die Ärzte und Psychologen zu wenig auf die Gefühle der Patienten eingehen, am häufigsten das Merkmal „stimmt nicht" angekreuzt (Modalwert = 3). Letztendlich waren aber immerhin knapp die Hälfte (52%) der Befragten der Meinung, auf ihre Gefühle werde nicht hinreichend eingegangen (während die andere Hälfte (48%) entgegengesetzter Ansicht war). Auf 44% der Untergebrachten wirkte das Behandlungspersonal zudem distanziert und unpersönlich (bei 56% war dies dagegen gerade nicht der Fall). Der Modalwert liegt hier ebenfalls bei 3 („stimmt nicht"). Ebenfalls mehr als die Hälfte der Untergebrachten (58%) war der Meinung, dass die Ärzte bzw. Psychologen bei Problemen oder Fragen nicht sofort erreichbar seien. Interessanterweise machte dabei ein verhältnismäßig großer Teil (18%) von dem Extremwert „stimmt gar nicht" Gebrauch.

Behauptungen	Stimmt voll		Stimmt		Stimmt nicht		Stimmt gar nicht	
	%	Anzahl	%	Anzahl	%	Anzahl	%	Anzahl
2. Die Ärzte/Psychologen gehen zu wenig auf die Gefühle der Patienten ein.	19	19	33	33	40	40	8	8
4. Die Ärzte/Psychologen wirken distanziert und unpersönlich auf die Patienten.	12	12	32	32	46	46	10	10
5. Bei Problemen oder Fragen ist sofort ein Arzt/Psychologe erreichbar.	10	10	31	31	40	40	18	18

Tabelle 7: Ärztliche und psychologische Betreuung

91 Siehe Seite 83 f.

Diese divergierenden Ergebnisse offenbaren Handlungsbedarf, da jeweils knapp die Hälfte der Befragten die Empfindung hatte, es werde zu wenig auf ihre Gefühle eingegangen, die Ärzte/Psychologen verhielten sich distanziert und unpersönlich bzw. seien schlecht erreichbar. Interessanterweise empfanden gerade die jüngeren psychisch Kranken zwischen 21 und 30 Jahren, dass die Ärzte und/oder Psychologen zu wenig auf ihre Gefühle eingingen (Mittelwert = 1,89). Es ergab sich diesbezüglich ein statistischer Zusammenhang zwischen den jungen Patienten und dem Antwortverhalten ($p<0,01$). Das Behandlungspersonal sollte seinen Fokus daher vermehrt auf die Gefühlswelt der (insbesondere jungen) Patienten richten, vielleicht auch öfter mal nach deren Befinden fragen, um Interesse für den Menschen zu zeigen und um sich sodann darauf einzustellen.

Behauptung 3:
Die Ärzte/Psychologen nehmen sich in den einzelnen Gesprächen genug Zeit für die Patienten.

	%	Anzahl
Stimmt voll	21	21
Stimmt	44	44
Stimmt nicht	26	26
Stimmt gar nicht	8	8
	100	99

Übersicht: 3

Etwa zwei Drittel (65%) der Befragten hatten das Gefühl, dass sich die Ärzte/Psychologen im Alltag bei Gesprächen hinreichend Zeit für sie nehmen, während 34% dies gegenteilig empfanden. Ein Patient enthielt sich der Wertung. Es ergaben sich hier keine signifikanten Unterschiede in den Untergruppen.

Behauptung 6:
Ein neuer Therapieplan wird immer zunächst mit dem Patienten besprochen.

	%	Anzahl
Stimmt voll	18	18
Stimmt	52	51
Stimmt nicht	22	22
Stimmt gar nicht	7	7
	100	98

Übersicht: 4

Die Teilnehmer wurden weiter mit der Behauptung konfrontiert, dass ein neuer Therapieplan zunächst immer mit ihnen besprochen wird. Der Therapieplan ist in § 7 Nds. MVollzG geregelt. Für den Maßregelvollzugspatienten stellt dieser eine wichtige Orientierung während seines Aufenthaltes in der Einrichtung dar. Hier kann er seine Fortschritte und Rückfälle ablesen und so seinen Weg in die Freiheit verfolgen und abschätzen. Die Festlegung und das gemeinsame Durchsprechen des Therapieplans zusammen mit dem Untergebrachten fördert außerdem dessen Mitarbeit und Motivation. Darüber hinaus ist die Planung der Behandlung, ihre Erörterung und Fortschreibung ein wesentlicher Bestandteil des Behandlungsrechts und Teil der Aufklärungspflicht. Es darf demnach nicht über den Kopf des psychisch Kranken hinweg entschieden werden. Die Auswertung der Erhebungsbögen ergab, dass der oben genannten Behauptung immerhin 70% der Teilnehmenden zustimmten. 18% davon stimmten ihr als Extremwert sogar „voll" zu. Offensichtlich kommt es in der Einführung eines neuen Therapieplans aber auch zu Nachlässigkeiten, denn 29% der Befragten gaben an, dass der neue Therapieplan nicht immer erst mit ihnen besprochen wurde, bevor er zur Anwendung kam. Das Behandlungspersonal sollte deshalb in regelmäßigen Abständen an die notwendige Einbeziehung des Patienten erinnert und zu deren Durchführung angehalten werden.

Behauptung 7:
Die Patienten können mit dem Arzt/Psychologen in eine lange Beziehung eintreten.

	%	Anzahl
Stimmt voll	16	15
Stimmt	51	48
Stimmt nicht	26	25
Stimmt gar nicht	7	7
	100	95

Übersicht: 5

In der Folge wurden die Patienten mit der Behauptung konfrontiert, dass diese mit dem Arzt/Psychologen in eine lange Beziehung eintreten können. Dabei ist zu bedenken, dass die Patienten des LKH Moringen nicht selten aus einem schwierigen sozialen Umfeld kommen. Attribute wie Zuneigung und Aufmerksamkeit bzw. Mitmenschen, die Halt, Verlässlichkeit und Unterstützung geben, haben viele nie oder nur wenig kennen gelernt. Umso wichtiger ist es für sie, diese Erfahrung nunmehr in der Klinik sammeln zu können. Dafür bedürfen die psychisch Kranken einer Bezugsperson. Hat sich eine Vertrauensbasis gebildet, sollte diese nicht durch ständigen Wechsel von Arzt oder Psychologe gefährdet werden. Bei der Befragung gaben auf diese Problematik hin rund zwei Drittel (67%) der Teilnehmer an, in eine lange Beziehung mit dem Arzt/Psychologen eintreten zu können. Etwa ein Drittel (33%) stimmte dem dagegen nicht zu. Auffällig ist, dass insbesondere die Randgruppe der verwitweten Patienten nicht das Gefühl verinnerlichten eine derartige Verbindung eingehen zu können. So ließ sich ein signifikanter Zusammenhang zwischen Untergebrachten mit dem Familienstand „verwitwet" und dem Antwortverhalten feststellen ($p<0,05$). Das arithmetische Mittel errechnete sich bei den Witwern auf 3,50.

Familienstand	Arithmetisches Mittel
Verheiratet	1,88
Ledig, in fester Partnerschaft	2,13
Ledig, ohne feste Partnerschaft	2,32
Geschieden	2,27
Verwitwet	3,50

Tabelle 8: Zusammenhang zwischen dem Familienstand und der Behauptung, dass die Patienten mit dem Arzt/Psychologen in eine lange Beziehung eintreten können. Bei einer Skala von 1 (stimmt voll), 2 (stimmt), 3 (stimmt nicht), 4 (stimmt gar nicht).

Ein Interpretationsversuch könnte sein, dass der verwitwete Mensch bereits den Verlust einer ihm vertrauten Person erlitten hat und sich dadurch Bindungsprobleme (z.B. auch zum Arzt oder Psychologen) ergeben. Es muss jedoch auch hier die geringe Zahl der Verwitweten im Vergleich zu den übrigen Patienten berücksichtigt werden, die lediglich 2% (2) ausmachten.

Des weiteren ließ sich ein signifikanter Zusammenhang von Eingewiesenen mit einer Aufenthaltsdauer von 5 bis 10 Jahren und dem Antwortverhalten feststellen ($p<0,01$). Diese Patienten hatten in besonders starkem Maße das Gefühl eine längere Bindung mit ihrem Arzt/Psychologen eingehen zu können (Mittelwert = 1,85).

Durchschnittliche Aufenthaltsdauer	Arithmetisches Mittel
Bis 1 Jahr	2,40
> 1Jahr bis 5 Jahre	2,42
> 5 Jahre bis 10 Jahre	1,85
> 10 Jahre	2,58

Tabelle 9: Zusammenhang zwischen dem durchschnittlichen Aufenthalt und der Behauptung, dass die Patienten mit dem Arzt/Psychologen in eine lange Beziehung eintreten können. Bei einer Skala von 1 (stimmt voll), 2 (stimmt), 3 (stimmt nicht), 4 (stimmt gar nicht).

Das Ergebnis scheint logisch: je länger der Untergebrachte sich bereits in der Klinik aufhält, desto eher konnte er die Erfahrung einer langen und beständigen Beziehung zu seinem Arzt/Psychologen sammeln. Allerdings lässt dieses Vertrauen bei den Teilnehmern, die sich seit über 10 Jahren in der Anstalt befinden wieder etwas nach. Möglicherweise ließ sich im Laufe dieser Zeit ein Personalwechsel nicht verhindern, was von den psychisch Kranken entsprechend registriert wurde.

Zusammenhang zwischen dem Familienstand und der Beurteilung des Verhältnisses zwischen Patient und Arzt/Psychologe:

Interessanterweise ergab sich hinsichtlich des Familienstandes ein signifikanter Zusammenhang in der Beurteilung des Verhältnisses zwischen Patient und Arzt/Psychologe. Während die Unverheirateten im Schnitt ein arithmetisches Mittel von 2 („stimmt") hatten, betrug der Mittelwert bei den Verheirateten überdurchschnittlich oft den positiven Extremwert 1 („stimmt voll")[92].

Behauptungen	ledig, ohne feste Partnerschaft	ledig, in fester Partnerschaft	verheiratet	geschieden	verwitwet
1. Die Patienten werden von den Ärzten/Psychologen ernst genommen.	2,25	2,50	1,70*	2,27	2,50
3. Die Ärzte/Psychologen nehmen sich in den einzelnen Gesprächen genug Zeit für die Patienten.	2,40	2,13	1,70**	2,00	2,50
5. Bei Problemen oder Fragen ist sofort ein Arzt/Psychologe erreichbar.	2,66	2,88	1,00*	2,87	2,50
6. Ein neuer Therapieplan wird immer zunächst mit dem Patienten besprochen.	2,28	2,25	1,90**	2,00	2,00
7. Die Patienten können mit dem Arzt/Psychologen in eine lange Beziehung eintreten.	2,32	2,13	1,88*	2,27	3,50

Tabelle 10: Zusammenhang zwischen dem Familienstand und der Bewertung der ärztlichen und psychologischen Betreuung. Bei einer Skala von 1 (stimmt voll), 2 (stimmt), 3 (stimmt nicht), 4 (stimmt gar nicht).
** signifikant (p<0,05)*
*** nicht signifikant*

92 Ausgehend von der 4-stufigen Skala: 1 (stimmt voll), 2 (stimmt), 3 (stimmt nicht), 4 (stimmt gar nicht)

Daraus lässt sich ableiten, dass die Ehe mehrheitlich eine Stabilisierung der Psyche bewirkt, wodurch sich die Patienten in besonderem Maße ernst genommen fühlen, den Arzt/Psychologen als erreichbar erachten und das Gefühl haben eine lange Bindung zu ihrer Bezugsperson eingehen zu können. Die Ehe stellt bereits eine längere Bindung zu einem Menschen dar, so dass der verheiratete Patient vermutlich schneller das Gefühl entwickeln kann, ebenso eine langfristige und ernsthafte Beziehung zum Therapeuten oder Arzt aufbauen zu können. Es liegt die Vermutung nahe, dass der Verheiratete durch die bestehende Bindung zum Ehepartner, in der er in gewisser Weise bereits Halt, Ernsthaftigkeit und Aufmerksamkeit erfährt, der Anspruch an das Behandlungspersonal nicht so hoch gestellt ist.

Behauptung (Frage) 8:
Wie oft in der Woche sollte zwischen den Patienten und dem Arzt/Psychologen ein Gespräch stattfinden?

Für eine Stärkung der Patientenrolle ist es erforderlich, die Erwartungen und Bedürfnisse des Eingewiesenen wahr und ernst zu nehmen. Natürlich gibt es hinreichend Untersuchungen die Auskunft darüber geben, wie oft ein Patient behandelt werden sollte, um respektable Ergebnisse zu erzielen. Entscheidend ist aber, nicht nur über Wissenschaft und Forschung zu wissen, was dem psychisch kranken Rechtsbrecher zur Genesung vermeintlich gut tut. Vielmehr sollte der Patient im konkreten Fall auch selbst befragt werden.

Nach der Erhebung wünschen sich 64% der Befragten ein Gespräch von *einer Stunde* pro Woche beim behandelnden Arzt, während 20% *zwei Stunden* pro Woche für ideal hielten. 6% der Teilnehmer möchten den Arzt gerne *drei Stunden* in der Woche sehen und 1% sogar *vier Stunden.* Im Vergleich zu den anderen Behauptungen und Fragen, die den Eingewiesenen innerhalb des Fragebogens gestellt wurden, enthielten sich hier verhältnismäßig viele der Stimme (12), indem sie keine Angabe machten. Bereits im Pre-Test hatte sich gezeigt, dass einige Insassen zu dieser Frage keine eigene Meinung hatten. Gleichwohl sollte die Fragestellung im Erhebungsbogen bleiben, um den Verbleibenden die Möglichkeit einer Stellungnahme zu gewähren.

9% der Befragten wurden unter der Rubrik „Sonstiges“ zusammengefasst. Hier wurden folgende Angaben gemacht: Ein Patient wünschte sich ein Gespräch von *ein bis zwei Stunden* pro Woche beim Arzt. Ein weiterer hielt ein Gespräch *alle zwei Wochen* für ausreichend. Drei der Befragten wollten *gar kein* Gespräch mit dem Arzt führen, während drei weitere nur *nach Bedarf* mit dem Arzt sprechen wollten.

pro Woche	%	Anzahl
1 Stunde	64	56
2 Stunden	20	18
3 Stunden	6	5
4 Stunden	1	1
Sonstiges	9	8
	100	88

Tabelle 11: Anzahl der vom Patienten gewünschten Gespräche pro Woche beim Arzt

Den Psychologen wollten dagegen 38% der Befragten für *eine Stunde* in der Woche sehen, während 41% *zwei Gesprächsstunden* pro Woche für angemessen hielten. Ebenso wie den Arzt, möchten 6% der Patienten den Psychologen für *drei Stunden* in der Woche sehen, während sich ein Befragter (1%) *fünf Stunden* Gespräch pro Woche mit dem Psychologen wünschte. 10 Teilnehmer machten zu dieser Frage keine Angabe, 13 wurden unter der Rubrik „Sonstiges" zusammengefasst.

pro Woche	%	Anzahl
1 Stunde	38	34
2 Stunden	41	37
3 Stunden	6	5
4 Stunden	-	-
5 Stunden	1	1
Sonstiges	14	13
	100	90

Tabelle 12: Anzahl der vom Patienten gewünschten Gespräche pro Woche beim Psychologen

Unter der Rubrik „Sonstiges" wünschten sich sechs Patienten *ein bis zwei Stunden* und einer *zwei bis drei Stunden* pro Woche ein Gespräch mit dem Psychologen. Ein Eingewiesener möchte den Psychologen *alle zwei Wochen* sehen, während drei der Untergebrachten *gar kein* Bedürfnis nach einem Gespräch hatten. Zwei der Befragten hielten psychologische Gespräche je *nach Bedarf* für sinnvoll.

In der Gesamtbeurteilung bewerteten die Eingewiesenen die ärztliche und psychologische Betreuung im LKH Moringen auf einer Skala von 1 (sehr gut) bis 5 (mangelhaft) im Durchschnitt als „befriedigend". Der Mittelwert wurde errechnet auf 3,05.

Neben der ärztlichen und psychologischen Versorgung spielt das Pflegepersonal im Maßregelvollzug eine gewichtige Rolle. Die Pfleger und Pflegerinnen stehen im engen Kontakt zu den psychisch Kranken. Sie umsorgen die Untergebrachten rund um die Uhr und erfahren dadurch nicht selten zuerst von deren Sorgen und Nöten. Auf die jeweiligen Situationen sollte das Pflegepersonal freundlich, angemessen und engagiert reagieren. Die Pflegekräfte sind ähnlich wie das Behandlungspersonal gegenüber den Patienten mit relativ viel Macht ausgestattet, was zu keinem Zeitpunkt missbraucht werden darf. In diesem Teil der Arbeit soll das im LKH Moringen tatsächlich bestehende Verhältnis zwischen Patient und Pflegepersonal beleuchtet werden. Es stellt sich die Frage, wie der Umgang miteinander ist, inwieweit ein Vertrauensverhältnis besteht und wie die Pflegekräfte auf die Untergebrachten wirken? Die Beziehung zwischen den Beteiligten stellt einen wichtigen Bestandteil zur Genesung des psychisch Kranken dar. Auch hier muss im Alltag die Persönlichkeit, das Ehr- und Schamgefühl des Patienten gewahrt werden (Art.1 GG). Um die Patientensicht zu diesem Thema kennen zu lernen, wurden den Teilnehmern folgende Behauptungen vorgelegt:

Behauptung 1:
Das Pflegepersonal nimmt sich im Alltag viel Zeit für die Patienten.

	%	Anzahl
Stimmt voll	10	10
Stimmt	47	47
Stimmt nicht	39	39
Stimmt gar nicht	4	4
	100	100

Übersicht: 6

Zu dieser Behauptung haben alle der 100 Befragten Stellung genommen, was darauf hinweist, dass ihnen die Thematik wichtig war bzw. dass alle hierzu eine Meinung und etwas zu sagen hatten. 47% waren der Ansicht, das Pflegepersonal nehme sich viel Zeit für sie. 10% machten sogar von dem positiven Extremwert 1 „stimmt voll" Gebrauch. Es hatten aber auch 39% der Untergebrachten das Gefühl, die Pflegekräfte nehmen sich im Alltag nicht genug Zeit für sie. 4% nutzten bei der Beantwortung den extremen Negativwert 4 „stimmt gar nicht". Damit hatten etwas mehr als die Hälfte (57%) der Befragten das Gefühl, das Pflegepersonal nehme sich ausreichend Zeit, während dies beinah ebenso viele (43%) gerade nicht so empfanden. Auffällig wurden in diesem Zusammenhang wiederum die verwitweten Patienten, die ausdrücklich nicht der Meinung waren, dass sich die Pflegekräfte im Alltag hinreichend Zeit für sie nehmen. Bei einer Antwortskala von 1 (stimmt voll) bis 4 (nicht gar nicht) errechnete sich das arithmetische Mittel der Witwer auf 3,50. Der Zusammenhang zwischen dem Familienstand „verwitwet“ und dem Antwortverhalten wurde zudem signifikant ($p<0,05$). Möglicherweise bedarf diese Personengruppe besonderer Aufmerksamkeit der Pfleger und Pflegerinnen, da sie durch den Verlust eines von ihnen geliebten Menschen gezeichnet sind. Unter Berücksichtigung der Tatsache, dass es sich hierbei um eine Minderheitengruppe handelt (lediglich 2% der Befragten waren verwitwet) könnte überdacht werden, inwieweit dem begegnet werden sollte.

Das Auswertungsergebnis lässt zudem auf ein nicht ausreichendes Personalaufkommen im LKH Moringen schließen. Immerhin fast die Hälfte der Befragten wünschte sich mehr Zeit mit den Pflegern/innen. Diese fehlt den Pflegekräften nicht zuletzt, weil sie mit anderen Aufgaben betraut sind, die es zu erfüllen gilt. Neben klinikorganisatorischen Überlegungen läge die Lösung in der Neueinstellung von Pflegepersonal, welches das vorhandene Team unterstützt und entlastet. Die zusätzlichen Kosten hierfür vermag das LKH Moringen allerdings nicht zu tragen, da es das ihm zustehende Budget übersteigt. So ist es an der Landesregierung, der Klinik diesbezüglich entsprechende Mittel zur Verfügung zu stellen. Auch wenn das Personalaufkommen innerhalb der Maßregelvollzugsanstalten in den vergangenen 20 Jahren stetig angestiegen ist, so machten die Patienten des LKH Moringen im Zuge dieser Befragung jedenfalls den Bedarf an weiterem Personal deutlich.

Behauptung 2:
Auf Schmerzen und Beschwerden reagiert das Pflegepersonal zu langsam.

	%	Anzahl
Stimmt voll	16	16
Stimmt	31	31
Stimmt nicht	42	42
Stimmt gar nicht	11	11
	100	100

Übersicht: 7

Auch zu dieser Behauptung hatten alle der 100 Teilnehmer eine Meinung. Etwas mehr als die Hälfte (53%) der Befragten empfanden die Reaktion der Pflegekräfte auf Schmerzen oder sonstige Beschwerden der Patienten als zu langsam. 47% waren dagegen der Meinung, die Pfleger und Pflegerinnen reagieren im angemessen Zeitrahmen auf solche Situationen. Interessanterweise nutzte der überwiegende Teil der Befragten die Wertmarke 3 „stimmt nicht“ (Modalwert = 3) bei der Beantwortung.

Die Pflegekräfte stellen für die Patienten die aller erste Anlaufstation dar. Es bleibt ihnen faktisch kein anderer Weg, als den zu einem Pfleger oder einer Pflegerin zu gehen. Der Maßregelvollzugspatient hat bei Schmerzen oder Beschwerden in aller Regel keine Möglichkeit sich selbst zu helfen, da Medikamente etc. vom Personal verabreicht werden. Es sollte innerhalb der Klinik daher darauf hingewirkt werden, dass auch die restlichen 47% der Untergebrachten das Gefühl bekommen, es werde ihnen schnell geholfen.

Behauptung 3:
Das Pflegepersonal ist auch im Alltag freundlich.

	%	Anzahl
Stimmt voll	15	15
Stimmt	60	59
Stimmt nicht	17	16
Stimmt gar nicht	8	8
	100	98

Übersicht: 8

Den Patienten sollte im Alltag der nötige Respekt zuteil werden, z.B. in Form eines angenehmen und angemessenen Umgangs(-tons). Im LKH Moringen scheint dies überwiegend so zu sein, denn immerhin empfanden 75% der Befragten das Pflegepersonal als freundlich. Ein Viertel (25%) ist dagegen gegenteiliger Ansicht. Von dem negativen Extremwert 4 „stimmt gar nicht“ machten 8 Patienten Gebrauch. Dieses Ergebnis spricht für ein weitgehend gutes Verhältnis und Klima zwischen Patient und den Pflegekräften. Die Persönlichkeit sowie das Ehrgefühl des Einzelnen werden offensichtlich hinreichend geachtet. In den Untergruppen ergaben sich diesbezüglich keine signifikanten Unterschiede.

Behauptung 4:
Das Pflegepersonal kommandiert die Patienten häufig herum.

	%	Anzahl
Stimmt voll	11	11
Stimmt	24	24
Stimmt nicht	51	50
Stimmt gar nicht	14	14
	100	99

Übersicht: 9

Diese Behauptung wurde von einem der 100 Patienten unbeantwortet gelassen. Ein Drittel (35%) der Befragten gab an, von den Pflegekräften häufig herum kommandiert zu werden, während 65% gegenteiliger Ansicht waren. Das Ergebnis lässt erkennen, dass das Pflegepersonal in diesem Punkt offensichtlich überwiegend verantwortlich mit der ihm verliehenen Macht umgeht.

Behauptung 5:
Mit dem Pflegepersonal können persönliche Probleme besprochen werden.

	%	Anzahl
Stimmt voll	16	16
Stimmt	68	68
Stimmt nicht	10	10
Stimmt gar nicht	6	6
	100	100

Übersicht: 10

Zu dieser Behauptung gab es eine relativ eindeutige und einheitliche Meinung. Nicht nur dass alle der 100 befragten Personen hierzu Stellung nahmen, 84% der befragten Patienten hatten das Gefühl, persönliche Probleme mit den Pflegern oder Pflegerinnen besprechen zu können und lediglich 16% hielten dies für nicht möglich. Interessanterweise spielte offensichtlich die Deliktszugehörigkeit eine entscheidende Rolle bei dem Antwortverhalten der Teilnehmer. So konnte ein signifikanter Gruppenunterschied zwischen den Patienten festgestellt werden, die eine *Straftat gegen das Leben* begangen hatten und denjenigen, die aufgrund eines *Sexualdeliktes* in das LKH Moringen eingewiesen wurden bzw. denen, die *Sonstige Taten*[93] begingen ($p<0,05$). Die *Sexualstraftäter* sowie die Straftäter, die *Sonstige Straftaten* begangen haben kreuzten auf die oben aufgestellte Behauptung hin im Durchschnitt den extremen Positivwert 1 „stimmt voll“ an und hatten damit im gesteigerten Maße das Gefühl ihre Probleme mit dem Pflegepersonal besprechen zu können, während die Straftäter, die eine *Straftat gegen das Leben* begangen haben im Schnitt lediglich von dem Normalwert 2 „stimmt“ Gebrauch machten, womit sie allerdings auch immer noch die Ansicht vertraten, es ließen sich entsprechende Probleme mit den Pflegekräften diskutieren.

93 Siehe S. 167 f.

Deliktszugehörigkeit	Arithmetisches Mittel
Straftaten gegen das Leben	2,43
Sexualdelikte	1,96
Sonstige Straftaten[94]	1,87

Tabelle 13: Zusammenhang zwischen der Deliktszugehörigkeit und der Behauptung, dass mit dem Pflegepersonal persönliche Probleme besprochen werden können. Bei einer Skala von 1 (stimmt voll), 2 (stimmt), 3 (stimmt nicht), 4 (stimmt gar nicht).

Die Unterschiede scheinen nicht weiter gewichtig, denn immerhin wird von allen drei Gruppen die Möglichkeit eines Gespräches mit den Pflegerinnen und Pflegern bestätigt. Erfreulich ist, dass eine verhältnismäßig hohe Zahl von 84% der Befragten die Pflegerschaft bei persönlichen Sorgen ins Vertrauen zieht. Bei den verbleibenden 16% ist zu bedenken, dass es möglicherweise auch Patienten gibt, die eine gewisse Zeit beanspruchen, um sich anderen Menschen gegenüber, in diesem Fall den Pflegekräften, öffnen zu können. Da sich im LKH Moringen überwiegend Männer befinden (93% der Befragten waren männlichen Geschlechts!) ist dies tatsächlich nicht gänzlich ausgeschlossen, denn häufig fällt es Männern schwerer, ihre Belange zu offenbaren und diese zum Gegenstand eines Gespräches zu machen. Bei mehr als drei Viertel der Eingewiesenen ist dies offensichtlich bereits gelungen.

Behauptung 6:
Es sind zu viele Pflegekräfte an der Betreuung beteiligt.

	%	Anzahl
Stimmt voll	11	11
Stimmt	36	35
Stimmt nicht	40	39
Stimmt gar nicht	13	13
	100	98

Übersicht: 11

Diese Behauptung haben 2 der 100 Patienten nicht beantwortet. Von den übrigen 98 Befragten war mehr als die Hälfte (53%) der Meinung, mit der Betreuung seien nicht zu viele Pfleger und Pflegerinnen beschäftigt. Die andere Hälfte

94 Siehe S. 167 f.

(47%) störte sich dagegen an den verschiedenen Pflegekräften. Der Modalwert wurde auf 3 errechnet. Die Zahlen lassen erkennen, dass es hier unterschiedliche Persönlichkeiten und Bedürfnisse unter den Patienten gibt. Der psychisch Kranke, der das Gefühl hat, er werde von zu vielen Pflegern und Pflegerinnen betreut, hat in aller Regel Schwierigkeiten gleichzeitig Beziehungen zu unterschiedlichen Menschen aufzubauen. Ihm fehlt dadurch letztlich die Bezugsperson, seine Vertrauensbildung zu einem bestimmten Menschen wird durch den Wechsel gestört. Dies scheint kein untergeordnetes Problem zu sein, denn offensichtlich geht es so knapp der Hälfte aller Befragten, so dass hierauf reagiert werden sollte. Denkbar ist, dem Patienten den Personalwechsel durch therapeutische Bemühungen zu erleichtern. Denn gänzlich wird sich ein Ablösen der Pflegerschaft untereinander nicht verhindern lassen. Worauf aber hingewirkt werden könnte und sollte, ist eine weitere Vermeidung unnötigen Pflegerwechsels, z.B. wahlloses Versetzen der Pfleger und Pflegerinnen auf andere Stationen.

Tendenziell ließ sich erkennen, dass ein Zusammenhang zwischen der Randgruppe der Hochschul- bzw. Fachhochschulabsolventen und dem Antwortverhalten besteht, der allerdings nicht signifikant wurde. Während die schlechter gebildeten Patienten die Behauptung durchschnittlich mit dem Normalwert 2 „stimmt" beantworteten, gebrauchten die Hochgebildeten im Schnitt den extremen Wert 1 „stimmt voll" und vertraten damit in besonderem Maße die Ansicht, dass zu viele Pflegekräfte an der Betreuung beteiligt seien.

Behauptung 7:
Die Patienten bekommen Unterstützung vom Pflegepersonal, wenn sie diese brauchen.

	%	Anzahl
Stimmt voll	13	13
Stimmt	63	62
Stimmt nicht	17	17
Stimmt gar nicht	6	6
	100	98

Übersicht: 12

Die Auswertung ergab, dass 76% der Untergebrachten das Gefühl hatten vom Personal unterstützt zu werden, wenn sie es benötigten. 23% der Befragten fühlten sich in diesem Punkt dagegen eher allein gelassen. Auffällig sind in diesem Zusammenhang die verwitweten Patienten, die die pflegerische Unterstützung im LKH Moringen in besonderem Umfang und überdurchschnittlich vermissten (Mittelwert = 3,50). So ergab sich ein statistischer Zusammenhang zwischen den Witwern und dem Antwortverhalten ($p<0,05$). Der Grund dafür lässt sich vermutlich wiederum in dem Vertrauensverlust sehen, den der Witwer mit dem Versterben der Ehefrau erlitten hat (sämtliche verwitweten Befragten waren männlichen Geschlechts). Die Erfahrung, einen geliebten Menschen zu verlieren, kann Misstrauen schüren sowie Frust und Verbitterung auslösen. Dem verwitweten Patienten fällt es möglicherweise schwerer sich einer anderen Person, wie z.B. einem Pfleger oder einer Pflegerin, anzuvertrauen, ist doch ein solches Vertrauensverhältnis schon einmal zerbrochen. Ein derartiges Verhältnis so schnell nicht wieder einzugehen, scheint vermutlich ein sicherer Weg vor erneuter Enttäuschung und Schmerz zu sein. Zu berücksichtigen ist hier abermals, dass es sich bei den betroffenen Witwern um eine relativ kleine Gruppe innerhalb der Befragten handelte, die gerade mal 2% zum Gesamten ausmachte. Nichts desto trotz sollten, wie anfangs ausgeführt, auch Minderheiten nicht aus dem Auge verloren werden.

In der Gesamtbeurteilung bewerteten die Eingewiesenen die pflegerische Betreuung im LKH Moringen auf einer Skala von 1 (sehr gut) bis 5 (mangelhaft) im Durchschnitt mit der Note 2 „gut". Das arithmetische Mittel wurde errechnet auf 2,82.

V. Das Stationsklima im LKH Moringen

Die Patienten des LKH Moringen sind auf unterschiedlichen Stationen im Hause untergebracht. Hier verbringen sie einen Großteil ihrer Zeit, weswegen es besonders wichtig ist, dort ein für die Untergebrachten positives Klima zu schaffen. Einen Teil dessen macht das Personal aus, welches auf den Stationen ein und aus geht. In dem folgenden Abschnitt soll daher das im LKH Moringen tatsächlich bestehende Verhältnis zwischen Pflege- und Behandlungspersonal betrachtet werden. Es stellt sich die Frage, wie der Umgang miteinander ist, inwieweit ein Vertrauensverhältnis besteht und wie die Benannten dabei auf die Patienten wirken? Die Beziehung zwischen den Beteiligten stellt auch hier wieder einen wichtigen Bestandteil zur Genesung des psychisch Kranken und damit zur Wiedereingliederung dar. In diesem Zusammenhang soll darüber hinaus beleuchtet werden, wie die Untergebrachten das Grundklima auf den Stationen einschätzen. Folgende Behauptungen wurden den Patienten zu diesem Zwecke vorgelegt:

Behauptung 1:
Der Umgang zwischen Pflegepersonal und Ärzten ist freundlich und kollegial.

	%	Anzahl
Stimmt voll	16	16
Stimmt	63	62
Stimmt nicht	21	20
Stimmt gar nicht	-	-
	100	98

Übersicht: 13

Der Umgang zwischen den Pflegekräften und den Ärzten wurde von 79% der Befragten für freundlich und kollegial gehalten, während 21% entgegengesetzter Ansicht waren. Der Umgangsweise, der im LKH Moringen Beschäftigten, wird damit ein verhältnismäßig gutes Zeugnis ausgestellt. Interessanterweise machte keiner der Teilnehmer von dem extremen Negativwert 4 „stimmt gar nicht" Gebrauch, was in der gesamten Befragung einzigartig bleiben sollte. Bei allen anderen aufgestellten Behauptungen, die den Patienten zur Beantwortung vorgelegt wurden, fand sich zumindest immer ein kleiner Teil, der mit dem negativen Extremwert antwortete. Im Gegensatz dazu gaben immerhin 16% (16) der Teilnehmer eine ausgesprochen positive Bewertung ab und kreuzten den Wert 1 „stimmt voll" an. Auffällig ist dabei, dass gerade die Befragten im Alter von 31-40 Jahren den Umgang zwischen dem Personal besonders lobten und deswegen in ihrer Beurteilung durchschnittlich von dem positiven Extremwert 1 „stimmt voll" Gebrauch machten (Mittelwert = 1,90). Der festgestellte Zusammenhang zwischen diesen Untergebrachten mittleren Alters (31-40 Jahre) und dem Antwortverhalten wurde signifikant ($p<0,05$). Wohingegen die Patienten anderer Altersgruppen zwar auch das freundliche und kollegiale Miteinander der Beschäftigten bestätigten, dabei aber im Schnitt lediglich den Normalwert 2 „stimmt" zur Beantwortung der Behauptung nutzten (Mittelwerte = 2,00-2,23).

Behauptung 2:
Ärzte und Pflegepersonal sind ein eingespieltes Team.

	%	Anzahl
Stimmt voll	17	17
Stimmt	49	48
Stimmt nicht	30	29
Stimmt gar nicht	4	4
	100	98

Übersicht: 14

Insgesamt hielten zwei Drittel (66%) der Teilnehmer die Ärzte und das Pflegepersonal für ein eingespieltes Team, während dies 34% anders sahen. Davon machten 17% von dem extremen Positivwert 1 „stimmt voll" Gebrauch und im Gegensatz dazu 4% von dem negativen Extremwert 4 „stimmt gar nicht". Bei dem Vergleich von *Sexualstraftätern* mit Patienten, die aufgrund *Sonstiger Straftaten*[95] in das LKH Moringen eingewiesen wurden ergab sich tendenziell ein Unterschied zwischen diesen beiden Gruppen, der allerdings nicht signifikant wurde. Während die Befragten, die ein *Sexualdelikt* begangen hatten eher den Normalwert 2 „stimmt" ankreuzten, bewerteten die Teilnehmer mit *Sonstigen Straftaten* die oben aufgestellte Behauptung mit dem Extremwert 1 „stimmt voll". Im Ergebnis hielten aber beide Gruppen die Ärzte und das Pflegepersonal für ein eingespieltes Team.

Deliktszugehörigkeit	Arithmetisches Mittel
Sexualdelikte	2,38
Sonstige Straftaten[96]	1,95

Tabelle 14: Zusammenhang zwischen der Deliktszugehörigkeit und der Behauptung, dass Ärzte und Pflegepersonal ein eingespieltes Team sind. Bei einer Skala von 1 (stimmt voll), 2 (stimmt), 3 (stimmt nicht), 4 (stimmt gar nicht).

Behauptung 3:
Das Stationsklima ist angespannt und unausgeglichen.

	%	Anzahl
Stimmt voll	10	10
Stimmt	34	34
Stimmt nicht	52	51
Stimmt gar nicht	4	4
	100	99

Übersicht: 15

Etwas weniger als die Hälfte (44%) aller Befragten gab an, das Klima auf den Stationen für angespannt und unausgeglichen zu halten. 56% waren dagegen nicht dieser Meinung. Am häufigsten wurde das Merkmal „stimmt nicht" von den Teilnehmern angekreuzt (Modalwert = 3). In den Untergruppen ergaben sich

95 Siehe S. 167 f.
96 Siehe S. 167 f.

keine signifikanten Unterschiede. Zur Förderung der Eingliederung der Patienten in die Gesellschaft sollte aufgrund dieses Ergebnisses darauf hingewirkt werden, dass das Stationsklima von mehr Patienten positiv empfunden wird. Das Personal könnte vermehrt bemüht sein, bereits unter den psychisch Kranken eine angenehme Atmosphäre zu erzeugen. Auf den Stationen wohnen viele der Eingewiesenen auf relativ engem Raum zusammen. Es gibt nur begrenzte Möglichkeiten sich aus dem Weg zu gehen, zumal viele der Kranken in Mehrbettzimmern untergebracht sind. Eine solche Enge kann Konfliktpotential in sich birgen und so Streit unter den Patienten hervorrufen, den das Personal zu schlichten versuchen sollte, ohne dass sich der ein oder andere benachteiligt fühlt. Die Beschäftigten sollten aber auch in den eigenen Reihen darauf bedacht sein, persönlichen und beruflichen Stress und Ärger nicht auf die Untergebrachten zu übertragen.

Insgesamt beurteilten die Befragten das Stationsklima im LKH Moringen auf einer Skala von 1 (sehr gut) bis 5 (mangelhaft) mit der Note 2 „gut", die allerdings eine starke Tendenz auf die Note 3 „befriedigend" hatte. Das arithmetische Mittel wurde errechnet auf 2,92.

VI. Behandlung und Tagesablauf im LKH Moringen

Der Patient soll in der Maßregelvollzugsanstalt so weit wie möglich geheilt werden bzw. sein Zustand soll verbessert werden, so dass er nicht mehr gefährlich ist (§ 2 Abs. 1 Nds. MVollzG). Ein solches Ziel lässt sich nicht durch Langeweile und pauschale Behandlungsmethoden erreichen. Die Einrichtung ist daher so zu gliedern und auszustatten, dass eine auf die unterschiedlichen Anforderungen abgestimmte Behandlung ermöglicht und die Eingliederung der Untergebrachten gefördert wird (§ 3 Abs. 2 Nds. MVollzG). Dafür muss die Behandlung individuell sein (§ 7 Abs. 1 Nds. MVollzG) und während des Aufenthaltes immer wieder an den Patienten angepasst werden (§ 7 Abs. 2 Nds. MVollzG). Gemäß § 2 Abs. 2 Nds. MVollzG ist der Vollzug außerdem den allgemeinen Lebensverhältnissen anzugleichen und die Untergebrachten auf eine selbständige Lebensführung vorzubereiten. Bereits deswegen muss sich den psychisch Kranken ein geregelter und sinnvoller Tagesablauf bieten. Monotonie und Langeweile kann dagegen nur kontraproduktiv sein. Darauf basierend wurden die Patienten im folgenden Abschnitt zu ihrer Behandlung und zu ihrem Tagesablauf im LKH Moringen befragt.

Behauptung 1:
Die Patienten werden über die verschiedenen Behandlungs- und Beschäftigungsformen aufgeklärt.

	%	Anzahl
Stimmt voll	8	8
Stimmt	65	64
Stimmt nicht	21	20
Stimmt gar nicht	6	6
	100	98

Übersicht: 16

Die Patienten sind in den Maßregelvollzugseinrichtungen hoheitlichen Maßnahmen ausgesetzt, über die sie sich eine Meinung und einen eigenen Willen bilden können müssen. Dies geschieht über die Aufklärung. Die ärztliche Aufklärungspflicht ergibt sich zum einen aus § 8 Abs. 2 Nds. MVollzG sowie aus den Grundrechten des Patienten auf körperliche Unversehrtheit und dem allgemeinen Persönlichkeitsrecht. Zum anderen lässt es sich aus dem analog anwendbaren Arztvertragsrecht ableiten. Neben den gesetzlichen Regelungen ist es für den Genesungsprozess aber notwendig, dem psychisch Kranken auch das Gefühl des Aufgeklärtseins zu geben. Wie gut sich die Patienten des LKH Moringen tatsächlich aufgeklärt fühlen, sollte mit Hilfe der obigen Behauptung geklärt werden. Die Auswertung hat schlussendlich ergeben, dass sich 73% der Befragten hinsichtlich der verschiedenen Behandlungs- und Beschäftigungsmöglichkeiten für aufgeklärt und 27% für eher unaufgeklärt hielten. Dabei ergab sich ein signifikanter Zusammenhang zwischen Patienten mit hohem Bildungsgrad und dem Antwortverhalten ($p<0,05$):

Schulabschluss	Arithmetisches Mittel
(noch) ohne Schulabschluss	2,12
Volks-, Hauptschule	2,28
Mittlere Reife	2,19
Abitur	2,33
Hochschul- bzw. Fachhochschulabschluss	3,00

Tabelle 15: Zusammenhang zwischen dem Schulabschluss und der Behauptung, dass die Patienten über die verschiedenen Behandlungs- und Beschäftigungsformen aufgeklärt werden. Bei einer Skala von 1 (stimmt voll), 2 (stimmt), 3 (stimmt nicht), 4 (stimmt gar nicht).

Die Patienten mit Hochschul- bzw. Fachhochschulabschluss kreuzten bei der Beantwortung der oben aufgestellten Behauptung im Durchschnitt den Wert 3 „stimmt nicht" an, während die Untergebrachten mit anderem Bildungsstand durchschnittlich von der Wertmarke 2 „stimmt" Gebrauch machten. Dieses Antwortmuster könnte da herrühren, dass die Teilnehmer mit hohem Bildungsabschluss genauer über die ihnen zustehenden Rechte Bescheid wissen, sich eher zu informieren wissen und damit auch einen gesteigerten Anspruch an Aufklärung im Allgemeinen haben. Zu beachten ist in diesem Zusammenhang allerdings auch wieder, dass gerade mal 3% der befragten Patienten angaben über einen Hochschul- bzw. Fachhochschulabschluss zu verfügen, was einen nur sehr geringen Teil zur Gesamtgruppe ausmacht.

Behauptung 2:
Der Tagesablauf ist im Großen und Ganzen angenehm.

	%	Anzahl
Stimmt voll	6	6
Stimmt	68	65
Stimmt nicht	20	18
Stimmt gar nicht	6	6
	100	95

Übersicht: 17

Dem Patienten muss in der Maßregelvollzugsanstalt ein sinnvolles und seiner Würde entsprechendes Leben gewährleistet werden (Art. 2 Abs. 1 GG). Aber nicht nur deswegen sollte der Tagesablauf in der Klinik von den Untergebrachten positiv empfunden werden. Auch aus therapeutischer Sicht ist dies notwendig. Anderenfalls sind Frustration, Motivationslosigkeit und Resignation Tür und Tor geöffnet.

Die oben aufgestellte Behauptung haben 5 der 100 befragten Patienten unbeantwortet gelassen, diese wurden daraufhin aus der Wertung genommen. Knapp drei Viertel (74%) der Teilnehmer befanden den Tagesablauf im LKH Moringen grundsätzlich als angenehm und 26% als eher unangenehm. Dabei ergab sich ein signifikanter Unterschied zwischen den psychisch kranken Frauen und Männern ($p<0,01$). Die weiblichen Patienten empfanden das Tagesgeschehen überdurchschnittlich häufig als negativ (Mittelwert = 3,00). Ganz im Gegensatz zu den Männern, die mehrheitlich mit dem Ablauf des Tages einverstanden waren (Mittelwert = 2,18). Zu bedenken ist dabei, dass Frauen in der Patientenpopulation des LKH Moringen stark in der Minderheit sind. Bei der Befragung waren von den 100 Teilnehmern lediglich 7 Frauen (7%). Bei dieser Quotelung könnte es nahe liegen, die Abläufe in der Anstalt hauptsächlich nach männlichen Gesichtspunkten auszurichten. Zwischen männlichen und weiblichen Bedürfnissen können sich jedoch himmelweite Unterschiede ergeben. Dies erkannte auch schon *Melzer* in ihrer Untersuchung von 2001[97], in der psychisch kranke Straftäterinnen zu ihren Bedürfnissen im Vergleich zum Mann begutachtet und Verschiedenheiten herausgestellt wurden.

In der hiesigen Patientenbefragung haben 4 der 7 im LKH Moringen lebenden Teilnehmerinnen den Tagesablauf für unangenehm gehalten. Eine Patientin machte bei der Beantwortung sogar von dem extremen Negativwert 4 „stimmt gar nicht" Gebrauch und eine der Befragten wertete die obige Behauptung mit 2 „stimmt", während eine weitere gar keine Antwort gab:

Bewertung	Anzahl der Frauen
1 (stimmt voll)	-
2 (stimmt)	1
3 (stimmt nicht)	4
4 (stimmt gar nicht)	1
0 (keine Angabe)	1
Arithmetisches Mittel	3,00

Tabelle 16: Antwortergebnis der Frauen auf die Behauptung hin, dass der Tagesablauf im Großen und Ganzen angenehm ist.

Das Ergebnis lässt den Schluss zu, dass die weiblichen Belange im Klinikalltag zu kurz kommen. Genährt wird diese Vermutung auch durch eine Dokumentation, die der Fernsehsender ARTE im Mai 2004 ausstrahlte[98]. Gegenstand dieser Sendung war das Leben einer im LKH Moringen lebenden Patientin, die darin u.a. zu dem Schluss kam, dass der Klinikalltag und das Beschäftigungsprofil wohl eher auf Männer ausgelegt sei. Der Tagesablauf in der Anstalt sollte daher auf die Bedürfnisse der Frauen hin neu begutachtet, überdacht und möglicherweise entsprechend erweitert werden.

97 Melzer, Katja „Psychisch kranke Straftäterinnen: Frauen im Maßregelvollzug", 2001

98 Fernsehsendung auf ARTE: Ausgestrahlt am 18. April 2004 um 23.00 Uhr mit dem Titel „Tödliche Beziehung".

Behauptung 3:
Die Patienten haben zu wenig Mitsprache- und Einflussmöglichkeiten bei den Behandlungen/Beschäftigungen.

	%	Anzahl
Stimmt voll	24	24
Stimmt	47	46
Stimmt nicht	25	25
Stimmt gar nicht	4	4
	100	99

Übersicht: 18

Diese, sowie die im Anschluss folgenden Behauptungen zielen darauf ab festzustellen, was der Patient für seine Genesung als hilfreich empfindet. Die Ergebnisse können möglicherweise im Widerspruch zu wissenschaftlichen Erkenntnissen stehen. Letztlich ist aber ein entscheidender Bestandteil des Wiedereingliederungs- und Heilungsprozesses der Wille des Patienten. Deswegen ist es wichtig zu wissen, was bei dem psychisch Kranken gut oder weniger gut ankommt.

Die Auswertung hat ergeben, dass 71% der befragten Patienten bei den einzelnen Behandlungen/Beschäftigungen gerne mehr Mitsprache und Einfluss hätten. 29% hielten ihre Mitwirkungsmöglichkeiten dagegen für ausreichend. Interessanterweise machten in diesem Punkt verhältnismäßig viele Teilnehmer von dem negativen Extremwert 1 „stimmt voll" Gebrauch, etwa ein Viertel (24%) der Befragten wünschte sich demnach in besonderem Maße mehr Mitsprache- und Einflussmöglichkeiten bei den einzelnen Behandlungen/Beschäftigungen. Diese Ergebnisse offenbaren den Bedarf an mehr Beteiligung der Patienten hinsichtlich deren persönlichen Behandlungs- und Beschäftigungskonzepten. Ein verhältnismäßig großer Teil der Untergebrachten hatte das Gefühl, hier nicht hinreichend mit einbezogen worden zu sein. Eine solche Einbeziehung vermag jedoch Vorteile mit sich zu bringen. Der Patient kann dadurch, dass er „mit in die Verantwortung genommen" wird, in seinem Selbstbewusstsein und -wertgefühl bestätigt und/oder stabilisiert werden und damit vermehrt hinter den einzelnen Konzepten stehen. Das Aufoktroyieren einer Beschäftigung oder Behandlung führt dagegen wohl eher zur Blockade beim psychisch Kranken. Der Eingewiesene weiß in aller Regel ganz gut, was sich positiv für ihn auswirkt und was nicht. Dieser Vertrauensvorschuss sollte dem psychisch Kranken gewährt werden. Der Gesetzgeber hat bislang lediglich in den Grundzügen dafür

Sorge getragen, den Patienten nach Möglichkeit in die Behandlungs- und Eingliederungsmaßnahmen zu involvieren:

§ 7 Nds. MVollzG – Behandlungs- und Eingliederungsplan
(1) Unter Berücksichtigung der Persönlichkeit, des Alters, des Entwicklungsstandes und der Lebensverhältnisse des Untergebrachten wird auf der Grundlage der Ergebnisse der Aufnahmeuntersuchung und, soweit erforderlich, ergänzender human- und sozialwissenschaftliche Erhebungen unverzüglich ein Behandlungs- und Eingliederungsplan aufgestellt.
....
(3) Der Behandlungs- und Eingliederungsplan ist mit dem Untergebrachten zu erörtern.

§ 8 Nds. MVollzG – Behandlung
(1) ... Der Untergebrachte hat die Behandlung zu dulden und zu unterstützen.
(2) Die Behandlung ist dem Untergebrachten zu erläutern. Ist er fähig, Grund, Bedeutung und Tragweite der Behandlung einzusehen und seinen Willen nach dieser Einsicht zu bestimmen, so soll die Erläuterung auch darauf hinzielen, dass er der Behandlung zustimmt.

Dem Gesetzgeber wäre anzuraten, die Mitsprache- und Einflußnahmenotwendigkeit des Patienten noch deutlicher hervorzuheben, denn nach hiesigen Ergebnissen fühlen sich die Befragten diesbezüglich nicht hinreichend berücksichtigt. Der bisherige Gesetzestext erweckt leicht den Eindruck, es handele sich bei dem Willen und der Zustimmung des Untergebrachten allenfalls um ein untergeordnetes Ziel. So legt § 7 Abs. 1 fest, dass für den Patienten ein Behandlungs- und Eingliederungsplan aufgestellt werden muss, der sodann dem Betroffenen zu erklären ist (§ 7 Abs. 3). Die darin festgelegte Behandlung hat der psychisch Kranke nunmehr zu dulden und zu unterstützen (§ 8 Abs. 1), zumindest die Unterstützung wird sich allerdings nur schwerlich erzwingen lassen. § 8 Abs. 2 wirkt aufgrund seiner Platzierung und Formulierung eher wie ein Nachtrag, in dem das Behandlungspersonal dazu angewiesen wird dem Untergebrachten die Behandlung zu erklären und nach Möglichkeit dessen Zustimmung einzuholen. Die Einsicht und Mithilfe des Patienten zu gewinnen kostet Mühe und Zeit, was viele Maßregelvollzugsanstalten dazu verleitet den einfacheren und bequemeren Weg zu gehen, in dem sie dem Kranken eine Behandlung vorsetzen und im Zweifel annehmen, dass dieser zu einer selbstbestimmten Meinung und Zustimmung nicht in der Lage ist. Wer vermag dies auch zu überprüfen? Deswegen ist es aber zumindest Aufgabe des Gesetzgebers, dem Willen des Untergebrachten einen entsprechenden Stellenwert einzuräumen.

Die oben aufgestellte Behauptung führte zudem bei den Untergruppen zu Auffälligkeiten. So ließ die Auswertung die Tendenz erkennen, dass es einen Zusammenhang zwischen Patienten mit einer Aufenthaltsdauer von über 10 Jahren und dem Antwortverhalten gibt, die allerdings nicht signifikant wurde. Danach hatten gerade die Langzeitpatienten, die sich zum Zeitpunkt der Befragung seit mehr als 10 Jahren in der Einrichtung befanden, das Bedürfnis nach mehr Mitsprache- und Einflussmöglichkeiten bei den Behandlungen/Beschäftigungen (Mittelwert = 1,79). Die Patienten mit kürzerer Verweildauer nutzten dagegen durchschnittlich den Normalwert 2 „stimmt" bei der Beantwortung. Dieses Ergebnis scheint insoweit bedenklich, als dass es bei den Langzeituntergebrachten besonders wünschenswert wäre, dass sich diese im LKH Moringen wohl und ernstgenommen fühlen. Immerhin verbringen sie einen nicht unerheblichen Teil ihres Lebens dort, um so wichtiger ist es, dass sie das Gefühl der möglichen Einflussnahme verinnerlichen.

Behauptung 4:
Folgende Behandlung/Beschäftigung hilft mir besonders, um wieder gesund zu werden...

Es hat sich als gut erwiesen, diejenigen Behauptungen mit Raum für freie Meinungsäußerungen bzw. für selbst zu Formulierendes im Fragebogen beizubehalten, obwohl sich im Pre-Test abgezeichnet hatte, dass nur sehr wenige der befragten Patienten von dieser Möglichkeit Gebrauch machen würden. In der Hauptuntersuchung war dies überraschenderweise anders. Bei der oben genannten Behauptung gaben immerhin 84 der 100 Befragten eine Antwort ab. Nicht selten gab es Mehrfachnennungen. Offensichtlich war es den Untergebrachten doch mehr ein Bedürfnis ihre Meinung kund zu tun, als es zunächst den Anschein hatte.

Die Auswertung ergab, dass 20% (17) der Teilnehmer **Arbeit** für besonders wirksam in ihrem Genesungsprozess hielten, während 27% (23) vor allem **Gespräche** weiterhalfen und 31% (26) der Befragten eine **Therapie** als unerlässlich ansahen. 17% (15) der Untergebrachten erachteten **Beschäftigung** als das geeignete Mittel, um wieder gesund zu werden. Nur 4% (3) waren der Meinung, dass ihnen **Medikamente** besonders bei der Gesundung helfen, aber immerhin 10% (8) dachten das vom **Sport**. 5% (4) der Patienten gaben an, dass sie die Beziehung zu ihrem **Partner** gesund werden lasse. Von einer **Ausbildung** versprachen sich 2% (2) der insgesamt 84 Teilnehmer eine Verbesserung ihres gesundheitlichen Zustandes, während ebenso viele **gar keine** Beschäftigung oder Behandlung als hilfreich erachteten. 5% (4) der Befragten waren der Meinung, mehr **Selbständigkeit** werde ihren Resozialisierungsprozess beschleunigen. 29% (24) der Antworten wurden unter **Sonstiges** zusammengefasst. Im Einzelnen verteilten sich die Antworten wie folgt:

Folgende Behandlung/Beschäftigung hilft mir besonders, um wieder gesund zu werden...[99]
Arbeit: Arbeit; Arbeiten; Arbeit in der Gärtnerei; Gartenarbeit; Gärtnerei; Arbeit in Patientenschule; Arbeit mit Tieren; Arbeit, die mir Spaß macht; Eine vernünftige Arbeit, Kreative Arbeit, Kreatives Arbeiten. **Ausbildung:** Ausbildung; Schule. **Außen:** Ausgang mit Personal; Außenaktivitäten; Außenkontakte. **Beschäftigung:** Lehrküche; Malen; Zeichnen; Mit Tieren; Stationsaktivitäten; Tagesfahrten/Aktivitäten; Mehrtagesfahrten/Urlaube; Bauernhof Poser; Beschäftigung; Beschäftigungstherapie; Anspruchsvolle Beschäftigung; Beschäftigungstherapie Hofmann; Die vielen Angebote, die für meine Freizeit angeboten werden; Schwimmen. **Drogen:** Drogenabstinenz; Drogentherapie. **Familie:** Wenn die Familie hinter einem steht; Familie (Freunde). **Freizeit:** Mehr Freizeitangebote; Freizeitaktivität; Freizeitaktivitäten; Freizeitbeschäftigung; Freizeitumgang. **Gespräche:** Gespräch; Gespräche; Gespräch mit den Mitpatienten; Einzelgespräch; Einzelgespräch mit Psychologen; Mehr Therapiegespräche; Mehr Gespräche; Gespräche mit Ärzten und Psychologen; Tägliche Gespräche mit dem Einzeltherapeuten; Gespräche mit Team; Gespräche über die Krankheiten; Gesprächsbereitschaft erhöhen; Psychologengespräche; Psychologische Gespräche/Auseinandersetzungen; Gesprächsgruppen; Intensive Arztgespräche; Therapeutengespräche. **Keine:** Keine; Keine, ich bin nicht krank! **Medikamente:** Antidepressiva; Medikamenteneinnahme; Teils Medikamente. **Partner:** Ein Zimmer mit meinem Lebensgefährten; Einzelzimmer mit meiner zukünftigen Frau; Förderung meiner Beziehung; Partnerschaft. **Selbständigkeit:** Selber meine Freizeit gestalten können; Selbständiges Arbeiten (Ledergruppe); Mehr Selbstbestimmung; Uneingeschränkte Selbständigkeit. **Sport:** Sport; Sport (Laufen, Fahrrad fahren im Freien); Viel Sport. **Sonstiges:** Ursachenbekämpfung, hier: Alkohol und Aggressivität; Fester Zeitplan; Als erwachsene Person ernst genommen zu werden; Weniger Druck auf einen ausüben; Einzelausgänge; Deliktverarbeitung; Zusammen arbeiten; Freiheit; Freundlichkeit; Gefühlskontrolle; Hilfe vom Team; Teestube; Hormonelle Substitution mit anschließender geschlechtsangleichender OP, aber auf das Problem wird zu wenig eingegangen; Dass ich mich ausprobieren darf; Kritikfähigkeit des Personals; Mehr Ehrlichkeit; Mehr Offenheit ohne Intrigen, also in jedem Fall Klartext; Mehr Verbindung zum wahren Leben; Mir hilft mit dem Personal zu reden und wenn ich zur Arbeit (AT) gehe, hilft es mir; Mitarbeit; Persönlichkeitsrechte; Recht auf Intimsphäre; Viel Ruhe; Schlafen. **Therapie:** Möglichst zügig einen Therapeuten bekommen; Therapeutische Sitzung; Einzeltherapeutin; Einzeltherapeutische Gespräche; Einzeltherapie; Psychotherapie; Selbsttherapie; Therapeutisches Essen/Grillen; Meine Therapie; Therapie; Sporttherapie; Therapie mit meinem Therapeuten; Therapiegespräche; Therapieplatz (Arbeit an mir selbst).

Tabelle 17: Behandlungen oder Beschäftigungen, die den Patienten besonders helfen, um wieder gesund zu werden.

99 Die Antworten wurden zitatgenau übernommen und lediglich auf Rechtschreibfehler hin korrigiert. Doppelnennungen wurden nur einmal aufgeführt.

Eine ausführliche Tabellierung der Antworten mit Anzahl der Patienten und genauer Prozentzahl befindet sich im Anhang der Arbeit.

Behauptung 5:
Folgende Behandlung/Beschäftigung hilft mir gar nicht oder kaum, um wieder gesund zu werden...

Im Gegensatz zu der vorherigen Behauptung beteiligten sich hier nur noch 63 der 100 befragten Patienten an der Beantwortung, 37 enthielten sich einer Äußerung. Die Teilnehmenden scheinen eine konkretere Vorstellung von Behandlungen und Beschäftigungen zu haben, die ihnen helfen könnten, als von denjenigen, die eher keine Hilfe versprechen. Nach der Auswertung hielten 32% (20) der Befragten **Arbeit** oder bestimmte Arbeit für nicht besonders förderlich in ihrem Genesungsprozess. 11% (7) waren der Ansicht, sie seien zu wenig **beschäftigt** und das vor allem am Wochenende, was sich negativ auf ihre Resozialisierung auswirke, 8% (5) der Patienten fühlten sich dagegen durch das Verhalten des **Personals** darin behindert. Für 10% (6) der Untergebrachten helfen **Sanktionen** gar nicht oder kaum, um wieder gesund zu werden. 24% (15) hielten **Ungerechtigkeiten** und **schlechte Gefühle**, die ihnen durch ihr Umfeld vermittelt werden für hinderlich in ihrer Genesung, während 3 der Befragten zu wenig (Einzel-)**Therapie** und Therapeuten beklagten. 16% der Antworten wurden wiederum unter der Rubrik **Sonstiges** zusammengefasst.

Folgende Behandlung/Beschäftigung hilft mir gar nicht oder kaum, um wieder gesund zu werden... [100]
Arbeit: Akkordarbeit; Arbeit; Arbeit, die keinen Spaß macht; Arbeitstherapie; Der Zwang zum Arbeiten; Monotone Arbeit; Schraubenzieher zusammenbauen; Zu wenig Verdienst auf der Arbeit. **Ausbildung:** Schule. **Außen:** Zu wenig Ausgang. **Behandlung:** Behandlungsverweigerung; Falsche Behandlung; Jede Behandlung hilft mir. **Beschäftigung:** Zu wenig Beschäftigung am Wochenende; BT; Langeweile; Rumgammeln am Wochenende; Fernsehen den ganzen Tag; Zeitschinden; Wenn ich unbefriedigend beschäftigt werde, z.B. Arbeitstherapie; Zu wenig Freizeitangebote. **Gespräche:** Keine Gespräche mit Ärzten und Psychologen. **Keine:** Keine. **Medikamente:** Vitamintabletten; Zuviel Medikamente. **Personal:** Herablassendes Verhalten des Personals; Herumkommandiert und ständig kritisiert zu werden; Ständige Bevormundung des Pflegepersonals; Wenn ich direkt vom Pfleger oder Thera-

100 Die Antworten wurden wiederum zitatgenau übernommen und lediglich auf Rechtschreibfehler hin korrigiert. Doppelnennungen wurden nur einmal aufgeführt.

peuten angesprochen werde; Wenn Mitarbeiter Thematiken anschneiden, von denen sie keinesfalls Ahnung haben. **Sanktionen:** Einschränkungen der Lockerungen; Freiheitsentzug; Sanktionen; Verwahrung. **Schlechte Gefühle / Ungerechtigkeiten:** Wenn ich öfter erinnert werde wegen meiner Straftat; Vorwürfe; Behauptungen; Bevormundung; Diskriminierung; Druck; Erpressung; Dass jeder glaubt, alles richtig zu machen; Negative Beurteilungen vom Team; Nicht auf mich eingehen; Nicht Ernst genommen werden; Ohne Kommentar abgewiesen werden; Unter Psycho-Druck setzen; Verleumdungen; Verlogenheit und Machtdemonstration. **Sport:** Sport; Schattenboxen; Zwangssport (Kraft- und Ausdauertraining). **Sonstiges:** 3- bis 2-Mann-Zimmer; Alles nicht Kreative; Das Haus dicht machen; Förderbereich; Keine Steuern; Nicht versichert; Stationsklima; Stationsversammlungen; Stress, was von draußen reinkommt; Unruhe unter den Patienten. **Therapie:** Keine Therapeuten; Einmischung der AT-Therapeuten in Therapie; Therapeutisches Mittag- oder Abendessen; Zu wenig Einzeltherapie; Zu wenig Therapie.

Tabelle 18: Behandlungen oder Beschäftigungen, die den Patienten gar nicht oder kaum helfen, um wieder gesund zu werden.

Eine ausführliche Tabellierung der Antworten mit Anzahl der Patienten und genauer Prozentzahl befindet sich wiederum im Anhang der Arbeit.

Behauptung 6:
Folgende Behandlung/Beschäftigung hilft mir wieder gesund zu werden, wird aber zu wenig angeboten...

Mit dieser Behauptung wurde der Versuch unternommen, die tatsächlichen Bedürfnisse der im LKH Moringen Untergebrachten weiter offen zu legen und einzugrenzen. 62 der 100 Befragten ließen sich hier zu einer Antwort hinreißen, 38 Patienten machten dagegen keine Angabe. In diesem Fall hatte die Auswertung der Fragebögen ergeben, dass für 11% (7) der Teilnehmer zu wenig **Arbeit** in der Klinik angeboten wird, 6% (4) waren der Meinung es bestünden zu wenig **Ausbildungs**möglichkeiten bzw. -plätze. 34% (21) der Patienten wünschten sich mehr **Beschäftigung** bzw. bestimmte Arten von Beschäftigung, während 8% (5) die **Familie** gerne vermehrt eingebunden hätte. 10% (6) der Untergebrachten waren der Überzeugung, dass zu wenig **Gespräche** angeboten würden, 8% (5) möchten dagegen gerne mehr **Sport** treiben. 23% (14) der Befragten hielten **Therapie** als ein geeignetes Mittel, um wieder gesund zu werden und wünschten sich diesbezüglich ein größeres Angebot. In der Rubrik **Sonstiges** wurden diesmal 27% der Antworten zusammengefasst.

Folgende Behandlung/Beschäftigung hilft mir wieder gesund zu werden , wird aber zu wenig angeboten... [101]
Arbeit: Akkordarbeit; Arbeit; Arbeit mit den Tieren; Kreatives Arbeiten; Kreatives Arbeiten, Holz usw.; Arbeit zu haben. **Ausbildung:** Schule; Ausbildung; Weiterbildung. **Beschäftigung:** Bauchtanz; Beschäftigungstherapie; BT Holz; Entspannungsangebote (Yoga etc.); Entspannungstraining; Federball; Mehr Stationsaktivitäten; Mehrtagesfahrten; Ausgang mit Personal; Ausflüge; Außenaktivitäten; Stationsaktivitäten; Stationsfahrten; Weitere Ausgänge; Bauernhof Poser; Unterhaltung; Aktivitäten; Kinobesuche; Kanu AG. **Drogen:** Cannabis-Selbsthilfegruppe. **Familie:** Eigene Familie; Zusammenführung mit Eltern; Einbeziehung der Familie; Heimfahrten; Zuhause zu sein. **Freizeit:** Freizeit; Freizeitbeschäftigung; Freizeitgestaltung. **Gespräche:** Ernstnahme der Gespräche; Gespräche; Gesprächsgruppen in der Abteilung: Politik, Gesellschaft, Kunst, Literatur, Religion; Gruppengespräch; Psychologengespräche leider nur 1mal wöchentlich; Arztgespräche. **Keine:** Keine. **Medikamente:** Medikamente. **Sonstiges:** Adäquate Gespräche für transidentische Einzelgespräche mit Psychologen; Alltag zu gestalten; Aufarbeitung meiner Quartalssauferei i.V.m. der Aggressivität, die dadurch entsteht; Bin genug beschäftigt; Egal in welcher Problematik, offen und Ehrlichkeit. Absolute Konfrontation und Aggressivität (ohne körperliche); Lockerungen dauern zu lange; Resozialisierung; So genommen zu werden, wie ich bin; Soziales Training; Unbekannt; Zu wenig Angebote, um das öffentliche Leben kennen zu lernen; Menschlichkeit des Personals; Integriert zu werden; Kontakte pflegen; Freiraum; WG. **Sport:** Sport in Vereinen, außerhalb des LKH; Sport. **Therapie:** Einzeltherapie; In der AT wird man nicht gefordert; Gruppentherapie; Psychologische Betreuung; Therapie; Therapie, da zu wenig Therapeuten zur Verfügung stehen; Therapeuten; Therapieplatz; Musiktherapie in Grenzen; Gruppenauseinandersetzungen.

Tabelle 19: Behandlungen oder Beschäftigungen, die den Patienten helfen wieder gesund zu werden, aber zu wenig angeboten werden.

Auch hier befindet sich eine ausführliche Tabellierung der Antworten mit Anzahl der Patienten und genauer Prozentzahl im Anhang der Arbeit.

Zusammenfassung von Behauptung 4, 5 und 6:

17 Patienten befürworteten es innerhalb der Klinik einer **Arbeit** nachgehen zu können, während dies 20 der Untergebrachten gerade für nicht oder kaum för-

101 Die Antworten wurden abermals zitatgenau übernommen und lediglich auf Rechtschreibfehler hin korrigiert. Doppelnennungen wurden nur einmal aufgeführt.

derlich in ihrem Gesundungsprozess hielten. 7 Teilnehmer waren der Meinung, es würde zu wenig Arbeit angeboten. 23 der psychisch Kranken wünschten sich dagegen (mehr) **Gespräche** im Klinikablauf und nur 1 Patient sah dies als wirkungslos bzw. kaum wirkungsvoll in seiner Resozialisierung an. 6 der Eingewiesenen wünschten sich ausdrücklich mehr Gesprächsmöglichkeiten. Für 15 Patienten war (eine bestimmte) **Beschäftigung** das geeignete Mittel, um wieder gesund zu werden, wobei 8 keine oder zu wenig Beschäftigung als schädlich empfanden. 21 Teilnehmer waren der Meinung, sie seien zu wenig beschäftigt im Klinikalltag. Immerhin 26 der Befragten betrachteten eine (bestimmte) **Therapie** als ein adäquates Mittel, um wieder gesund zu werden. Keiner der Eingewiesenen hielt eine solche für ungeeignet, aber 14 empfanden das Therapieangebot als zu gering. 15 Patienten hielten **Ungerechtigkeiten** und **schlechte Gefühle**, die ihnen durch ihr Umfeld vermittelt werden für hinderlich in ihrer Genesung. Schlussfolgernd ergeben sich hieraus drei Grundsäulen, die die Befragten als positiv in ihrem Wiedereingliederungsprozess beschreiben. Mehrheitlich wurden Gespräche, Beschäftigung und Therapie als gesundheitsfördernd erachtet, wobei sich einige eine Ausweitung des zur Zeit bestehenden Angebotes wünschten. Bei dem Thema Arbeit waren sich die Untergebrachten dagegen eher uneins, so dass sich hieraus keine sicheren (Pauschal-) Schlüsse ziehen lassen.

Behauptung (Frage) 7:
Wie lange sollte Ihrer Meinung nach eine Einzeltherapie dauern?

Auf diese Frage haben 87 der 100 befragten Patienten eine Antwort abgegeben. 57% (50) davon machten eine Monats- bzw. Jahresangabe und 12% (10) eine Minuten- bzw. Stundenangabe. 31% (26) der Teilnehmer wurden mit ihrem Statement unter der Rubrik „Sonstiges“ zusammengefasst.

Eine Einzeltherapie sollte danach bis zu 1 Jahr andauern, wünschten sich 10% der Teilnehmer, während weitere 12% eine Dauer von 1 bis 2 Jahren bevorzugten. 17% der Befragten waren der Meinung, eine Einzeltherapie sollte zwischen 2 und 3 Jahren anhalten, wohingegen jeweils 9% 3 bis 4 Jahre bzw. länger als 4 Jahre für angemessen hielten.

9% (8) der Patienten vertraten die Ansicht, eine Einzeltherapie sollte bis zu 1 Stunde dauern und lediglich 2% (2) wünschten sich 2 Stunden. Für 13% (11) der Befragten sollte eine Therapie solange durchgeführt werden, wie sie im Einzelfall benötigt wird. 18% (16) antworteten mit Äußerungen wie: „2mal pro Woche über maximal 5 Jahre“, „3mal pro Woche 2 Stunden“, „Einige Jahre“, „Einige Monate“, „Gar nicht“, „Ich bin gegen Einzeltherapie, wie sie hier praktiziert wird.“, „Gesamte Behandlung“, „In Regelmäßigkeit: 1mal pro Woche“, „Indivi-

Dauer Einzeltherapie[102]	%	Anzahl
bis 1 Jahr	10	9
1 bis 2 Jahre	12	10
2 bis 3 Jahre	17	15
3 bis 4 Jahre	9	8
über 4 Jahre	9	8
Summe	58	50

Tabelle 20: Wie lange sollte eine Einzeltherapie dauern?

duell", „Je nach dem", „Kommt auf die Problematik an", „Liegt an jedem selbst", „Ohne feste Vorgabe", „Paar Jahre" und „So lange wie möglich".

Behauptung 8:
Insgesamt sind die Patienten mit dem Angebot an Beschäftigungsmöglichkeiten zufrieden.

	%	Anzahl
Stimmt voll	5	5
Stimmt	42	41
Stimmt nicht	40	39
Stimmt gar nicht	13	13
	100	98

Übersicht: 19

Von den 100 Befragten gaben 98 eine Antwort auf diese Behauptung ab, weswegen 2 Fragebögen in diesem Punkt unberücksichtigt gelassen wurden. Nach Berechnung des arithmetischen Mittels waren die Patienten im Durchschnitt mit dem Angebot an Beschäftigungsmöglichkeiten zufrieden (Mittelwert = 2,63). Die Prozentualquote wirft jedoch ein differenzierteres Bild auf. Danach war knapp die Hälfte der Teilnehmer (53%) mit dem Beschäftigungsangebot zufrieden, während die andere Hälfte (47%) eher unzufrieden war. 13% waren damit sogar ganz und gar nicht einverstanden und wählten bei der Antwortgebung den extremen Negativwert 4 „stimmt gar nicht". Hier spiegelt sich das Ergebnis aus den Behauptungen 5, 6 und 7 wieder, in denen die Patienten nach der eigenen Einschätzung zu Beschäftigungen/Behandlungen befragt wurden, die ihnen

102 Eine ausführliche Tabellierung der Antworten mit Anzahl der Patienten und genauer Prozentzahl befindet sich im Anhang der Arbeit auf S. 177 f.

im Genesungsprozess weiterhelfen. Es stellte sich heraus, dass ein nicht unerheblicher Teil der psychisch Kranken das Beschäftigungsangebot für zu gering erachtete. Es sollte daher erwogen werden, das Angebot der Beschäftigungsmöglichkeiten zu erweitern.

Behauptung 9:
Die Patienten haben die Möglichkeit mindestens 1 Stunde am Tag im Freien zu verbringen.

	%	Anzahl
Stimmt voll	49	48
Stimmt	42	40
Stimmt nicht	5	5
Stimmt gar nicht	4	4
	100	97

Übersicht: 20

§ 64 StVollzG gewährt dem Strafgefangenen einen Anspruch auf täglichen Aufenthalt im Freien von mindestens einer Stunde, soweit es die Witterung zulässt. Für Maßregelvollzugspatienten kann hier nichts anderes gelten, auch für sie ist es unablässig und Lebensqualität, zeitweise den freien Himmel über sich wahrnehmen zu können. Die im LKH Moringen lebenden Befragten erhalten offensichtlich hinreichend Gelegenheit sich auch im Freien aufzuhalten, dies bestätigten zumindest 91% der Teilnehmer im Zuge der Erhebung. 9% gaben an, sich nicht mindestens eine Stunde täglich draußen aufhalten zu dürfen, wobei hier zu berücksichtigen ist, dass es aufgrund des Krankheitsbildes, der Sicherheitssituation u.ä. Gründe geben kann, wieso Einzelne nicht regelmäßig an die frische Luft können (§ 23 Abs. 1 Nr. 1 Nds. MVollzG). Die Zahlen sprechen aber dafür, dass es sich hierbei um Ausnahmefälle handelt.

In der Gesamtbeurteilung bewerteten die Eingewiesenen die Behandlung und den Tagesablauf im LKH Moringen auf einer Skala von 1 (sehr gut) bis 5 (mangelhaft) im Durchschnitt mit knapp „gut“. Das arithmetische Mittel wurde errechnet auf 2,91.

VII. Unterbringung und Verpflegung im LKH Moringen

Laut gesetzlichem Auftrag werden die Patienten in die Maßregelvollzugsanstalten verbracht, um sie zukünftig wieder in die Gesellschaft eingliedern zu können. Soweit möglich, soll der Eingewiesene dort geheilt oder sein Zustand soweit gebessert werden, dass er nicht mehr gefährlich ist (§ 136 StVollzG). Das setzt u.a. ein angemessenes Behandlungsmilieu voraus, in dem sich der Patient wohlfühlen kann. Hospitalisierungsschäden gilt es zu vermeiden, was bedeutet, dass den schädlichen Folgen des Freiheitsentzuges entgegengewirkt werden muss (Gegenwirkungsgrundsatz). Das Leben des Patienten in der Einrichtung soll den allgemeinen Lebensverhältnissen soweit wie möglich angeglichen werden (Angleichungsgrundsatz, § 2 Abs. 2 Nds. MVollzG). Schlechtes Essen, triste Bauten und ungemütliche, zu kleine Zimmer würden dem nicht entsprechen. Auch die Fürsorgepflicht des Staates verbietet eine derartige Atmosphäre. Die folgenden Behauptungen sollen einen Hinweis darauf geben, wie sich die Patienten im LKH Moringen untergebracht fühlen.

Behauptung 1:
Die Patienten fühlen sich im LKH Moringen eingesperrt wie in einer Festung.

	%	Anzahl
Stimmt voll	21	20
Stimmt	31	31
Stimmt nicht	39	39
Stimmt gar nicht	9	9
	100	99

Übersicht: 21

Die Patienten sollten sich in einer Einrichtung, die ihnen helfen und Gesundheit bringen soll, nicht wie in einem Hochsicherheitstrakt fühlen, der den Untergebrachten durch Gitter, Stacheldraht und meterhohe graue Mauern tagtäglich deren Hilflosigkeit und eine gewisse Art von Entmündigung demonstriert. Die Eingewiesenen sollen hier eine bestimmte (möglichst kurze) Zeit ihres Lebens verbringen und sich „Zuhause“ fühlen. Auf der anderen Seite muss ein gewisses Mindestmaß an Sicherheit für die Allgemeinbevölkerung gewährleistet werden. Wie bereits erwähnt hat sich das LKH Moringen in den letzten 20 Jahren durch Umgestaltungen und Umbauarbeiten bemüht diesen Anforderungen gerecht zu werden, indem es soweit wie möglich auf Mauern und Stacheldraht verzichtete und zeitgleich versucht hat ein angenehmes Klima für den psychisch Kranken zu schaffen[103]. Hierzu gehört mitunter, dass ein Teil des Klinikgeländes lediglich durch eine dichte Dornenhecke umzäunt ist. Die Umbaumöglichkeiten sind da-

103 Siehe Ausführungen S. 39 f.

bei noch lange nicht erschöpft, der finanzielle Rahmen lässt allerdings nur langsame Fortschritte zu. Nach Aussage der Klinikleitung kam es durch die bisherigen Veränderungen keineswegs zu vermehrten Entweichungen. Ganz im Gegenteil, der Patient der sich in seiner Umgebung wohlfühlt suche nicht den Ausbruch.

48% der Befragten nahmen die Baulichkeiten des LKH Moringen zum Befragungszeitpunkt auch so wahr und beantworteten die oben gestellte Behauptung mit „stimmt nicht" bzw. „stimmt gar nicht". Die andere Hälfte der Teilnehmer (52%) fühlte sich im LKH Moringen allerdings nach wie vor eingesperrt wie in einer Festung. Hier haben die baulichen Bemühungen der Klinik offensichtlich noch keine Wirkung gezeigt. Wobei sicherlich berücksichtigt werden muss, dass viele der Eingewiesenen sich schon allein deswegen eingesperrt fühlen, weil sie sich aufgrund Verurteilung und der daraus resultierenden Unterbringung in einer Maßregelvollzugsanstalt faktisch nicht mehr frei in der Bevölkerung bewegen können. Allein dieser Freiheitsverlust könnte bei so manchem der Befragten Gefühle des Eingesperrtseins hervorrufen. Festgehalten werden kann aber, dass die Atmosphäre eines Hochsicherheitstraktes nicht notwendig ist, um die tatsächliche Sicherheit der Bevölkerung zu gewährleisten. Flache Gebäude mit wenig Stacheldraht, Panzerglas anstelle von Gittern etc. sind geeignet, das subjektive Empfinden der Eingewiesenen und damit deren Krankheitsverlauf positiv zu beeinflussen.

Behauptung 2:
Die Zimmer sind freundlich und gemütlich eingerichtet.

	%	Anzahl
Stimmt voll	21	20
Stimmt	48	47
Stimmt nicht	23	23
Stimmt gar nicht	8	8
	100	98

Übersicht: 22

Den psychisch Kranken ist es im LKH Moringen grundsätzlich gestattet ihre Zimmer mit persönlichen Gegenständen auszustatten, so dass sich ein privates Ambiente entwickeln kann. Dem entsprechend empfanden über zwei Drittel (69%) der Patienten ihre Zimmer zum Befragungszeitpunkt als freundlich und gemütlich eingerichtet. Immerhin 21% davon beurteilten die Zimmeratmosphäre sogar besonders positiv und nutzten bei der Beantwortung den Extremwert 1

„stimmt voll". Dem standen 31% der Teilnehmer gegenüber, die die Einrichtung genau gegenteilig, nämlich für eher unfreundlich und ungemütlich hielten. Zu Auffälligkeiten kam es hinsichtlich des Schulabschlusses und der positiven bzw. negativen Bewertung in Bezug auf die Zimmereinrichtung, deren Zusammenhang jedoch nicht signifikant wurde und somit außer acht gelassen werden kann.

Behauptung 3:
Es sind zu viele Patienten pro Zimmer untergebracht.

	%	Anzahl
Stimmt voll	33	32
Stimmt	37	37
Stimmt nicht	25	25
Stimmt gar nicht	5	5
	100	99

Übersicht: 23

Ein Hauptproblem in der Maßregelvollzugseinrichtung ist die starke Einschränkung der eigenen Privatsphäre, der sich die Patienten zu unterwerfen haben. Im Zuge des Klinikablaufes sind ständige Einbrüche in den Intimbereich des Eingewiesen z.B. durch permanente Anwesenheit von Mitpatienten, Auftauchen von Personal etc. an der Tagesordnung. Das zu geringe Platzangebot, sprich die Zimmergröße, tut ihr übriges dazu. Auch wenn in der Bevölkerung teilweise die Meinung vorherrscht, die „irren Kriminellen" hätten es nicht anders verdient, so darf nicht in Vergessenheit geraten, dass auch dem Maßregelvollzugspatienten ein Allgemeines Persönlichkeitsrecht sowie die Unantastbarkeit der Menschenwürde zusteht. Zudem gilt auch hier als notwendige Folgerung aus §§ 63 StGB, 136 StVollzG (Ziel der Wiedereingliederung), dass das Krankenhaus den schädlichen Folgen des Freiheitsentzuges entgegen zu wirken hat (Eingliederungs- und Gegenwirkungsgrundsatz) und das Leben des Patienten den allgemeinen Lebensverhältnissen soweit wie möglich anzugleichen ist (Angleichungsgrundsatz). Diese Grundsätze hat der niedersächsische Landesgesetzgeber in § 2 Abs. 2 Nds. MVollzG verankert, wie bereits öfter zitiert. Darüber hinaus hat der Eingewiesene ein Recht auf einen Kernbestand an persönlichem Besitz[104]. Es bedarf deshalb eines Wohnbereiches, der dem Patienten ausschließlich zur Verfügung steht und den dieser mit einem Mindestbestand von persönlichen

104 Volckart, Maßregelvollzug – Das Recht des Vollzuges der Unterbringung nach §§ 63, 64 StGB in einem Krankenhaus und in einer Entziehungsanstalt, S. 52

Dingen ausstatten kann, weil er durch das Grundrecht aus Art. 2 Abs. 1 GG ein garantiertes Recht auf einen unantastbaren Geheimbereich hat[105]. Der Untergebrachte muss die Möglichkeit haben, seine Habe vor anderen Mitpatienten zu verschließen, was einen ausreichend großen Raum mit entsprechender Ausstattung notwendig macht[106].

Etwa die Hälfte der im LKH Moringen lebenden Patienten bewohnen zu dritt oder mehr ein Zimmer[107]. Erstaunlicherweise wird das jedoch nicht von jedem der Bewohner als negativ empfunden. So gibt es durchaus Stimmen, die die Gesellschaft ihrer Mitbewohner begrüßen. Die Erhebung spricht allerdings deutliche Zahlen: 70% der Teilnehmer hielten ihre Zimmer zum Befragungszeitpunkt für überbelegt und lediglich 30% waren zufrieden mit der Anzahl ihrer Zimmergenossen. Bei diesen 30% muss berücksichtigt werden, dass 18% der insgesamt im LKH Moringen lebenden Patienten über ein Ein- bis Zweibettzimmer verfügen, so dass sich diese vermutlich auch nicht über eine Überbelegung ihres Wohnbereiches beschweren. Demnach wären nur noch 12% der Befragten zufrieden mit ihrer Wohnsituation in Mehrbettzimmern mit mehr als drei Personen. Dieses schlechte Ergebnis ist auf die chronische Überbelegung der gesamten Klinik zurückzuführen. Grundsätzlich bedürfte es in Niedersachsen einer weiteren eigenständigen Maßregelvollzugseinrichtung, in der entsprechende Patienten menschengerecht untergebracht werden können. Eine solche Anstalt ist jedoch, wie bereits ausgeführt[108], nicht geplant. Das LKH Moringen ist nunmehr verpflichtet eine von der Landesregierung bestimmte Zahl von psychisch kranken Straftätern in der Einrichtung aufzunehmen. Da die finanziellen Mittel knapp sind und sich bauliche Vergrößerungen damit beinah ausschließen, müssen die Eingewiesenen quasi „zusammenrücken“. Folge ist, dem einzelnen Patienten steht im LKH Moringen aktuell ein privater Lebensraum von durchschnittlich 4 qm zur Verfügung. Das widerspricht nicht nur gänzlich den menschenrechtlichen Mindeststandards – wie die Befragung ergeben hat, fühlen sich die Untergebrachten dabei auch tatsächlich unwohl, was hinderlich in ihrem Genesungsprozess ist.

Den Vollzugsverwaltungen sind eigene Maßnahmen gegen die unzulänglichen Unterbringungsbedingungen nicht erlaubt. Dem Maßregelkrankenhaus steht kein Rechtsbehelf zu, weil es derselben Staatsverwaltung angehört wie die Vollstreckungsbehörde[109]. Bedienstete der Maßregeleinrichtung, die unmittelbar

---

105 BVerfGE 35, 202 ff.; BGH NJW 1981, 1366

106 Tondorf, Die katastrophale Lage psychisch Kranker im Maßregelvollzug, ZRP 1983, 118

107 Ausführlicher siehe S. 39

108 Siehe S. 39

109 Volckart R & P 2004, 179, 184

die Freiheit eines Patienten bewirken, machen sich der Vollstreckungsvereitelung und Gefangenenbefreiung strafbar[110]. Auch ein Widerstand gegen das Vorgehen der Vollstreckungsbehörde im Sinne des Art. 20 Abs. 4 GG kommt nicht Betracht, da Abhilfe auf dem Wege über Rechtsbehelfe des Patienten möglich ist[111]. Um eine Verbesserung der Situation zu erreichen, kann die Klinik ihre Schützlinge lediglich dazu ermutigen, wegen der menschenunwürdigen Wohnverhältnisse das zuständige Gericht anzurufen. Strafgefangene haben damit bereits mehr als einmal Erfolg gehabt. So haben in der Vergangenheit verschiedene Gerichte entschieden, dass die verbreitete Unterbringung mehrerer Strafgefangener in zu kleinen Zellen unzulässig ist[112]. Die Landesjustizverwaltungen wurden durch diese Urteile gezwungen, die Unterbringung ihrer Strafgefangenen zu verbessern. Für die Maßregelvollzugspatienten wurde in dieser Hinsicht noch nicht viel unternommen, so dass sich ein erster Schritt an dieser Stelle lohnen würde.

Behauptung 4:
Das Essen ist abwechslungsreich und schmackhaft.

	%	Anzahl
Stimmt voll	9	9
Stimmt	51	50
Stimmt nicht	28	28
Stimmt gar nicht	12	12
	100	99

Übersicht: 24

Die Fürsorgepflicht des Staates gebietet es, dass die Nahrung innerhalb der Einrichtung gesund, abwechslungsreich und schmackhaft ist. Das Essen kann für den Maßregelpatienten leicht zum Mittelpunkt des Tages werden, anders als es möglicherweise in Freiheit der Fall wäre. Eine (geschmacklich) eintönige Versorgung ist dem Untergebrachten deswegen nicht zuzumuten. Nach der Auswertung hielten 60% der Befragten das Essen im LKH Moringen für abwechslungsreich und schmackhaft, während 40% dies genau gegenteilig empfanden. Hier lohnt sich für die Klinik die Überlegung, welche Verbesserungsmöglich-

110 Volckart R & P 2004, 182
111 Volckart R & P 2004, 184
112 OLG Hamm NJW 1967, 2024; LG Braunschweig NStZ 1984, 286; OLG Frankfurt NStZ 1985, 572; StV 1988, 539.

keiten es hinsichtlich der Mahlzeiten gibt. Bei den Untergruppen ergaben sich indessen keine signifikanten Unterschiede.

Behauptung 5:
Die Patienten haben nicht genug Möglichkeiten sich selbst zu verpflegen.

	%	Anzahl
Stimmt voll	21	21
Stimmt	32	32
Stimmt nicht	35	35
Stimmt gar nicht	12	12
	100	100

Übersicht: 25

Aus dem Eingliederungsgrundsatz resultiert der Angleichungsgrundsatz. Danach ist das Leben des psychisch Kranken in der Maßregelvollzugsanstalt den allgemeinen Lebensverhältnissen soweit wie möglich anzugleichen. Dazu gehört, dass sich dieser eigenständig eine Mahlzeit zubereiten kann. Das ständige „Beliefern" des Patienten mit Nahrung steht seiner Eigenständigkeit und seinem Selbstvertrauen im Wege.

Hier handelt es sich um eine der wenigen Behauptungen, die von allen der 100 Befragten beantwortet wurde. Offensichtlich hatte jeder der Teilnehmer eine Meinung zu dem aufgestellten Thema. Etwas mehr als die Hälfte (53%) der Patienten hätte danach gerne mehr Möglichkeiten der Selbstverpflegung innerhalb der Klinik, wohingegen 47% diese für ausreichend erachteten. Das arithmetische Mittel errechnete sich auf 2,38, wohingegen der dominanteste Wert bei der Beantwortung „stimmt nicht" war (Modalwert = 3). Bei einer Wertung der Ergebnisse bleibt folgendes zu berücksichtigen: Unter den Patienten gibt es zum einen durchaus solche, die mit einer Selbstversorgung überfordert wären und dies möglicherweise verkennen. Zum anderen kommen Fälle vor, in denen es die Sicherheit gebietet einzelne Patienten hiervon auszuschließen. Denn in der Küche stehen den Selbstversorgern notwendigerweise auch spitze Gegenstände wie Messer, Gabeln o.ä. zur Verfügung, die einen verantwortungsbewussten Umgang erfordern. Daher bleibt immer abzuschätzen, welcher der Untergebrachten sich selbst versorgen kann und welcher nicht. Eindeutig ist aber, dass sich die Patienten diese Art der Selbständigkeit durchaus wünschen, so dass ihnen diese Möglichkeit weitestgehend eingeräumt werden sollte.

In der Gesamtbeurteilung bewerteten die Eingewiesenen die Unterbringung und Verpflegung im LKH Moringen auf einer Skala von 1 (sehr gut) bis 5 (mangelhaft) im Durchschnitt mit knapp „gut". Das arithmetische Mittel wurde errechnet auf 2,93.

VIII. Außenkontakte im LKH Moringen

Während des Aufenthaltes der Patienten in der Maßregelvollzugsanstalt darf das eigentliche (gesetzliche) Ziel nie aus den Augen verloren werden, nämlich die Wiedereingliederung des psychisch Kranken in die Gesellschaft. Dieser Eingliederungsgedanke erfordert, dass die Eingewiesenen nicht gänzlich von der Außenwelt abgeschottet werden. Soweit Sicherheitsaspekte dies zulassen, ist der Patient mit der Bevölkerung und dem damit zusammenhängenden Leben in Berührung zu bringen. Es wäre unsinnig und kontraproduktiv den psychisch kranken Straftäter vollkommen vom Außenleben abzuschirmen, um ihn sodann zum Zeitpunkt der Entlassung in unbekannte und unvorbereitete Situationen geraten zu lassen. In welchem Umfang das LKH Moringen den Eingewiesenen Außenkontakte ermöglicht und wie zufrieden die Untergebrachten damit sind, sollen die nächsten Behauptungen klären.

Behauptung 1:
Die Klinik unterstützt es, dass die Patienten möglichst häufig Besuch bekommen.

	%	Anzahl
Stimmt voll	25	25
Stimmt	55	55
Stimmt nicht	14	14
Stimmt gar nicht	6	6
	100	100

Übersicht: 26

Niedersachen hat als einziges Bundesland gesetzlich kein Recht auf Besuch für die Patienten im Maßregelvollzug vorgesehen. In § 20 Nds. MVollzG sind lediglich Beschränkungen zum Besuchsrecht normiert. So wie aber der Verteidiger nicht vom Besuch ausgeschlossen werden kann[113], können auch nahe Angehörige nicht auf Dauer hierin beschränkt werden (Art. 6 GG). Das LKH Moringen räumt dem Eingewiesenen allerdings ohnedies umfassende Besuchsmög-

113 § 20 Nds. MVollzG

lichkeiten ein. Das Interesse, den psychisch Kranken Außenkontakte pflegen und Bezugspersonen gewinnen zu lassen, um so für die spätere Wiedereingliederung gewappnet zu sein, steht im Vordergrund und hinter der Bequemlichkeit und dem Sicherheitsgedanken zurück, ihm grundsätzlich oder soweit möglich Besuch zu verwehren. So empfanden es offensichtlich auch zu einem großen Teil die 100 Befragten. Immerhin 80% gaben an von der Klinik darin unterstützt zu werden, möglichst viel Besuch zu bekommen. Davon nutzte ein Viertel (25%) der Befragten sogar den positiven Extremwert 1 „stimmt voll". Lediglich 20% wünschten sich diesbezüglich mehr Initiative von Seiten der Anstalt. In den Untergruppen konnten keine signifikanten Unterschiede oder Zusammenhänge erkannt werden.

Behauptung 2:
Die Besuchszeiten sind zu kurz.

	%	Anzahl
Stimmt voll	21	21
Stimmt	32	31
Stimmt nicht	42	42
Stimmt gar nicht	5	5
	100	99

Übersicht: 27

Die Behauptung sollte aufzeigen, wie die Patienten im LKH Moringen die Besuchszeitenregelung empfinden. Herausgekommen ist, dass knapp die Hälfte (53%) der Befragten die Besuchszeiten für zu kurz hielt, während die andere Hälfte (47%) sie für ausreichend erachtete. Die Meinung unter den Patienten ist diesbezüglich also durchaus gespalten. Im Durchschnitt befanden die insgesamt 99 Teilnehmer die Dauer der Besuche als zu kurz – das arithmetische Mittel errechnete sich auf 2,31. Am häufigsten angekreuzt wurde allerdings der Wert „stimmt nicht" (Modalwert = 3), wonach 42 Patienten ihre Besuche als lang genug empfanden. Die Dauer der Besuche sollte einen umfänglichen Austausch der Beteiligten ermöglichen, ohne dabei unter Zeitdruck zu geraten. Die Auswertung hat ergeben, dass dies lediglich etwa die Hälfte der Befragten für möglich hielt. Von daher würde es sich lohnen, die Besuchsregelungen neu zu überdenken und nach Möglichkeit zu erweitern.

Offensichtlich spielte bei dem Antwortverhalten der Bildungsgrad der Patienten eine Rolle, denn es ergab sich ein signifikanter Unterschied zwischen den Befragten mit Abitur und den übrigen Teilnehmern ($p<0,05$).

Bildungsstand	Arithmetisches Mittel
(noch) ohne Schulabschluss	1,94
Volks-, Hauptschule	2,21
Mittlere Reife	2,59
Abitur	3,33
Hochschul- bzw. Fachhochschulabschluss	2,00

Tabelle 21: Antwortergebnisse der Gruppe Bildungsstand auf die Behauptung hin, dass die Besuchszeiten zu kurz sind. Bei einer Skala von 1 (stimmt voll), 2 (stimmt), 3 (stimmt nicht), 4 (stimmt gar nicht).

Die Patienten, die angaben über das Abitur zu verfügen, hielten die Besuchszeiten im LKH Moringen im Schnitt für angemessen (Mittelwert = 3,33), während die übrigen Befragten Kritik daran übten und ihren Besuch gerne länger empfangen würden (Mittelwerte = 1,94-2,59). Eine Erklärung für diese divergierenden Angaben fällt schwer. Es könnte angenommen werden, dass sich eine Unterscheidung zwischen niedrig und besser gebildeten Patienten treffen ließe. Eine solche Trennung schließt sich jedoch aus, da auch die Hochschul- bzw. Fachhochschulabsolventen die Besuchzeiten kritisierten (Mittelwert = 2,00). Auch unter Berücksichtigung der Tatsache, dass es sich bei der Gruppe der Abiturienten lediglich um 3% (3) der Befragten handelte, wird deswegen auf eine weitere Wertung dessen in diesem Fall verzichtet.

Außerdem konnte ein signifikanter Zusammenhang zwischen Patienten im Alter von 21 bis 30 Jahren und dem Antwortverhalten festgestellt werden ($p<0,01$), was bedeutet, dass das Alter eine Rolle dafür spielte, wie die Befragten auf die Behauptung hin geantwortet haben. So waren die jungen Teilnehmer (21 bis 30 Jahre) einheitlich in besonderem Maße der Meinung, die Besuchszeiten seien zu kurz und machten dies im Durchschnitt durch die Nutzung des Extremwertes 1 „stimmt voll" kenntlich (Mittelwert = 1,84), wohingegen die Angaben der übrigen Altergruppen eher uneinheitlich waren und somit nicht signifikant wurden. Dem lässt sich entnehmen, dass gerade die jungen Eingewiesenen das Bedürfnis haben sich mit Besuchern zu umgeben und zwar länger, als dies zur Zeit möglich ist.

Des weiteren ließ sich ein statistisch-signifikanter Zusammenhang von der Deliktzugehörigkeit und den abgegebenen Antworten erkennen und es ergaben sich signifikante Gruppenunterschiede ($p<0,05$). Patienten, die angaben wegen einer *Straftat gegen das Leben* in die Klinik eingewiesen worden zu sein befanden die Besuchszeiten durchschnittlich in besonderem Maße als zu kurz (Mittelwert = 1,86), während die Befragten, die ein *Körperverletzungsdelikt* begangen haben sollen die Besuchsdauer zwar auch als zu kurz empfanden, bei der

Bewertung nutzten sie jedoch im Durchschnitt lediglich den Normalwert 2 „stimmt" (Mittelwert = 2,54) und waren damit diesbezüglich nicht ganz so unzufrieden. Ebenso wie Letztere werteten die Patienten, die eine *Sonstige Straftat*[114] verübt hatten und aufgrund dessen in das LKH Moringen gelangten (Mittelwert = 2,70).

Deliktszugehörigkeit	Arithmetisches Mittel
Straftaten gegen das Leben	1,86
Körperverletzungsdelikte	2,54
Sonstige Straftaten[115]	2,70

Tabelle 22: Zusammenhang der Deliktszugehörigkeit und der Behauptung, dass die Besuchszeiten zu kurz sind. Bei einer Skala von 1 (stimmt voll), 2 (stimmt), 3 (stimmt nicht), 4 (stimmt gar nicht).

Behauptung 3:
Die Patienten können innerhalb der Klinik ihre Rechte wahren, notfalls mit Hilfe eines Rechtsanwaltes o.ä..

	%	Anzahl
Stimmt voll	19	18
Stimmt	54	52
Stimmt nicht	16	16
Stimmt gar nicht	11	11
	100	97

Übersicht: 28

Der Maßregelvollzugspatient ist innerhalb der Einrichtung verschiedenen Weisungen und Gesetzen unterworfen nach denen er sich zu richten hat. In § 26 Nds. MVollzG werden überdies seine Grundrechte auf körperliche Unversehrtheit, auf Freiheit der Person (Art. 2 Abs. 2 GG) sowie auf die Unverletzlichkeit des Brief- und Fernmeldegeheimnisses (Art. 10 GG) eingeschränkt. Dem Patienten stehen allerdings auch zahlreiche Rechte zu, auf die er sich berufen kann. Der Freiheitsentzug darf nicht dazu führen, dass der Eingewiesene in der Wahrung dieser behindert wird. Die oben aufgestellte Behauptung soll einen Hinweis darauf geben, was die Patienten über die ihnen zustehenden Rechte wissen. So

114 Siehe S. 167 f.
115 Siehe S. 167 f.

ist es ihnen u.a. möglich, sich speziell für die Angelegenheit des Maßregelvollzuges eines Verteidigers zu bedienen (Rechtsstaatsprinzip, Art. 2, 12 GG, Art. 6 Abs. 3 c MRK) oder aber sich in einer sie betreffenden Rechtssache unbeschränkt vom Rechtsanwalt besuchen zu lassen (§ 20 Nds. MVollzG).

Zum Erhebungszeitpunkt hatten knapp drei Viertel (73%) der Befragten das Gefühl, sie könnten innerhalb der Klinik ihre Rechte wahren, notfalls mithilfe eines Rechtsanwaltes, wohingegen 27% der Teilnehmer entgegengesetzter Ansicht waren. Diese 27% könnten bedenklich stimmen, es sollte bei dieser Zahl jedoch die Situation der sich im LKH Moringen Befindlichen berücksichtigt werden. In der Klinik wird notwendigerweise auch ein gewisser Zwang auf die Untergebrachten ausgeübt – bereits der Freiheitsentzug stellt einen solchen dar. Dieser hat naturgemäß eine Wirkung auf die Patienten, in der sich der ein oder andere unterdrückt und wehrlos vorkommen mag, Einige haben vermutlich das Gefühl zu Unrecht in die Anstalt eingewiesen worden zu sein und sich dagegen nicht wehren zu können. Es liegt nahe, dass sich solche Empfindungen leicht damit vermischen, welche Möglichkeiten die psychisch Kranken tatsächlich zur Durchsetzung ihrer Rechte innerhalb der Klinik haben. Deshalb bleibt festzuhalten, dass der größte Teil der Befragten (73%) offensichtlich das Gefühl hatte sich zur Wehr setzen zu können.

Behauptung 4:
Die Patienten können unbegrenzt Briefe versenden und empfangen.

	%	Anzahl
Stimmt voll	36	36
Stimmt	54	54
Stimmt nicht	7	7
Stimmt gar nicht	3	3
	100	100

Übersicht: 29

Jeder Mensch muss die Möglichkeit haben sich gegenüber einem Vertrauten frei äußern zu können. Nicht nur zu diesem Zwecke dürfen die in einer Maßregelvollzugsanstalt Untergebrachten grundsätzlich unbegrenzten Briefverkehr pflegen: Gemäß Art. 2 Abs. 1 GG (Allgemeines Persönlichkeitsrecht) und gegebenenfalls Art. 6 GG (Schutz von Ehe und Familie) ist dem Patienten der Schriftverkehr nach außen hin zu ermöglichen. Laut Art. 5 GG hat der Untergebrachte überdies ein Recht auf freie Meinungsäußerung, auch innerhalb oder in Form eines Briefes. Zudem gilt grundsätzlich auch für den Maßregelvollzugspatienten das Briefgeheimnis (Art. 10 GG). Einschränkungen können nur per Gesetz vorgenommen werden, so wie in Niedersachsen durch § 21 Nds. MVollzG geschehen. Danach obliegt es der Klinik den Schriftverkehr der Patienten zu überwachen, zu beschränken oder anzuhalten. Das LKH Moringen macht hiervon nur sehr eingeschränkt und im Ausnahmefall Gebrauch. Dies wird bestätigt durch die Auswertungsergebnisse, wonach immerhin 90% der Befragten angaben, ihre Briefe unbegrenzt versenden und empfangen zu können. Lediglich 10% der Teilnehmer hatten das Gefühl ihr Briefverkehr werde beschränkt oder angehalten. Nach Berechnung des arithmetischen Mittels antworteten die 100 befragten Patienten durchschnittlich mit dem positiven Extremwert 1 „stimmt voll" (Mittelwert = 1,77). Nach Ansicht der Klinikleitung des LKH Moringen seien derartige Überwachungen und Eingriffe nur in extremen Fällen notwendig. So wird die Post noch nicht einmal geöffnet, sondern den Patienten grundsätzlich verschlossen überreicht, wie auch die nachfolgend aufgestellte Behauptung belegt.

Behauptung 5:
Die Post ist meist schon geöffnet, wenn die Patienten sie bekommen.

	%	Anzahl
Stimmt voll	5	5
Stimmt	5	5
Stimmt nicht	51	50
Stimmt gar nicht	39	39
	100	99

Übersicht: 30

Wiederum 90% der Teilnehmer bestätigten zum Befragungszeitpunkt, dass sie ihre Post verschlossen erreicht, wohingegen gerade mal 10% Gegenteiliges berichteten. *Volckart*[116] forderte erst unlängst, dass mit der Überwachung und Beschränkung des Schriftverkehrs im Interesse des Patienten restriktiv umgegangen werden müsse. Wenn eine Kontrolle überhaupt notwendig sei, so sollte zunächst nur eine Sichtkontrolle oder ein Ertasten auf Fremdkörper (Geld o.ä.) erfolgen. Die Öffnung eines Briefes sollte nur in Ausnahmefällen und wenn, dann in Gegenwart des Patienten geschehen. Die Praxis im LKH Moringen ist diesbezüglich restriktiv, wenngleich § 21 Nds. MVollzG andere Möglichkeiten

116 Volckart, Maßregelvollzug – Das Recht des Vollzuges der Unterbringung nach §§ 63, 64 StGB in einem Krankenhaus und in einer Erziehungsanstalt, S. 67 f.

an die Hand gibt. Laut Klinikleitung hat sich der vertrauensvolle Umgang mit diesem Thema nicht gerächt, schlechte Erfahrungen wurden bislang nicht gesammelt. Vielmehr erscheint es für das Vollzugsziel der Wiedereingliederung wichtiger dem Patienten Vertrauen, Respekt und Menschlichkeit entgegen zu bringen, als ihm immer wieder Entmündigung zu demonstrieren. Dies ist ein gutes Beispiel dafür, dass die Sicherung und Kontrolle im Maßregelvollzug nicht immer im Vordergrund stehen muss. Häufiger als vermutet fehlt hierfür die Notwendigkeit und der Mensch (Patient) sollte stattdessen in den Mittelpunkt gerückt werden.

Nichtsdestotrotz kann es von dieser Praxis des LKH Moringen notwendige Ausnahmen geben, soweit der Einzelfall dies erfordert. Die Auswertung hat ergeben, dass die Aufenthaltsdauer der Untergebrachten eine Rolle dafür spielte, wie geantwortet wurde. So konnte ein Zusammenhang zwischen den Patienten, die sich bereits seit über 10 Jahren im LKH Moringen befanden und dem Antwortverhalten festgestellt werden, der allerdings nicht signifikant wurde und somit nur eine Tendenz bezeichnet. Im Gegensatz zu 90% der Befragten gaben die Langzeitpatienten danach durchschnittlich an, ihre Post sei meist schon geöffnet, wenn diese sie erreicht (Mittelwert = 2,90). Ein Erklärungsversuch für diese Diskrepanz könnte sein, dass es sich bei den Patienten mit derart langer Aufenthaltsdauer in aller Regel um schwer heilbare Personen handelt, die einer gewissen Sicherheitsstufe bedürfen, worunter durchaus auch ein Eingreifen in den Schriftverkehr des psychisch Kranken fallen kann. Der weitaus überwiegende Teil der Befragten bestätigte jedenfalls den mündigen Umgang mit dem Patienten.

Behauptung 6:
Wenn die Patienten nach draußen telefonieren, dann meist ohne dass ein Pfleger mithört.

	%	Anzahl
Stimmt voll	34	33
Stimmt	52	50
Stimmt nicht	12	12
Stimmt gar nicht	2	2
	100	97

Übersicht: 31

Telefongespräche können laut § 21 Abs. 4 Nds. MVollzG dadurch überwacht werden, dass ein Bediensteter der Einrichtung das Gespräch mithört. Dies bildet im LKH Moringen jedoch nicht nur aus therapeutischer Sicht die Ausnahme. Die Klinik bewegt sich damit auch in diesem Fall innerhalb der Grenzen ihrer gesetzlichen Möglichkeiten. Das Bedürfnis, den Patienten möglichst voll zu überwachen und zu kontrollieren entbehrt laut Klinikleitung auch hier der Notwendigkeit. Vielversprechender ist es, dem Untergebrachten eine Privatsphäre zuzugestehen, ihm Vertrauen entgegen zu bringen und ihm im Telefongespräch die Möglichkeit zu geben, sich frei und vertraut äußern zu können. Nicht unerheblich viele Patienten innerhalb des Maßregelvollzuges sind minderbegabt, können nicht gut oder gar nicht lesen und schreiben. Für sie ist das Telefon ein wichtiges Kommunikationsmittel und ein Mittel um Kontakt zu Bezugspersonen außerhalb der Klinik aufrechterhalten zu können. Die Befragungsergebnisse bestätigen die Darstellung der Klinik: Der oben aufgestellten Behauptung stimmten 86% der Teilnehmer zu, wovon 34% sogar zu der positiven Extremantwort 1 „stimmt voll" neigten. Dagegen gaben 14% der Befragten an, nicht ohne Zuhörer telefonieren zu können. Im Durchschnitt vertraten die 97 antwortenden Patienten jedoch in besonders starkem Maße die Ansicht ohne Beaufsichtigung Telefonate führen zu können. Das arithmetische Mittel errechnete sich auf 1,82. Am häufigsten wurde bei der Beantwortung allerdings der Normalwert 2 „stimmt" von den Teilnehmern genutzt (Modalwert = 2). Nach Aussage der Klinikleitung hat die großzügige und offene Handhabung hinsichtlich des Telefonverkehrs im LKH Moringen bislang zu keinen Nachteilen geführt.

Zusammenfassung: Außenkontakte im LKH Moringen

Zusammengefasst kann gesagt werden, dass das LKH Moringen die Gesetzesbedeutung gut erfasst und umgesetzt hat. Bei den im Niedersächsischen Maßregelvollzugsgesetz enthaltenen Einzelregelungen handelt es sich nämlich tatsächlich überwiegend um Ausnahmevorschriften. Sinn und Zweck einer Vorschrift z.B. über die Kontrolle der Post, der Besuche oder ähnliches, ist nicht dass die Klinik davon auch regelmäßig Gebrauch macht. Das Entscheidende ist vielmehr, dass sie es im Notfall könnte[117]. Das hat der Gesetzgeber dadurch deutlich gemacht, indem er in § 18 Abs. 1 Nds. MVollzG eine Generalklausel für die Begrenzung der Eingriffe auf das Notwendige formuliert hat:

117 Volckart, Maßregelvollzug – Das Recht des Vollzuges der Unterbringung nach §§ 63, 64 StGB in einem psychiatrischen Krankenhaus und in einer Entziehungsanstalt, S. 40

§ 18 Nds. MVollz.G-Grundsätze für Beschränkungen, Sicherung der Unterbringung
(1) Die in diesem Gesetz zugelassenen Beschränkungen können dem Untergebrachten auferlegt werden, soweit das erforderlich ist, um das Ziel der Unterbringung auch der anderen Untergebrachten zu fördern oder um die Sicherheit oder Ordnung aufrechtzuerhalten.
....

Solche Generalklauseln sind aber häufiger auslegungsbedürftig und lassen Raum für Irritationen im Umgang mit dem Gesetz. Hier sagt die Begrifflichkeit „soweit erforderlich" beispielsweise nicht mehr, als was nach allgemeinem Verwaltungsrecht sowieso bereits gilt und muss demnach, um überhaupt eine Bedeutung zu haben, einschränkend im Sinne von „unerlässlich" ausgelegt werden[118]. Der gewünschte Ausnahmecharakter der Einzelregelungen käme besser zum Ausdruck, wenn in die jeweiligen Eingriffstatbestände neben der jeweiligen Beschränkung auch das dem Patienten zustehende Recht auf Besuch, Schriftverkehr etc. eingearbeitet würde. So käme der Generalklausel nur noch Auffangcharakter zu und für die Klinikleitung einer Maßregelvollzugsanstalt, die in aller Regel juristischer Laie ist, wird verständlicher worauf es dem Gesetzgeber ankommt. Andere Bundesländer haben dies bereits beherzigt, so räumt z.B. Bremen seinen Maßregelvollzugspatienten in § 27 Abs. 1 PsychKG ausdrücklich ein Recht auf Postverkehr ein, während es zeitgleich in § 20 PsychKG eine Generalklausel hinsichtlich der Rechtsstellung des Patienten bereithält. Für das LKH Moringen war eine Verdeutlichung des Gesetzgeberwillens offensichtlich nicht notwendig. Die Befragung hat den restriktiven Umgang der Klinik mit den gesetzlichen Einzelregelungen bestätigt. Hier zeigt sich aber auch, wie lohnend eine solche Patientenbefragung tatsächlich ist. Eine Klinik in der 90% der Untergebrachten ihre Post geöffnet erhalten, hat den Regelinhalt des Gesetzes nicht verstanden oder wendet ihn zumindest falsch an.

In der Gesamtbeurteilung bewerteten die Eingewiesenen die Außenkontakte im LKH Moringen auf einer Skala von 1 (sehr gut) bis 5 (mangelhaft) im Durchschnitt mit knapp „gut". Das arithmetische Mittel wurde errechnet auf 2,72.

IX. Information und Aufklärung im LKH Moringen

Die Patienten in der Maßregelvollzugsanstalt über ihre Rechte, Behandlungen und ggf. Medikamente zu informieren und aufzuklären – ist das überhaupt not-

118 Volckart, Maßregelvollzug – Das Recht des Vollzuges der Unterbringung nach §§ 63, 64 StGB in einem psychiatrischen Krankenhaus und in einer Entziehungsanstalt, S. 44

wendig mag sich so mancher fragen? Therapeutisch ist es das allemal, denn je mehr der psychisch Kranke über das was ihm in der Klinik wiederfährt, weiß und versteht, desto motivierter wird er an seinem Wiedereingliederungsprozess mitarbeiten. Es besteht aber auch eine gesetzliche Notwendigkeit, den Eingewiesenen zu informieren und aufzuklären. Wie bereits festgestellt ist der Maßregelvollzugpatienten mit Eintritt in die Anstalt nicht rechtlos gestellt, auch innerhalb des Krankenhauses stehen ihm Grund- und Menschenrechte zu und alle Eingriffe, die über den reinen Freiheitsentzug hinausgehen bedürfen einer besonderen gesetzlichen Regelung. Hinsichtlich der Aufklärung wird dem Patienten in Niedersachsen ausdrücklich ein Anspruch darauf gewährt – es besteht eine Aufklärungspflicht (§ 8 Abs. 2 Nds. MVollzG). Aufklärende und informatorische Gespräche mit dem Unterbebrachten sollen nicht zuletzt und nach Möglichkeit auf eine Einwilligung desselben zur Maßnahme hinzielen. Die folgenden in der Befragung aufgestellten Behauptungen sollen einen Einblick auf die gängige Aufklärungs- und Informationspraxis innerhalb des LKH Moringen geben.

Behauptung 1:
Bevor die Klinik den Patienten eine Lockerung verwehrt, werden diese dazu angehört.

	%	Anzahl
Stimmt voll	13	13
Stimmt	55	53
Stimmt nicht	21	21
Stimmt gar nicht	11	11
	100	98

Übersicht: 32

Gemäß § 28 VwVfG ist die Klinikleitung verpflichtet den Betroffenen anzuhören bevor sie eine für ihn nachteilige Maßnahme erlässt oder ihm eine begünstigende Maßnahme verwehrt. Dies soll dem Patienten die Gelegenheit geben zu erfahren worüber die Verantwortlichen bei ihrer Entscheidungsfindung nachdenken und sich gegebenenfalls dazu äußern können. Außerdem gibt es dem Betroffenen das therapeutisch wertvolle Gefühl ernst genommen zu werden und seinen Genesungsverlauf beeinflussen zu können. Zum Befragungszeitpunkt waren knapp zwei Drittel (68%) der Teilnehmer der Überzeugung angehört zu werden, bevor eine von ihnen beantragte Lockerung abgelehnt wird. 32% gaben dagegen an, sich nicht dazu äußern zu können, bevor ihnen eine solche verwehrt wird. In Anbetracht dieser Zahlen wäre es dem LKH Moringen anzuraten das klinikinterne Genehmigungsverfahren bei Lockerungen einer Überprüfung zu unterziehen, um so festzustellen inwieweit die gesetzlich vorgeschriebene Anhörung gegenüber dem Patienten auch lückenlos durchgeführt wird. Eine, wenn auch möglicherweise nur teilweise, lockere Handhabung dessen ist nicht akzeptabel, da es gegen geltendes Recht verstoßen würde. Die 32 Patienten, die angaben, sich vor der Versagung ihres Lockerungsantrages hierzu nicht äußern zu können, stellen jedoch allenfalls ein Indiz für Verbesserungsbedarf im LKH Moringen dar. Denn Voraussetzung ist natürlich stets, dass der Patient zu einer Anhörung auch gesundheitlich in der Lage ist. Nach dem vorliegenden Befragungsergebnis lohnt es sich jedenfalls einen genaueren Blick auf die aktuelle Genehmigungspraxis innerhalb der Einrichtung zu werfen.

Behauptung 2:
Bei einer solchen Anhörung haben die Patienten das Gefühl, dass sie die Entscheidung über die Lockerung auch wirklich beeinflussen können.

	%	Anzahl
Stimmt voll	5	5
Stimmt	34	32
Stimmt nicht	42	40
Stimmt gar nicht	19	18
	100	95

Übersicht: 33

Mit dieser Behauptung soll herausgestellt werden wie die Eingewiesenen die Anhörung empfinden. Fühlen sie sich dabei ernst genommen, stellt dies eine Motivation im Genesungsprozess des Einzelnen dar, was wiederum dem Wiedereingliederungsgedanken dienlich ist. Bei der Befragungsaktion machten 5 Teilnehmer zu dieser Behauptung keine Angabe, so dass sie aus der Wertung herausgenommen wurden. Die übrigen Befragten hatten im Durchschnitt das Gefühl, die Entscheidung über ihre Lockerung auch wirklich beeinflussen zu können. Das arithmetische Mittel errechnete sich auf 2,75, wobei der Modalwert allerdings bei 3 lag, was bedeutet, dass am häufigsten der Wert 3 „stimmt nicht“ angekreuzt wurde. Dies spiegelt sich auch in der prozentualen Verteilung wieder: nur 39% der Patienten gaben an die Entscheidung über ihren Lockerungsantrag auch beeinflussen zu können, während ein weitaus größerer Teil (61%) nicht das Gefühl hatte über die Anhörung tatsächlich Einfluss darauf nehmen zu können. Auffällig ist, dass gerade Patienten im Alter von 41 bis 50 Jahren das Gefühl vermissten, in der Anhörung etwas bewirken zu können. Es konnte ein signifikanter Zusammenhang von Patienten diesen Alters und der Beantwortung der Behauptung festgestellt werden ($p<0,05$).

Alter in Jahren	Arithmetisches Mittel
21-30	2,71
31-40	2,56
41-50	3,09
ab 51	2,92

Tabelle 23: Zusammenhang zwischen dem Alter und der Behauptung, dass bei einer solchen Anhörung die Patienten das Gefühl haben, dass sie die Entscheidung über die Lockerung auch wirklich beeinflussen können. Bei einer Skala von 1 (stimmt voll), 2 (stimmt), 3 (stimmt nicht), 4 (stimmt gar nicht).

Die Ergebnisse weisen daraufhin, dass das Verfahren der Anhörung im LKH Moringen optimiert werden kann. Eine Lockerung muss natürlich stets unter Abwägung aller Gegebenheiten und Umstände Sinn machen und vor allem den Sicherheitserfordernissen für die Bevölkerung entsprechen. Der Patient wird den ablehnenden Bescheid seines Lockerungsantrages naturgemäß mit Missmut aufnehmen, so dass er das Gefühl hat nicht richtig gehört worden zu sein. An dieser Stelle könnte vermehrt die Bemühung unternommen werden, dem Antragsteller die negative Entscheidung zu erklären. Dies erfordert sicherlich einen gewissen Zeitaufwand, der sich jedoch voraussichtlich im Laufe des Genesungsprozesses bezahlt machen wird. Je verstandener und zufriedener sich der Untergebrachte fühlt, desto motivierter wird er an seiner Heilung teilnehmen.

Behauptung 3:
Die Patienten sind über ihre Rechte, die ihnen innerhalb der Klinik zustehen, nicht gut aufgeklärt.

	%	Anzahl
Stimmt voll	25	25
Stimmt	43	42
Stimmt nicht	25	25
Stimmt gar nicht	7	7
	100	99

Übersicht: 34

Gemäß § 2 Abs. 3 Nds. MVollzG ist der Untergebrachte unverzüglich über die ihm zustehenden Rechte zu unterrichten. Auch aus der Fürsorgepflicht der Klinik ergibt sich, dass dem Patienten dessen Rechte klar gemacht werden müssen. Die Belehrung über seine Rechte ist dabei quasi eine Daueraufgabe und sollte deswegen regelmäßig wiederholt werden. Die Maßregelvollzugsanstalt sollte sich dabei nicht scheuen, den Eingewiesenen aufzuklären, so manche Klinikleitung mag damit restriktiv umgehen, weil zusätzliche Probleme durch renitente Patienten erwartet werden. Es kommt dem aber, neben der gesetzlichen Notwendigkeit, auch ein nicht unerheblicher therapeutischer Effekt zugute, wenn der Patient das Bewusstsein erlangt sich nicht hilflos gegenüber dem behandelnden Personal zu sehen, sondern sich im Zweifel dagegen zur Wehr setzen zu können. Im LKH Moringen hielten sich nach der Auswertung mehr als zwei Drittel (68%) der Befragten für nicht gut aufgeklärt bezüglich der ihnen zustehenden Rechte, lediglich 32% sahen dies anders. Immerhin ein Viertel (25%) der Befragten fühlte sich diesbezüglich sogar ganz besonders schlecht informiert und machte deswegen von dem negativen Extremwert 1 „stimmt voll" Gebrauch. Diese Ergebnisse offenbaren Handlungsbedarf. Selbst wenn die im LKH Moringen Untergebrachten am Tag der Aufnahme bzw. in den folgenden Tagen Informationen über die ihnen zustehenden Rechte erhalten, so reicht dies offensichtlich nicht für die Dauer des gesamten Aufenthaltes aus, sondern bedarf der regelmäßigen Wiederholung und Auffrischung.

Die Auswertung hat überdies signifikante Gruppenunterschiede hinsichtlich der Deliktszugehörigkeit der Patienten erkennen lassen. Danach bestehen signifikante Unterschiede zwischen den Untergebrachten, die eine *Straftat gegen das Leben* verübt haben und denjenigen, die angaben wegen *Sonstiger Straftaten*[119] in das LKH Moringen eingewiesen worden zu sein ($p<0,05$). Erstere hielten sich in besonderem Maße schlecht aufgeklärt, indem sie durchschnittlich den Extremwert 1 „stimmt voll" zur Beantwortung der Behauptung verwandten (Mittelwert = 1,69), wohingegen Letztere sich zwar auch für nicht gut aufgeklärt befanden, sie nutzten bei der Antwortgebung allerdings lediglich den Normalwert 2 „stimmt" (Mittelwert = 2,48).

Der Maßregelvollzugspatient muss sich nicht zwangsläufig jedweder Behandlung unterwerfen, die ihm angetragen wird. So wäre zum beispielsweise eine medikamentöse Zwangsbehandlung ohne Ankündigung derselben in einem mit dem Patienten erörterten Therapieplan unverhältnismäßig und damit unzu-

119 Siehe S. 167 f.

Behauptung 4:
Vor einer Zwangsbehandlung könnten die Patienten grundsätzlich zunächst eine gerichtliche Entscheidung darüber herbeiführen.

	%	Anzahl
Stimmt voll	6	6
Stimmt	30	28
Stimmt nicht	45	43
Stimmt gar nicht	19	18
	100	95

Übersicht: 35

lässig[120]. Gemäß Art. 19 Abs. 4 GG muss der Untergebrachte vielmehr die Gelegenheit haben, darüber eine gerichtliche Entscheidung zu erzielen. Die oben aufgestellte Behauptung zielt darauf ab herauszufinden, inwieweit die Patienten hiervon Kenntnis haben. Die Auswertungsergebnisse sprechen eine deutliche Sprache: 64% der Teilnehmer waren sich zum Befragungszeitpunkt nicht im Klaren darüber, dass sie bei einer ihnen bevorstehenden Zwangsmaßnahme zunächst eine gerichtliche Entscheidung darüber herbeiführen könnten. Lediglich etwas mehr als einem Drittel (36%) der Befragten war dies bekannt. Auch hier antwortete wiederum ein verhältnismäßig großer Teil (19%) der Patienten mit dem extremen Negativwert 4 „stimmt gar nicht", was verdeutlicht, dass von 18 Teilnehmern in besonderem Maße keine Möglichkeit gesehen wurde gegen eine drohende Zwangsmaßnahme vorzugehen. Diese Ergebnisse weisen nochmals auf zu geringe Aufklärungsarbeit innerhalb des LKH Moringen hin. Die Eingewiesenen sind sich offensichtlich nicht klar darüber, welche Möglichkeiten ihnen bei den jeweiligen Eingriffen zustehen. Wenn aber zwei Drittel der Befragten nicht wissen, dass und wie sie gegen eine sie belastende Maßnahme vorgehen können bedeutet das nicht zuletzt, dass eben diese sich hilflos, unterdrückt, machtlos und der Willkür ausgesetzt fühlen müssen. Dem LKH Moringen sei angeraten an dieser Stelle Veränderungen vorzunehmen. Haben die Patienten erst einmal Kenntnis von den ihnen zustehenden Rechten, wissen diese offensichtlich auch grundlegend mit deren Durchsetzung umzugehen. Darauf lassen zumindest die Antworten auf die nächste Behauptung schließen.

120 Volckart, Maßregelvollzug – Das Recht des Vollzuges der Unterbringung nach §§ 63, 64 StGB in einem Krankenhaus und in einer Entziehungsanstalt, S. 169

Behauptung 5:
Die Patienten wissen, an wen sie sich zu wenden haben, wenn sie eine Beschwerde haben.

	%	Anzahl
Stimmt voll	17	16
Stimmt	56	54
Stimmt nicht	20	19
Stimmt gar nicht	7	7
	100	96

Übersicht: 36

Es soll herausgestellt werden, ob die Untergebrachten wissen, wie sie die ihnen zustehenden Rechte durchsetzen können. Dazu benötigen sie eine Anlaufstelle, die ihre Beschwerden entgegennimmt. Hierfür muss sich personell jemand zuständig fühlen und das jeweilige Anliegen an die richtigen Stellen weiterleiten. Dieses selbstverantwortliche Handeln der Eingewiesenen beinhaltet auch wiederum einen therapeutischen Effekt. Die Auswertung hat ergeben, dass knapp drei Viertel (73%) der Befragten wussten, an wen sie sich im Falle einer Beschwerde zu richten haben, lediglich 27% waren sich nicht im Klaren darüber. Eine verhältnismäßig große Zahl von Teilnehmern (17%) wusste sogar besonders genau, wer hierfür zuständig ist und nutzten bei der Beantwortung den Extremwert 1 „stimmt voll". Interessanterweise konnte ein signifikanter Zusammenhang von Patienten mit einer Aufenthaltsdauer von über 10 Jahren in der Klinik und dem Antwortverhalten festgestellt werden ($p<0,05$), wie die folgende Tabelle zeigt:

Durchschnittliche Aufenthaltsdauer	Arithmetisches Mittel
bis 1 Jahr	2,42
> 1 Jahr bis 5 Jahre	2,17
> 5 Jahre bis 10 Jahre	2,31
> 10 Jahre	1,83

Tabelle 24: Zusammenhang zwischen der Aufenthaltsdauer und der Behauptung, dass die Patienten wissen, an wen sie sich zu wenden haben, wenn sie eine Beschwerde haben. Bei einer Skala von 1 (stimmt voll), 2 (stimmt), 3 (stimmt nicht), 4 (stimmt gar nicht).

Die Befragten, die sich zum Befragungszeitpunkt bereits länger als 10 Jahre im LKH Moringen befanden, wussten durchschnittlich in besonderem Maße an wen sie sich mit einer Beschwerde zu wenden haben (Mittelwert = 1,83). Dieses Ergebnis überrascht nur wenig, naturgemäß kennen sich die Eingewiesenen mit der längsten Aufenthaltsdauer auch am besten mit den Gegebenheiten und Umständen in der Klinik aus. Im Laufe der Zeit lassen sich Wissenslücken immer weiter schließen. Wobei bedacht werden muss, dass auch diejenigen Patienten mit kürzerer Unterbringungsdauer von z.B. bis zu 1 Jahr noch das Gefühl hatten, sie wissen an wen sie sich zu wenden haben (Mittelwert = 2,42). Bei den 26 Befragten, die sich nach den Auswertungsergebnissen im Falle einer Beschwerde nicht zu helfen wussten, müssen Krankheitsbilder die Störungen der Konzentrationsfähigkeit und der Auffassungsgabe beinhalten, berücksichtigt werden. Nicht jeder psychisch Kranke ist in der Lage, sich etwas langanhaltend oder auch nur kurzfristig zu merken.

Behauptung 6:
Die Patienten fühlen sich über ihre Behandlung und Medikamente schlecht aufgeklärt.

	%	Anzahl
Stimmt voll	20	19
Stimmt	44	42
Stimmt nicht	26	25
Stimmt gar nicht	10	10
	100	96

Übersicht: 37

Wie bereits dargestellt unterliegen die Maßregelvollzugspatienten in den Einrichtungen hoheitlichen Maßnahmen, über die sie sich eine Meinung und einen eigenen Willen bilden können müssen. Hierfür ist die Aufklärung notwendig. Zur weiteren Erinnerung sei ausgeführt, dass sich die ärztliche Aufklärungspflicht zum einen aus § 8 Abs. 2 Nds. MVollzG sowie aus dem Grundrecht des Patienten auf körperliche Unversehrtheit und dem allgemeinen Persönlichkeitsrecht ergibt, zum anderen lässt es sich aus dem analog anwendbaren Arztvertragsrecht ableiten. § 7 Abs. 3 Nds. MVollzG regelt darüber hinaus, dass der jeweilige Behandlungsplan mit dem Untergebrachten zu erörtern ist. Wie gut sich die Patienten im LKH Moringen tatsächlich hinsichtlich ihrer Behandlung und der ihnen verabreichten Medikamente aufgeklärt fühlen, soll mit Hilfe der oben aufgestellten Behauptung geklärt werden. Danach gaben 64% der Befragten an, sich über ihre Behandlung und Medikamente schlecht aufgeklärt zu fühlen, wohingegen sich etwas mehr als ein Drittel (36%) der Teilnehmer diesbezüglich für gut informiert hielt. Die Ergebnisse lassen erkennen, dass sich die Aufklärungspraxis des LKH Moringen auch in diesem Fall optimieren lässt. Selbst wenn die Patienten objektiv und tatsächlich über ihre Behandlungen und Medikamente informiert werden, so muss nach den Auswertungsergebnissen zur Kenntnis genommen werden, dass ein großer Teil der Untergebrachten hiervon nicht viel behält oder gar versteht. Das Personal könnte sich mehr Zeit für die Aufklärungsgespräche nehmen und dabei den Zielgedanken deutlicher machen. Möglicherweise ist es sinnvoll dies nach gegebener Zeit zu wiederholen, um dem Patienten Gesagtes erneut in Erinnerung zu rufen. Es sollte auch ruhig verstärkt nachgefragt werden, ob der psychisch Kranke die Aufklärung verstanden hat. Den Eingewiesenen im Unklaren zu lassen mag zunächst bequem und zeitsparend erscheinen, ist aber kontraproduktiv für dessen Motivation.

Die Auswertung ließ überdies signifikante Gruppenunterschiede hinsichtlich der Deliktszugehörigkeit der Patienten erkennen. Danach bestehen signifikante Unterschiede zwischen den Untergebrachten, die eine *Straftat gegen das Leben* verübt haben, denjenigen, die angaben wegen *Sonstiger Straftaten*[121] in das LKH Moringen eingewiesen worden zu sein, sowie zwischen denen, die ein *Sexualdelikt* verübt haben ($p<0,05$). Erstere hielten sich in Bezug auf ihre Behandlung und Medikamente in besonderem Maße schlecht aufgeklärt, indem sie durchschnittlich den Extremwert 1 „stimmt voll" zur Beantwortung der Behauptung verwandten (Mittelwert = 1,92), wohingegen sich die Patienten, die eine *Sonstige Straftat* begangen haben sowie die *Sexualstraftäter* sich zwar auch für nicht gut aufgeklärt befanden, sie nutzten bei der Antwortgebung allerdings lediglich den Normalwert 2 „stimmt" (Mittelwert = 2,59 und 2,04).

In der Gesamtbeurteilung bewerteten die Patienten die Information und Aufklärung im LKH Moringen auf einer Skala von 1 (sehr gut) bis 5 (mangelhaft) im Durchschnitt mit „befriedigend". Das arithmetische Mittel errechnete sich auf 3,04. Bei der Beantwortung spielte offensichtlich in gewisser Weise das Geschlecht eine Rolle. So konnte ein tendenzieller Unterschied zwischen männlichen und weiblichen Teilnehmern festgestellt werden, der jedoch nicht signifikant wurde. Die Männer stellten dem LKH Moringen in der Gesamtbeurteilung durchschnittlich ein leicht besseres Zeugnis aus (Mittelwert = 3,02), als die Frauen (Mittelwert = 3,33). Danach fühlen sich die weiblichen Patienten tendenziell weniger gut aufgeklärt und informiert als die männlichen. Bei Verbesserungsbemühungen würde es sich daher lohnen, einen besonderen Fokus auf die in der Klinik untergebrachten Frauen zu richten.

---

121 Siehe S. 167 f.

X. Gesamtbeurteilung des Aufenthaltes im LKH Moringen

Nachdem die Patienten zu zahlreichen Behauptungen Stellung genommen haben, sollte ihnen nunmehr die Möglichkeit zuteil werden, ein pauschales Urteil über das LKH Moringen fällen zu können. Danach bewerteten zwei Drittel (66%) (64) der Befragten den Aufenthalt in der Klinik schlussendlich als besser als erwartet, während 34% (33) dies gerade nicht so empfanden. 41% (39) der Patienten sahen sich gar als Störfaktor in der Anstalt, was jedoch wiederum von 59% (57) der Teilnehmer nicht so gesehen wurde. Bei der Gesamtbeurteilung der Klinik vergaben die Untergebrachten im Durchschnitt knapp die Note „gut" (Mittelwert = 2,88), bei einer Bewertungsskala von 1 (sehr gut) bis 5 (mangelhaft). Dabei ergab sich ein signifikanter Unterschied zwischen den Geschlechtern ($p>0,05$). Die Frauen bewerteten das LKH Moringen insgesamt im Durchschnitt etwas kritischer (Mittelwert = 3,33), als die Männer (Mittelwert = 2,85). Das mag daran liegen, dass sich die Klinikstruktur letztendlich mehr nach den Bedürfnissen der in der starken Überzahl befindlichen männlichen Patienten richtet. Die Patientenpopulation setzt sich lediglich zu 7% aus Frauen und zu 93% aus Männern zusammen. Dennoch sollten die Belange der weiblichen Patienten nicht gänzlich vernachlässigt werden, wie schon an anderer Stelle näher ausgeführt[122]. Dass für die Frauen gewisse Defizite bestehen, scheint unverkennbar der Fall zu sein.

XI. Freie Meinungsäußerung

Ein Fragebogen ist mit seinen vorgegebenen Fragen und Behauptungen zwangsläufig relativ starr. Dem Befragten sind bei der Beantwortung praktisch keine Abweichungen erlaubt. Für den Fall, dass dem Teilnehmer bei der Erhebung ein Aspekt zu kurz gekommen ist, wurde ihm daher zu guter letzt Raum für freie Meinungsäußerung und persönliche Anmerkungen gegeben. Anders als im Pre-Test nutzten in der Hauptuntersuchung verhältnismäßig Viele diese Gelegenheit. Es folgt ein Einblick in die wesentlichen Aussagen sowie in besondere Auffälligkeiten der Angaben. Die in den nachfolgenden Tabellen aufgeführten Antworten wurden jeweils in der Darstellung nicht verfälscht, sondern stets zitatgenau übernommen. Lediglich Rechtschreibfehler wurden korrigiert und Doppelnennungen vermieden. Die vollständigen Auflistungen und Tabellierungen mit Zuordnung der entsprechenden Fragebögen befinden sich im Anhang der Arbeit.

---

122 siehe S. 97 f.

Um dem Patienten die eigenen Gedankengänge zu erleichtern, boten sich ihm drei Rubriken:

In der Rubrik „**Besonders gut gefällt mir:**“ machten 26 der 100 Befragten keine Angabe, so dass diese in der Bewertung unberücksichtigt gelassen wurden. Bei der Beantwortung zeichneten sich drei zentrale Hauptthemen ab, die für die Teilnehmer offensichtlich von Bedeutung waren: die **Beschäftigung**, die **Behandlung** sowie das **Personal**. 35% (31) der Untergebrachten gefiel eine bestimmte Art der Beschäftigung, der sie innerhalb oder teilweise auch außerhalb der Klinik nachgehen können. 20% (15) der Patienten hoben die Behandlung im Allgemeinen oder auch im Konkreten hervor, wohingegen 14% (10) in irgendeiner Form das Engagement und die Unterstützung des Personals besonders lobten.

Besonders gut gefällt mir:

Beschäftigung: Angebote, z.B. Hochseefahrten, Wanderung; Besonders gut würde ich finden, dass viele Patienten Tiere halten dürften; BT-Möglichkeiten aller Art; Das Freizeitangebot; Das regelmäßige Kochen mit der Hauswirtschaftlerin; Das Sportangebot der Klinik; Arbeit, den Fertigkeiten entsprechend gefördert werden; Stationsfahrten über mehrere Tage außerhalb des LKH's; Sportmöglichkeiten; Dass es, wenn es Fahrten gibt, sei es Tages- oder Mehrtagesfahrten, sie gut organisiert sind; Dass ich mich für viele Aktivitäten entscheiden kann. Malen, Bildhauen, Mauernsegeln, Kochen, Sport, Schwimmen usw.; Dass man eine Arbeit hat; Die Teestube; Dass wir viele Möglichkeiten haben, dass wir mit der Station sehr viele Aktivitäten machen; Den Versuch kreative Arbeit zu fördern; Die einzelnen Aktivitäten, wie Freizeit, Fahrradfahren, Wandern; Kleine Aktivitäten und Mehrtagesaktivitäten mit Übernachtung; Diskobesuch im Plaza; Kleinere Aktivitäten und Mehrtagesaktivitäten; Freistundenhof; Sommerfreistunde; Spielkreis; Schwimmbad; In der Gärtnerei zu arbeiten; Musikgruppe; Reitertouren; Dass das Pflegepersonal sehr viel Veranstaltungen macht oder organisiert; Sportangebote; Stationsfreizeitfahrt 1mal im Jahr.

Behandlung: Behandlung; Auch finde ich es gut, wenn man einen Psychologen haben möchte ist es, zwar nach langer Zeit, möglich einen zu bekommen; Dass eine Zusammenarbeit mit den Angehörigen stattfindet und auch gut ist; Dass ich 2mal die Woche Einzelgespräch habe; Dass ich einen Therapeuten habe, der voll eingeht auf meine Schwierigkeiten. Sowie die Ärzte insgesamt sich gut um einen kümmern; Dass man hier Gespräche bekommt, wenn es einem nicht so besonders gut geht; Dass die einen unterstützen, wenn man Probleme hat; Die Behandlung; Die Gespräche mit dem Therapeuten; Gespräche mit Personal; Intensive Behandlung; Dass es das Tierprojekt gibt; Mir gefällt besonders gut, dass ich oft in meinen Zukunftsplänen unterstützt werde. Und dass ich von hier meine familiären Kontakte hegen und pflegen kann; Therapeutisches Angebot (Einzeltherapie-Gespräche).

Personal: Auf dem A-Bereich konnte ich gut mit dem Pflegepersonal reden; Dass man bei einigem Personal gut ein Vertrauen aufbauen kann. Vielleicht auch eine gute Freundschaft. Das gilt nicht bei jedem; Dass Ärzte und Psychologen gemeinsam stehen in ihren Fragen; Diskussionsbereitschaft bzw. Verständnis einiger Pfleger; Die Hilfe und Mithilfe des Personals in schwierigen Situationen; Die Machtkämpfe mit dem Pflegepersonal; Machtkämpfe mit Personal; Manche

Pfleger und Schwestern machen ihren Job, weil sie helfen wollen und davon gibt es zu wenig; Sollte ein persönliches Gespräch nötig sein, egal wie spät, ist dieses wohl möglich.

Tabelle 25: Freie Meinungsäußerung I – Beschäftigung, Behandlung und Personal

Es ergaben sich aber auch mehrere kleine Gruppen, die die Patienten im Zuge der Befragung lobend hervorhoben. So sprachen sich 5% (4) der Teilnehmer positiv für das Essen bzw. die Selbstverpflegungsmöglichkeiten aus, 8% (6) der Befragten bewerteten die (Einzel-)Zimmer bzw. das Gelände und die Stationen als besonders gut. 5% (4) der Untergebrachten schätzten die Anwesenheit von weiblichen Patienten innerhalb der Klinik und die Möglichkeit Partnerschaften führen zu können. Ein größerer Teil der Antworten konnte aufgrund seiner Individualität unter der Überschrift „Sonstiges“ zusammengefasst werden. Hierin wurden u.a. die Freistundenzeiten im LKH Moringen lobend erwähnt, die länger seien, als die gesetzlich vorgeschriebenen. 5% (4) Patienten empfanden „(gar) nichts“ als besonders gut in der Klinik, während einer angab in der Klinik noch als Mensch behandelt zu werden. Ein weiterer Teilnehmer war der Ansicht, seine Meinung hier nicht vertreten zu können.

Besonders gut gefällt mir:
Sonstiges: Abschließmöglichkeit von Sachen; Kabelanschluss für Fernseher; Da ich absoluter Gegner forensischer Kliniken bin, möchte ich mich diesbezüglicherweise nicht objektiv äußern. Ich akzeptiere absolut bei kriminellen Verstößen gegen das StGB, dass ich verurteilt werde. Aber bitte dann zur Gefängnisstrafe. Und nicht aufgrund psychologischer, dilettantischer Begutachtung. Wie gesagt, ich spreche hier von meiner Person; Das Besuchsangebot (Besucher); Das LKH Moringen ist meiner Meinung nach besser, als andere LKH's oder psychiatrische Anstalten. Außerdem ist Moringen eine Kleinstadt und man erlebt weniger, als wie z.B. Hannover oder Göttingen; Es muss viel mehr für die schwachen Patienten gemacht werden; Dass Außenkontakte nach Möglichkeit gefördert werden; Dass es keine vorgeschriebenen Zeiten gibt, wann man ins Bett gehen muss; Dass es Seelsorger gibt; Dass es vereinzelt Perspektiven für mich gibt und dass es Taschengeld gibt; Dass ich eine feste Tagesstruktur für mich gut ausüben kann; Die Förderung von Kontakten zwischen den Patienten bzw. nach außen; Dass ich in der WG "eingesperrt" bin; Dass man hier was lernen kann mit der Zeit; Dass man, wenn man an sich arbeitet, vorankommt und die Änderungen sieht und auch mit mehr Freizeit fordert; Dass wir mehr Freistunden haben, als rechtlich vorgeschrieben; Der Verdienst in der Arbeitstherapie; Besitz von Computern; Die Freistunden-Zeiten im LKH; Die Lockerungen; Freie Entfaltung bei den Hobbies und der Gestaltung des eigenen Lebensraumes; Gar nichts; Dass man öfter mit den Problemen besser umgehen kann; Ich bin das zweite Mal hier in Moringen und es läuft für mich besser, als in der ersten Unterbringung; Ich habe 11 Jahre Psychiatrie-Erlebnisse, auch seit gut 7 Jahren forensische Erlebnisse. Beide sind sehr unmenschlich, besonders chaotisch; Im Großen und Ganzen bin ich zufrieden; Kann meine Meinung nicht vertreten!; Lockerungen; Außenkontakte; Man wird hier noch als Mensch behandelt; Mehr Zeit für Patienten/innen; Nichts erwähnens-

wertes zu vermelden; Nichts; Nichts; Schnelle Lockerungen, z.B. Einzeleinkauf; Möglichkeiten (selber) überhaupt Wäsche zu waschen.

Tabelle 26: Freie Meinungsäußerung I – Sonstiges

In der Rubrik „**Einige Dinge haben mir nicht so gut gefallen:**“ machten 31 der 100 Befragten keine Angabe und blieben damit in der Wertung unberücksichtigt. Die übrigen Teilnehmer ließen eine deutlichen Tendenz in Bezug auf das **Personal** erkennen – immerhin 44% (30) hatten die Pfleger/innen, Ärzte/innen und/oder Psychologen/innen in irgendeiner Art zu kritisieren. Bemängelt wurde dabei vorwiegend der Umgang des Personals miteinander bzw. mit den Patienten, einige der Befragten fühlten sich ungerecht behandelt oder nicht ernst genommen. Teilweise wurde dem Pflegepersonal vorgeworfen, übermäßig ihre Macht zu demonstrieren und ein Patient fühlte sich gar schikaniert, ein Einzelner gab an, es käme zu Misshandlungen, andere Teilnehmer waren der Ansicht, es gäbe zu wenig Therapeuten in der Klinik.

Einige Dinge haben mir nicht so gut gefallen:
Personal: Auf Beschwerden wird schlecht reagiert; Auf den Wachsälen hat sich das Personal kaum zum Gespräch angeboten; Das Verhältnis Patient/innen zu Personal; Dass ein paar Pfleger nur ihre Lieblingspatienten/in rauspicken und gute Sachen mit ihnen reden; Dass es zu wenige Therapeuten gibt; Dass manche Pfleger die Patienten unter Druck setzen; Nicht genug ernst genommen werden; Dass manche Pfleger nur hier arbeiten, um Geld zu bekommen; Dass neue Ideen auf den Patienten abgewälzt werden, ohne diese mit denen zu bereden; Dass manche Doktoren die Patienten nicht für voll nehmen. So nach dem Motto: "Ich Doktore, du nix!" Bei manchen vom Personal ist es genauso; Dass sie es einem nicht glauben, wenn man die Wahrheit sagt; Der Klinikleiter sollte mit einem Patienten sprechen, wenn es Bedarf gibt. Das vermisse ich; Dass einige Pfleger gerne ihre Macht ausleben und unkontrolliert demonstrieren; Gleichgültigkeit ggü dem Patienten, nach dem Motto: mein Geld bekomme ich auch, wenn sie hier sterben; Machtkämpfe zwischen den Mitarbeitern: Wer hat mehr zu sagen?; Einige Pfleger behandeln uns wie Tiere, die man nicht füttern darf!; Es gibt zu wenige Therapeuten/Psychologen im Hause mit denen man Therapie machen könnte (zu viele Patienten haben keinen Therapeuten für Einzelgespräche); Zuviel Drogen befinden sich im Hause; Es sollte mehr gutes Pflegepersonal geben; Im 63er-Bereich zu wenig Einzeltherapie / -peuten/in; Therapeuten werden nicht ernst genommen (die Meinung); Letzte Zeit keine Rückfragen durch das Personal; Lange Wartezeit Einzelgesprächstherapeuten; Manche Sozialarbeiter ruhen sich zu dolle aus; Meist nicht qualifiziertes Personal; Mir gefällt es nicht, dass man oft das Gefühl hat, dass Pfleger oft mehr zu sagen haben als Ärzte oder Psychologen; Personal (Fehler machen und nicht mal sich entschuldigen); Pfleger als Rechtsradikale; Provokation von Personal und Ärzten; Sichtliche Überforderung bzw. Arbeitsunlust einiger Pfleger und Ärzte; Unverständnis und Begriffsstutzigkeit der Ärzte; Schiebereien zwischen Personal und Patienten; Streitigkeiten mit Personal und Patienten; Teamunfähigkeit auf Stationen (Arzt – Psychologe – Stationspflegepersonal); Kompe-

tenzkämpfe; Zu wenig Vertrauen ggü den Patienten; (Nachweisbare) Schikanen auf der Station 03; Misshandlung durch Pflegepersonal.

Tabelle 27: Freie Meinungsäußerung II – Personal

15% (10) der Befragten übten dagegen Kritik an der Behandlung, davon die Hälfte (5) in der Form, dass sie (lange) Aufenthalte auf der Wachstation bemängelten. 7% (5) der Teilnehmer monierten Ungerechtigkeiten, wohingegen weitere 6% (4) die Medikation und 7% (5) die Missachtung von (Menschen-) Rechten kritisierten. Für 6% (4) der Befragten waren die Sanktionen im LKH Moringen kritikwürdig.

Einige Dinge haben mir nicht so gut gefallen:
Behandlung: Dass bei jeder Auseinandersetzung man auf die Wachstation kommt. Das ist im Knast besser; Dass die Therapien hier so lange hinausgezögert werden, denn die Zeit ließe sich hier erheblich verkürzen; Dass ich Wochen auf der Wachstation verbringen musste; Die angebotenen Nahrungsmittel sind zu einseitig bzw. Essen aus der Hauptküche ist m.E. therapeutisch unsinnig; Die Betreuung von Psychosepatienten auf der Wachstation ist eine Katastrophe; Lange Aufenthalte auf dem Wachsaal. **Ungerechtigkeiten:** Behauptungen, Verleumdungen; Benachteiligung von Patienten im B-Gelände; Es sollte mehr auf Lockerungen geachtet werden, denen es zusteht und nicht denen, die faul und Geschäfte machen; Manchmal fühle ich mich unverstanden; Widersprüche bei Entscheidungen. **Medikation:** Die Behandlung mit Psychopharmaka; Medikamente, die ich nehmen muss und die mir schaden, muss ich gegen meinen Willen nehmen; Überdosierung durch Medikamente; Zuviel Tabletten. **Missachtung von (Menschen-)Rechten:** Dass der Entschluss schon feststeht, wenn eine Anhörung vorm Richter ist; Die Missachtung der Menschenrechte; Diskriminierungen. Verletzung der Menschenrechte; Hier wird absolut gegen Menschenrechte, Meinungsfreiheiten und die deutsche Demokratie verstoßen. Man beruft sich hier auf die Maßregelvollzugsgesetze und verstößt seitens des Hauses gegen die Grundrechte der Strafgesetzgebung. Eine diktatorische Hierarchie; Keine ausreichende Aufklärung des Zusammenspiels/Zusammenarbeit zwischen Maßregeleinrichtung und Vollstreckungskammer des Landgerichts. **Sanktionen:** Lockerungen sperren für nix; "Gruppenbestrafung"; Mein Eindruck, dass die Wunderkeule "Sanktionen" immer öfter (und unberechtigter) geschwungen wird; Zum Beispiel gefallen mir nicht Fixierungen. **Sonstiges:** Alles ist gut, was uns therapiert; Dass ich aufgrund falscher Prognosen schon 14 Jahre untergebracht bin; Dass ich meine ersten Jahre hier in Moringen selbst verschenkt habe; Dass man keine Antwort bekommt, wenn man dem Chef einen Brief schreibt; Dass man z.B. nicht mit Kind alleine ins Besucherappartement darf, um den Kontakt zum Kind nicht distanzieren zu lassen; Dazu möchte ich mich nicht äußern!; Die Ausdrucksweise der Mitpatienten; Vorantreibung der Hospitalisierung vieler Patienten / therapeutischer Kreisbewegungen; Auslebung legaler Perversionen: UK Standard 29; Lange, überflüssige Aufenthaltsdauer, weil man Angst um den eigenen Stuhl hat; Die Einführung. Die ersten Monate in der Klinik; Es geht alles zu langsam vorwärts; Formulierungen sind im Ergebnis mit keinem greifbaren Ergebnis verbunden; Ich

habe keine Meinung dazu!; Großstadtflair fehlt in Moringen; Aggressivität unter den Patienten; Keine Ausbildungsplätze (Lehre); Ich bin zur Zeit wenig gelockert und finde es als Belästigung, zumal meine Ehe sehr darunter leiden musste; Fotokopien von den ärztlichen Stellungnahmen zur gerichtlichen Anhörung sind nur über Rechtsanwälte/innen möglich; Neue Bekleidung zu bürokratisch; Keine ausreichenden Telefonbücher, Verbot Telefonauskunft anzurufen; Machtkämpfe zwischen Patienten; Keine ehrlichen ablehnenden Gründe; Nichterkennung von Entwicklungen; Mir gefällt es manchmal nicht so gut, wenn belanglose Worte in die Waagschale geworfen werden und zur Debatte werden können; Schwere Probleme mit Transsexualität; Nennung des Delikts; Behandlung von Problemen wird auf die lange Bank geschoben; Den Unterschied zwischen Transidentität und Transvestismus scheint niemand wirklich zu kennen; Unterbringung dauert zu lange; Zimmer zu klein; Zu wenig Freizeitangebote; Zuviel Papierkrieg im LKH; Lockerungen sind nicht so, wie ich sie mir wünsche.

Tabelle 28: Freie Meinungsäußerung II – Behandlung, Ungerechtigkeiten, Medikation, (Menschen-) Rechte, Sanktionen und Sonstiges

Die dritte und letzte Rubrik, die den Befragten für eine freie Meinungsäußerung zur Verfügung stand, lautete: „Ich habe folgende Verbesserungsvorschläge und Hinweise:". Wiederum 30 der 100 Befragten enthielten sich hier der Stimme, von den übrigen Teilnehmern sahen 36% (25) das Personal als verbesserungsbedürftig an. Hervorstechend waren dabei Wünsche, wie ein besserer Umgang des Personals mit den Patienten, weniger ungerechte Behandlung sowie ein verbessertes Eingehen auf den psychisch Kranken. Mehrere Teilnehmer plädierten für die Einstellung von mehr Personal.

Ich habe folgende Verbesserungsvorschläge und Hinweise:
Personal: Vertraulicher Umgang zwischen Ärzten und Patienten; Ausgebildetes Personal einstellen, die Probleme und Wünsche besser erarbeiten können; Besser geschultes Personal in der Pflege; Besserer Umgang mit Patienten im LKH; Das Personal (Pflegekräfte, wie auch Doktoren) müssten lernen mit dem Patienten zu reden und auch darauf zu reagieren. Pflegekräfte und Doktoren müssten sich auch mehr austauschen, dann wäre manche Anspannung auf manchen Stationen gelöst; Das Personal müsste menschlicher werden; Das Personal müsste uns einfach wie normale Menschen behandeln; Das Personal sollte mehr auf die Wünsche von den Patienten eingehen und wahrnehmen; Das Pflegepersonal soll mehr auf die Patienten eingehen, bevor was behauptet wird was nicht Tatsache ist; Das Pflegeteam und die Ärzte sollten mit dem Patienten besser kommunizieren; Der ärztliche Dienst sollte mehr vor Ort sein; Einstellung von mehr Personal; Einstellung von mindestens fünf Einzeltherapeuten, damit man seine Einzeltherapie auch voll nutzen kann; Zu lascher Umgang mit Drogenkurieren; Es sind mehr Psychologen erforderlich. Wünschenswert wäre die Begleitung durch einen Psychologen vom ersten Tag an; Extreme Therapeuten bei Transidentität. Kommt hier zu selten vor, daher fühlen sich die Betroffenen alleingelassen; Fachgerechtes Personal auf die Stationen schicken und Mitspracherecht bei der Stationswahl; Vor allem Patienten/innen-Auswahl; Eventuelles Durchwechseln des Personals zwischen den Stationen. Psychologisch wertvolle Gespräche zwischen Pflegern und Ärzten, da-

mit die Pfleger eine Anlaufstelle für ihre schlechte Laune haben; Individuell auf den Patienten eingehen; Klare Absprachen, an die sich beide Seiten halten; Mehr auf die Probleme des Patienten eingehen; Mehr Fingerspitzengefühl von den Stationsleitern/innen und Ärzten; Personal öfters mal austauschen, deswegen meist schlechtes Klima; Mehr Therapeuten im Haus; Nicht so viele Büro- und Verwaltungsaufgaben der Pfleger; Das Personal soll auf die Patienten mehr zugehen; Viele Mitarbeiter des Hauses leben hier legal Perversionen aus. Sie sind verdammt ignorant und stets bestrebt das Meiste zu sagen. Von einer wirklichen adäquaten Unterstützung kann aus meiner Sicht keinesfalls die Rede sein. Hinzu kommen persönliche Aversionen, welche das "therapeutische Voranschreiten" immens beeinflusst. Als vorbildliche Therapie ist diese hier im LKH Moringen angebotene keinesfalls zu sehen, sondern primär als legale bzw. moderne Schändung an Menschen. Es gibt viel zu tun. Natürlich kann man diese Abweichungen selbstverständlich wieder zu uns Patienten delegieren, doch auch wenn man wirklich bemüht ist an sich zu arbeiten, erfährt man nichts außer mangelnde Unterstützung. Außerdem werden Fortschritte zu spät erkannt. Der Einweisungsparagraph trägt sicherlich entscheidend zu diesen Dingen bei, denn auch er ist alles andere als menschenfreundlich. Einen Aufenthalt bis zum seelischen bzw. körperlichen Verfall anzuordnen, im Falle einer Nichtminderung der angeblich vorhandenen Störung, ist m.E. eine immense Grundgesetzverletzung und eine brutale Einschneidung in die gesamte Persönlichkeit eines jeden Betroffenen. Nicht einmal meinem größten Feind wünsche ich diese Unterbringung, wobei ich Therapie im Allgemeinen nicht verurteilen möchte. Es gibt sicherlich Arbeitslose, welche mehr daran interessiert wären uns zu helfen, bei knapp 5 Mio., wie die hier vorhandenen Mitarbeiter.

Tabelle 29: Freie Meinungsäußerung III – Personal

14% (10) der Befragten hatten dagegen konkrete Vorstellungen bezüglich ihrer Behandlung und machten hierzu unterschiedliche Vorschläge, wie Patienten mit Belohnungen zu motivieren oder diese vermehrt über das Leben außerhalb des LKH Moringen aufzuklären. 10% (7) sahen hinsichtlich der Ausbildung Verbesserungsmöglichkeiten, indem sie in der Hauptsache mehr Lehrstellen und mehr „gute" Arbeitsplätze forderten. Immerhin 9% (6) der Teilnehmer gaben an keine Verbesserungsvorschläge zu haben, entweder weil sie bereits zufrieden waren oder weil sie keinen Sinn darin sahen und sich nichts davon versprachen. Einer der Befragten befürchtete zudem Nachteile für sich. Für 7% (5) der Patienten sollten familiäre oder partnerschaftliche Beziehungen gefördert werden, z.B. durch Schaffung einer Partnerschaftsstation oder von Partnerschaftszimmern. Einer würde gerne Besuch auf dem eigenen Zimmer empfangen können. Eine weitere hervorhebenswerte Gruppe waren 6% (4) der Untergebrachten, die sich mehr Tier (-projekte) wünschten. Im Einzelnen sahen die Antworten wie folgt aus:

Ich habe folgende Verbesserungsvorschläge und Hinweise:
Behandlung: Auf jeden Fall Grenzen bewahren, wenn dies geschieht ist eine Arbeit um Weites klärender; Eigene Station für Patienten, die gerade aktiv psychotisch sind; Es müsste alles viel schneller vorwärts gehen; Häufigere Gruppengespräche zum Allgemeinverständnis; Man sollte die Selbstständigkeit der Patienten überprüfen, so dass auch der B-Bereich manche Patienten sich selbst versorgen können; Mehr Aufklärung über das Leben außerhalb des LKH; Mehr Einbindung des Patienten auf bevorstehende Entscheidungen, vielleicht auch mehr Gespräche, wenn diese nötig sein sollten; Therapie; Öftere und häufige Gespräche mit Therapeuten sind nötig, so u.a. auch, dass die Therapeuten mehr auf die Patienten eingehen, z.B. wenn ein Patient keine Themen hat oder nicht weiß wie er beginnen soll, ist Hilfe von Nöten; Mehr Hilfe und Entgegenkommen bei den therapeutischen Gesprächen, denn nicht jeder hat von sich aus die Möglichkeit aus sich herauszukommen. Grund: die meisten Patienten sind gewohnt, aufgrund schlechter Erfahrung, misstrauisch zu sein und dieser Zustand muss sich erst einmal ändern; Patienten sollten mit Belohnungen motiviert werden. **Ausbildung:** Möglichkeiten der Berufserlernung und Berufsabschlüsse (mit Gesellenbriefen); Bessere Einsatzmöglichkeiten für die AT; Mehr Lehrstellen für Patienten; Mehr Angebote, um Patienten eine Lehrstelle innerhalb der Klinik zu ermöglichen; Mehr Ausbildungsplätze. Gute Arbeitsplätze; Möglichkeiten zu geben etwas über Massagen zu zeigen oder mit dem Masseur mitzugehen – ist mein Traumberuf; Auswählen, wo Patient arbeiten will. **Keine Verbesserungsvorschläge:** Habe keine. Bin rundum zufrieden; Ich habe keine "Verbesserungsvorschläge"; Ich mache keine Verbesserungsvorschläge, da sie a) einem nur zum Nachteil sind und b) nicht praktikabel sind, also nicht umgesetzt werden und bezüglich der Hinweise möchte ich sagen, dass ich die Erfahrung gemacht habe, je mehr man gegen etwas agiert und opportun ist, ohne dabei gegen Gesetze zu verstoßen, umso länger dauert die Unterbringung. P.S. Alles was ich hier angeführt habe ist lediglich meine Erfahrung und meine Meinung; Keine, weil es sowieso nichts bringt; Momentan habe ich keine Verbesserungsvorschläge; Verbesserungsvorschläge habe ich keine, da ich mit dem Ablauf hier zufrieden bin. **Familie & Partnerschaft:** 1 Partnerschaftsstation; Als Verbesserungsvorschlag würde ich es gut finden, wenn der Besuch auf dem Zimmer stattfinden könnte; Besuch auf den einzelnen Stationen auch während des Abends und wenn keine Hofgangzeit ist; Partnerschaftszimmer. Partner sollten auf einer Station ein Zimmer haben; Vielleicht noch mehr für ein gutes Familienleben tun und unterstützen. **Tiere:** Beim Tierprojekt scheinen mehr Entscheidungsträger involviert zu sein, als Tiere. Trotz aller Konferenzen werden Hühner, Enten zu spät raus- und zu früh reingebracht. Absoluter Härtefall: 14.03.04 "Dunkelhaft" und 20 Stunden; Mehr Therapien mit Tieren; Mehr Tiere für uns, auch auf Station 08, Patienten; Tiere.

Tabelle 30: Freie Meinungsäußerung III – Behandlung, Ausbildung, Keine Vorschläge, Familie & Partnerschaft und Tiere

Zusammenfassung der freien Meinungsäußerung

Bei der freien Meinungsäußerung waren das **Personal**, die **Behandlung** und die **Beschäftigung** die dominierenden Themen, wobei Ersteres am häufigsten Gegenstand der Stellungnahmen wurde. Nicht ganz die Hälfte (44%) der Befragten hatte etwas an den Pflegekräften, Ärzten/innen oder Psychologen/innen zu bemängeln und mehr als ein Drittel (36%) machte diesbezüglich Verbesserungsvorschläge, wohingegen gerade mal 14% lobende Worte fanden. Es ist nicht neu, dass sich aus einem Über-/Unterordnungsverhältnis heraus ein gewisser Machtmissbrauch einstellen kann. Zwar sollte es in der Maßregelvollzugsanstalt nicht so sein, dass das Personal als übergeordnete und überlegene Instanz zum Patienten auftritt, vielmehr sollte der psychisch Kranke in dem Beschäftigten der Klinik einen Begleiter, Förderer und Unterstützer finden, so dass dieser gesunden kann. Rein tatsächlich kann aber ein machtvolles Auftreten möglich sein, denn die Pflegekräfte, Ärzte/innen und Psychologen/innen haben ungleich mehr Befugnisse und Möglichkeiten im Vergleich zu den Untergebrachten. Wenngleich die befragten Patienten bei der Erhebung von „Schikanen" und „Misshandlungen" berichteten, so können diese Äußerungen wohl als Extremwerte außer Acht gelassen werden, da diese Angaben lediglich von 2 der 100 Teilnehmer getätigt wurden. Es lohnt sich aber, verstärkt einen Blick auf die Umgangsformen zwischen Klinikpersonal und Patienten zu werfen. Die Empfindung ungerecht behandelt oder nicht ernst genommen zu werden birgt beinah zwangsläufig negative Emotionen in sich, die der Klinikatmosphäre und dem Genesungsprozess des Kranken nicht zuträglich sind. Die ausgewerteten Zahlen offenbaren an dieser Stellen Verbesserungspotenzial. Hilfreich könnte hier sein regelmäßige (anonyme) Befragungen durchzuführen, in denen die Patienten zum Personal Stellung nehmen können und diesbezüglich Fragen beantworten. Derartiges hat sich bereits in anderen Bereichen als effektives Werkzeug der Qualitätsverbesserung erwiesen, weil Ungereimtheiten und Missstände auf diesem Weg leicht zutage treten können. Zudem kann sich dem Personal aufgrund einer solchen Befragung der Anreiz bieten, möglichst positive Resonanz zu erfahren.

Überraschend wenig Patienten (8) forderten in der freien Stellungnahme klar die zusätzliche Einstellung von Personal, der überwiegende Teil der Befragten schien vordergründig mit dem Personalaufkommen zurecht zukommen und verspürte hier unmittelbar keine Defizite. Der Behandlung stellten dagegen 20% der Befragten ein gutes Zeugnis aus, wobei hier die unterschiedlichsten Formen gelobt wurden. Durch die Vielfalt ließen sich die Antworten nur schwer gruppieren, was erkennen lässt, wie individuell die Behandlung auf den Einzelnen wirkt. Es bleibt damit nichts anderes übrig, als den jeweiligen Patienten in der Therapie (wiederkehrend) persönlich danach zu befragen, was ihm nach eigener Ansicht besonders gut tut und was nicht. Der psychisch Kranke, der die Arbeit mit Angehörigen besonders schätzt, könnte so in diesem Bereich besonders gefördert werden usw.. Ein Pauschalschluss aus dem heraus sich ableiten ließe, dass eine bestimmte Behandlung allen oder besonders vielen Patienten hilft, lässt sich nicht erkennen. Weitere 15% der Teilnehmer beurteilten die Behandlung dagegen in irgendeiner Form als schlecht. In der Kritik stand vor allem der Wachsaal, der entweder als Sanktion negativ gesehen wurde oder aber die Aufenthalte darin, die als zu lang empfunden wurden. Ein Patient bemängelte die Betreuung dort vor Ort. 14% machten daher Verbesserungsvorschläge und wünschten sich dabei u.a. mehr Gespräche mit Therapeuten bzw. mehr Hilfe und Entgegenkommen bei den therapeutischen Gesprächen. Die übrigen Vorschläge waren wiederum derart individuell, dass sich ein Blick in die zitatgenauen Antworten im Anhang der Arbeit lohnt. Gruppierungen lassen sich schwerlich vornehmen.

Eine weitreichend positive Bewertung erfuhren die Beschäftigungsmöglichkeiten im LKH Moringen. 35% lobten diverse Beschäftigungsformen, die sich abermals kaum gruppieren lassen. Es konnte eine leichte Tendenz hinsichtlich des Sportangebotes und der Stationsfahrten wahrgenommen werden. Die übrigen Antworten sind wieder ausgesprochen individuell, so dass auch an dieser Stelle bestenfalls der Einzelne gehört werden sollte, um das für ihn optimale Freizeitangebot zu ermitteln. Das LKH Moringen befindet sich diesbezüglich bereits auf dem richtigen Weg, indem es ein möglichst breites Spektrum an Beschäftigungsformen anbietet[123], so dass der Untergebrachte sich hier probieren kann. An anderer Stelle wurde allerdings bereits ermittelt, dass sich knapp die Hälfte der Befragten (47%) noch mehr Beschäftigungsmöglichkeiten wünschte[124]. Eine weitere Vergrößerung der Beschäftigungsvielfalt würde von den Patienten demnach gut aufgenommen werden.

D. Zusammenfassung und kritische Bewertung der Ergebnisse

Die vorliegende Arbeit ermöglicht eine lebendige Anschauung des Rechtslebens, indem sie sowohl objektive als auch subjektive Einblicke in die Maßregelvollzugsanstalt LKH Moringen und damit in die Vollzugswirklichkeit gewährt. Nach einer ausführlichen deskriptiven Darstellung der Anstalt, schließt sich eine Begutachtung der Qualität und des Ablaufs der klinischen Betreuung an, wie sie unter geltendem Recht stattfindet. Zu diesem Zwecke antworteten 100 zufällig ausgewählte Patienten/innen auf einen strukturierten, schriftlichen Fragebogen,

123 Siehe S. 53 ff.
124 Siehe S. 105

der neben soziodemographischen und rechtlichen Daten eine Reihe von Beurteilungs- und Einschätzungsfragen zum erlebten Klinikalltag enthielt. Die Mitarbeit der Befragten war im allgemeinen äußerst zufriedenstellend. Zu den wichtigsten Erkenntnissen zählen die folgenden:

I. Der Wandel des LKH Moringen

Noch vor knapp 25 Jahren war das LKH Moringen, so wie die übrigen Maßregelvollzugsanstalten, überwiegend vom reinen Verwahrvollzug geprägt. *Leygraf* legte 1988 in seiner Studie die desolate Situation des psychiatrischen Maßregelvollzuges in Deutschland offen[125]. Es kann aufgrund der Recherchen festgestellt werden, dass es diesbezüglich innerhalb des LKH Moringen zu deutlichen Verbesserungen gekommen ist, die teilweise exemplarisch sind. So haben sich die Unterbringungs- und Behandlungsbedingungen der psychisch Kranken verbessert, ebenso wie die baulichen Voraussetzungen der Klinik, die menschliche Atmosphäre und die therapeutische Aktivität. Der bauliche Charakter der Anstalt gleicht nunmehr eher einem Krankenhaus als dem einer streng gesicherten Festung. Die veraltete Gebäudestruktur wurde zu einem großen Teil saniert oder neu gebaut. Die ernsthaften Bemühungen um ein therapeutisches Konzept tragen inzwischen Früchte, die Patienten erhalten individuelle Therapien und Behandlungen, wobei sich die medikamentöse Therapie auf ein Minimum reduziert findet, die Behandlungsverfahren sind vielseitig, die Möglichkeiten einer schulischen oder beruflichen Aus- und/oder Weiterbildung sind breit gefächert. Damit sind die Möglichkeiten einer gezielten, schrittweisen Rehabilitation der Patienten inzwischen wesentlich besser gewährleistet.

II. Positive Ergebnisse der Patientenbefragung

Die Befragung der Patienten per Fragebogen hat sich als probates Mittel erwiesen, den Klinikablauf und das Tagesgeschehen des LKH Moringen zu beleuchten und hat dabei folgende positive Erkenntnisse hervorgebracht:

1. Knapp zwei Drittel (63%) der Teilnehmer hatten das Gefühl, man nahm sich beim Aufnahmegespräch ausreichend Zeit für sie und 76% fühlten sich zudem am ersten Tag freundlich aufgenommen.

125 Siehe Einleitung S. 20

2. Mehr als zwei Drittel (69%) der Befragten waren der Meinung, von den Ärzten/Psychologen ernst genommen zu werden, was in besonders starkem Maße auch die verheirateten Patienten für sich gelten lassen wollten. Weitere zwei Drittel (65%) hatten das Gefühl, dass sich die Ärzte/Psychologen in den einzelnen Gesprächen genug Zeit für sie nehmen. 67% der Patienten waren zudem der Ansicht mit dem Arzt/Psychologen in eine lange Beziehung eintreten zu können. Teilnehmer, die sich zum Befragungszeitpunkt zwischen 5 und 10 Jahren im LKH Moringen aufhielten sowie verheiratete Patienten hatten dieses Gefühl sogar in besonderem Maße.
3. 70% der Teilnehmer gaben an, dass ein neuer Therapieplan immer zunächst mit ihnen besprochen wird.
4. 75% der Untergebrachten hielten das Pflegepersonal auch im Alltag für freundlich, weitere zwei Drittel (65%) fühlten sich zudem von den Pflegekräften nicht herumkommandiert. Darüber hinaus gaben 84% der Patienten an, mit den Pflegern/innen persönliche Probleme besprechen zu können, wobei *Sexualstraftäter* und Eingewiesene, die *Sonstige Straftaten*[126] begangen hatten, dies in besonderem Maße bestätigten. 76% meinten zudem vom Pflegepersonal Unterstützung zu bekommen, wenn sie diese brauchen.
5. Der Umgang zwischen Pflegekräften und Ärzten wurde von 79% der Patienten für freundlich und kollegial gehalten. Insbesondere die Befragten im Alter von 31-40 Jahren lobten den Umgang zwischen dem Personal. 66% hielten Ärzte und Pflegepersonal zudem für ein eingespieltes Team.
6. Knapp drei Viertel (73%) der Befragten gaben an, über die verschiedenen Behandlungs- und Beschäftigungsformen in der Klinik aufgeklärt zu werden. Der Tagesablauf wurde von 74% als angenehm empfunden. Davon abgesehen bestätigten 91% der Teilnehmer mindestens 1 Stunde am Tag im Freien verbringen zu können.
7. Mehr als zwei Drittel (69%) der Eingewiesenen bezeichneten die Zimmer als freundlich und gemütlich eingerichtet, während 60% das Essen für abwechslungsreich und schmackhaft hielten.
8. 80% der Befragten fühlten sich von der Klinik darin unterstützt, möglichst häufig Besuch zu bekommen. Ein Viertel (25%) davon erklärte sogar in besonderem Maße Unterstützung zu erhalten. Es konnte festgestellt werden, dass Niedersachsen als einziges Bundesland ein Recht des Patienten auf Besuch nicht vorgesehen hat, normiert sind lediglich entsprechende Beschränkungsmöglichkeiten. Die meisten Bundesländer haben dagegen bereits ein

126 Siehe S. 167 f.

Recht auf Besuchsempfang geregelt[127], der Gesetzgeber Niedersachsens kann in diesem Fall getrost nachziehen, denn laut Klinikleitung hat die derzeitige Besuchspraxis bislang zu keinerlei vermehrten Sicherheitsrisiken für die Bevölkerung geführt.

Die Auswertung hat aber auch ergeben, dass etwas mehr als die Hälfte (53%) der Befragten die Besuchszeiten für zu kurz hielt, während 47% sie für ausreichend erachteten. Bei den Untergruppen spielte hier offensichtlich der Bildungsstand, das Alter sowie die Deliktzugehörigkeit des Einzelnen für das Antwortverhalten eine Rolle. Während die Patienten mit Abitur die Besuchszeitenregelungen als angemessen empfanden, wollten die Befragten mit anderem Schulabschluss ihren Besuch gerne länger empfangen. Demgegenüber waren die jungen Teilnehmer zwischen 21 und 30 Jahren in besonderem Maße der Meinung, die Besuchszeiten seien zu kurz. Patienten, die angaben wegen einer *Straftat gegen das Leben* in die Klinik eingewiesen worden zu sein befanden die Besuchszeiten in besonderem Maße als zu kurz, während die Befragten, die ein *Körperverletzungsdelikt* begangen haben sollen die Besuchsdauer zwar auch als zu kurz empfanden, bei der Bewertung nutzten sie jedoch im Durchschnitt lediglich den Normalwert 2 „stimmt“ und waren damit diesbezüglich nicht ganz so unzufrieden. Ebenso wie Letztere werteten die Patienten, die eine *Sonstige Straftat*[128] verübt hatten und aufgrund dessen in das LKH Moringen gelangten.

Daher wurde dem Landesgesetzgeber Niedersachsens der Vorschlag unterbreitet, eine Mindestzeit für Besuche festzulegen (so wie z.B. in Hessen und Rheinland-Pfalz bereits geschehen) bzw. der Maßregelvollzugsanstalt aufzuerlegen, dem Patienten möglichst lange Besuche zu gestatten. Das Bedürfnis seitens der Patienten ist hierfür jedenfalls gegeben. Dem LKH Moringen wurde angesichts dieses Ergebnisses angeraten seine Besuchsregelungen bereits jetzt zu überdenken und nach Möglichkeiten zu suchen, diese zu erweitern.

Weiter positiv festgestellt werden konnte, dass 90% der Befragten angaben unbegrenzt Briefe versenden und empfangen zu können, während ebenso viele bestätigten, dass sie ihre Post meist erreiche, ohne zuvor geöffnet worden zu sein und das, obwohl § 21 Nds. MVollzG zahlreiche Beschränkungsmöglichkeiten des Schriftverkehrs vorsieht. Danach obliegt es der Anstalt briefliche und andere Sendungen der Patienten zu überwachen, zu beschränken oder anzuhalten. Das LKH Moringen macht hiervon nur sehr einge-

127 BW § 9, Bre § 28, HH, § 13, MeVo § 26, NRW § 9, SaAn § 19, Thü § 17, Sach § 25 usw.

128 Siehe S. 167 f.

schränkt und im Ausnahmefall Gebrauch, wie das Auswertungsergebnis belegt. Nach Ansicht der Klinikleitung seien derartige Überwachungen und Eingriffe nur in extremen Fällen notwendig. Auch hier wurden bislang keine negativen Erfahrungen hinsichtlich dieser freien Verfahrensweise gesammelt. Die großzügige Handhabung führt sich fort im Telefonverkehr der Patienten. So gaben 86% der Teilnehmer an nach draußen telefonieren zu können, ohne dass ein Pfleger dabei mithört. Nach Klinikangaben werde auch dies dem Sicherheitsgedanken gerecht, schärfere Überwachungen und Einschränkung die der § 21 IV Nds. MVollzG vorsieht seien demnach grundsätzlich nicht notwendig.
Zusammengefasst kann damit gesagt werden, dass das LKH Moringen den Ausnahmecharakter der gesetzlichen Einzelregelungen des Niedersächsischen Maßregelvollzugsgesetzes erkannt hat, indem es nur in Notfällen von Post-, Telefon- oder Besucherkontrollen Gebrauch macht. Die Generalklausel § 18 I Nds. MVollzG ist demnach grundsätzlich geeignet den Willen des Gesetzgebers deutlich zu machen, nämlich dass beschränkende Gesetze nur anzuwenden sind, wenn dies unerlässlich erscheint. Des weiteren kann festgehalten werden, dass die restriktive Handhabung dieser Beschränkungs- und Eingriffsgesetze keinerlei negative Auswirkung auf die Sicherheit der Bevölkerung hat. Eine Verschärfung dieser Gesetze aus dem Sicherheitsgedanken heraus ist damit unnötig.

10. Weiter positiv anzuführen ist, dass 73% der Patienten angaben innerhalb des LKH Moringen ihre Rechte wahren zu können, notfalls mithilfe eines Rechtsanwaltes.
11. Schlussendlichen befanden mehr als zwei Drittel (66%) der Patienten den Aufenthalt im LKH Moringen als besser als erwartet.

III. Negative Ergebnisse der Patientenbefragung

Ein weiteres erklärtes Ziel dieser Arbeit war es, Missstände innerhalb des Maßregelvollzuges am Beispiel des LKH Moringen herauszufiltern, Schwierigkeiten zu erkennen bzw. gegenstandslose Probleme aufzudecken. Zu den wesentlichen Erkenntnissen zählen hier folgende:

1. Die Maßnahme der Besserung und Sicherung, zu der die 100 befragten Rechtsbrecher verurteilt wurden, begann für diese mit dem Eintritt in die dafür vorgesehene Maßregelvollzugsanstalt, in diesem Fall das LKH Moringen. Es stellte sich heraus, dass die untersuchte Gruppe zu 83% ein negatives Gefühl am Aufnahmetag verspürte, lediglich 17% hatten positive Empfindun-

gen am ersten Tag in der Klinik. Nachdem diese Erkenntnisse mit anderen Krankenhaus-Studien verglichen wurden die zu ähnlichen Ergebnissen kamen, konnte der Schluss gezogen werden, dass es sich hierbei nicht um ein rein klinikinternes Problem des LKH Moringen handelt. Vielmehr scheint den Patienten der Eintritt in die Institution als solche Sorge zu bereiten, so dass dies der Hauptansatzpunkt für eine Verbesserung der Situation sein sollte. Abhilfe könnte z.B. dadurch geschaffen werden, indem die psychisch Kranken möglichst schon vor deren Einweisung darüber aufgeklärt werden, was sie in der Klinik erwartet. Dies könnte durch die Gerichte bzw. durch entsprechend geschulte Sozialarbeiter geschehen.
Darüber hinaus konnte festgestellt werden, dass die oben genannten Zahlen unabhängig vom Geschlecht gelten. Sowohl bei den Männern als auch bei den Frauen hegten 83% negative und 17% positive Gefühle am Tag der Aufnahme. Hinsichtlich der Aufenthaltsdauer konnte festgehalten werden, dass sich die Befragten mit positiven Emotionen am Aufnahmetag durchschnittlich 9 Monate länger im LKH Moringen aufhielten, als diejenigen mit negativen.

2. Zudem hatten die befragten Patienten zu 71% das Gefühl, am Tag der Aufnahme zu lange auf die einzelnen Gespräche mit den Ärzten oder Psychologen gewartet haben zu müssen. Die Wartezeiten bei der Aufnahmeprozedur sind demnach verbesserungsfähig, wobei der Ansatzpunkt hier dem klinischen und organisatorischen Bereich des LKH Moringen zugeordnet wurde.
3. Etwa drei Viertel (71%) der Teilnehmer gaben an, zu wenig Mitsprache- und Einflussmöglichkeiten bei den Behandlungen/Beschäftigungen zu haben und nur 29% hielten ihre Mitwirkungsmöglichkeiten diesbezüglich für ausreichend. Etwa ein Viertel (24%) wünschte sich sogar in ganz besonderem Maße mehr Mitsprache und Einfluss. Darüber hinaus ließ sich die Tendenz erkennen, dass insbesondere Langzeitpatienten, die sich zum Befragungszeitpunkt seit mehr als 10 Jahren im LKH Moringen aufhielten, mehr an ihren Behandlungs- und Beschäftigungskonzepten beteiligt werden möchten. Neben einer klinikinternen Reaktion auf diese Ergebnisse wäre es wünschenswert den Gesetzestext auf dieses Bedürfnis der Patienten anzugleichen, indem die Zustimmung und der Wille des Einzelnen gestärkt und hervorgehoben wird.
4. 70% der Befragten waren der Meinung, es werden zu viele Patienten pro Zimmer untergebracht. Dagegen sind 30% mit der Anzahl ihrer Mitbewohner zufrieden, wobei hier zu berücksichtigten ist, dass 18% der insgesamt im LKH Moringen lebenden Patienten über ein Ein- bis Zweibettzimmer verfügen, so dass sich diese vermutlich auch nicht über eine Überbelegung ihres Wohnbereiches beschweren. Demnach wären nur noch 12% der Befragten

zufrieden mit ihrer Wohnsituation. Damit ist der Beweis geführt, dass nicht nur objektiv und von außen betrachtet ein akuter Platzmangel in den Anstalten vorherrscht, die Befragung hat ergeben, dass die Patienten hierunter auch definitiv leiden. Die Grundrechte des Grundgesetzes sind in diesem Fall nicht mehr als schöne Worte, der menschenrechtliche Mindeststandard wird mitnichten eingehalten und § 2 Abs. 2 Nds. MVollzG zeigt auf die Wohnsituation der Untergebrachten keine Wirkung. Auch in einer Zeit drastischer Verarmung der öffentlichen Haushalte lässt sich ein derartiger Umgang mit dem schwächsten Glied der Bevölkerungskette nicht rechtfertigen, vor allem wenn man bedenkt welche Unsummen die öffentliche Hand für Sicherheitsvorkehrungen auszugeben bereit ist, wo auch eine dichte Dornenhecke ausgereicht hätte[129]. Hier liegt es an der Landesregierung neuen Raum für Maßregelvollzugpatienten zu schaffen, so dass der chronischen Überbelegung des LKH Moringen Abhilfe geschaffen werden kann. Dem LKH Moringen wurde unterdes angeraten ihre Patienten darin zu unterstützen, wegen der menschenunwürdigen Wohnverhältnisse das zuständige Gericht anzurufen.

5. Zwar erklärten 68% der Teilnehmer angehört zu werden, bevor ein von ihnen gestellter Lockerungsantrag abgelehnt wird, 61% der Befragten hatten jedoch das Gefühl, die Entscheidung über die Lockerung mittels der Anhörung nicht beeinflussen zu können. Damit fühlte sich ein nicht unerheblicher Teil der Patienten bei der Anhörung nicht hinreichend ernst genommen und somit nicht gut in den Lockerungsprozess miteinbezogen, was Verbesserungsmöglichkeiten offenbart. In den Untergruppen vermissten insbesondere die Befragten mittleren Alters (41 bis 50 Jahre) das Gefühl, in der Anhörung etwas bewirken zu können.
6. Mehr als zwei Drittel (68%) der Patienten fühlten sich über ihre Rechte, die ihnen innerhalb der Klinik zustehen, nicht gut aufgeklärt, wovon sogar ein Viertel (25%) in ganz besonderem Maße Aufklärung vermisste. Für besonders schlecht aufgeklärt hielten sich dabei Teilnehmer, die angaben wegen einer *Straftat gegen das Leben* in das LKH Moringen gelangt zu sein. Gesetzlich ist die unverzügliche Belehrung des Untergebrachten über seine Rechte und Pflichten in § 2 Abs. 3 Nds. MVollzG vorgesehen.

64% der Befragten sahen für sich nicht die Möglichkeit, vor einer Zwangsbehandlung hierüber zunächst eine gerichtliche Entscheidung herbei zu führen. Von 19% der Teilnehmer wurde sogar in besonderem Maße keine Möglichkeit gesehen, gegen eine solch drohende Zwangsmaßnahme vorzugehen und sind sich damit offensichtlich nicht klar darüber, welche Möglichkeiten ihnen bei den

129 Siehe S. 39 f.

jeweiligen Eingriffen zustehen. Eine gesetzliche Grundlage ist diesbezüglich bereits gegeben, gemäß Art. 19 Abs. 4 GG muss der Untergebrachte die Gelegenheit haben über Zwangsbehandlungen zunächst eine gerichtliche Entscheidung zu erzielen. Damit liegt es nunmehr am LKH Moringen dem schlechten Auswertungsergebnis zu begegnen, was wiederum über die Aufklärung zu geschehen hätte.

Ebenfalls 64% der Patienten fühlten sich über ihre Behandlung und Medikamente im LKH Moringen schlecht aufgeklärt, wohingegen sich etwas mehr als ein Drittel (36%) der Teilnehmer diesbezüglich für gut informiert hielt. Befragte, die angaben, aufgrund einer *Straftat gegen das Leben* in die Klinik eingewiesen worden zu sein, hielten sich in besonderem Maße für schlecht aufgeklärt und setzten bei der Beantwortung dementsprechend ihr Kreuz bei dem negativen Extremwert. Diejenigen Patienten, die eine *Sonstige Straftat*[130] begangen hatten, sowie die *Sexualstraftäter*, befanden sich dagegen ebenfalls für nicht gut informiert, nutzten bei der Antwortgebung allerdings nur den normalen Negativwert. Eine gesetzliche Lücke besteht auch an dieser Stelle nicht. Die ärztliche Aufklärungspflicht ergibt sich zum einen aus § 8 Abs. 2 Nds. MVollzG sowie aus dem Grundrecht des Patienten auf körperliche Unversehrtheit und dem allgemeinen Persönlichkeitsrecht. Zum anderen lässt es sich aus dem analog anwendbaren Arztvertragsrecht ableiten.

Diese Auswertungsergebnisse lassen auf ein Aufklärungsdefizit im LKH Moringen schließen. So hatte der überwiegende Teil der Befragten zwar das Gefühl seine Rechte, innerhalb der Klinik notfalls mithilfe eines Rechtsanwaltes, wahrnehmen zu können[131]. Das setzt allerdings zunächst voraus, dass sie ihre Rechte auch kennen, was bei vielen Patienten zum Befragungszeitpunkt offensichtlich nicht der Fall war. Das LKH Moringen sollte dies zum Anlass nehmen, die eigene Aufklärungspraxis zu überprüfen. Dies könnte beispielsweise geschehen, indem der Patient im wiederkehrenden Modus über seine Rechte und Pflichten informiert wird. Eine weitere Möglichkeit könnte sein, Sprechstunden über die Strafverteidigervereine im LKH Moringen einzurichten, so wie in Berlin und Bremen bereits vorbildhaft geschehen[132]. Der Gesetzgeber sollte möglicherweise hervorheben, dass der Untergebrachte nicht nur unverzüglich über seine Rechte zu unterrichten ist (§ 2 Abs. 3 Nds. MVollzG), sondern dass auch auf sein Verständnis hingewirkt werden soll, was ggf. die Wiederholung von Aufklärungsbemühungen notwendig machen kann.

---

130 Siehe S. 167 f.

131 Siehe S. 118

132 Volckart, Maßregelvollzug – Das Recht des Vollzuges der Unterbringung nach §§ 63, 64 StGB in einem psychiatrischen Krankenhaus und in einer Entziehungsanstalt, S. 236 f.

IV. Ergebnis 50/50

Bei einem nicht unerheblichen Teil der Fragen und Behauptungen waren die Patienten geteilter Ansicht, so dass sich praktisch eine 50/50-Verteilung ergab. Demnach stimmte die eine Hälfte der Befragten der aufgestellten Behauptung zu, während die andere diese ablehnte. Ein solches Ergebnis attestiert auf der einen Seite eine gewisse Grundzufriedenheit hinsichtlich der jeweils erfragten Situation, auf der anderen Seite offenbart es aber auch noch Handlungs- und Verbesserungsbedarf.

1. So waren 52% der Untergebrachten der Meinung, die Ärzte und Psychologen gehen zu wenig auf ihre Gefühle ein, während 48% dem so nicht zustimmten. In diesem Zusammenhang konnte festgestellt werden, dass insbesondere die jungen psychisch Kranken zwischen 21 und 30 Jahren der Ansicht waren, auf ihre Gefühle werde nicht hinreichend eingegangen. Auf 44% der Untergebrachten wirkte das Behandlungspersonal zudem distanziert und unpersönlich, während 56% dies gerade nicht so empfanden. Darüber hinaus gaben 42% der Befragten an, dass bei Problemen oder Fragen sofort ein Arzt/Psychologe für sie erreichbar ist, was aber 58% auch verneinten. Der Lösungsansatz für diese divergierenden Meinungen wird hier im klinikinternen Bereich zu suchen sein, d.h. im Besonderen in der Zuwendung des Personals gegenüber dem Patienten. Das Ergebnis könnte ein Indiz auf das „Mr. Yavis/Mr. Hound-Muster“ sein, wonach die Kranken in zwei Gruppen aufgeteilt werden. Yavis-Patienten sind demnach jung, attraktiv, wortgewandt, intelligent und erfolgreich und haben erstens gute Chancen in eine Psychoanalyse aufgenommen zu werden und zweitens bessere Chancen, von dieser zu profitieren. Hounds dagegen sind hausbacken, alt, nicht erfolgreich und dumpf und haben die beiden Chancen eher nicht. Es ist wissenschaftlich gut dokumentiert, dass sich Therapeuten (fast unausweichlich und deswegen gegensteuerungsbedürftig) besonders gern Yavis-Patienten aussuchen, wohingegen sie fast durch die Bank mit den sogenannten Hound-Patienten Schwierigkeiten zu haben scheinen.

   Dieser Aspekt kann hier nur angerissen und aufgezeigt werden. Ein intensiveres Auseinandersetzen mit der Thematik scheitert nicht zuletzt daran, daß die Probanden anonym an der Befragung teilnahmen, so daß sich nicht nachvollziehen lässt, welcher davon ein Yavis- oder ein Hound-Patient sein könnte, um sodann weitere Schlüsse aus deren Antwortverhalten ziehen zu können. Die soziodemographischen Daten lassen hierauf jedenfalls keinen Schluss zu.

2. 57% der Teilnehmer gaben an, dass sich das Pflegepersonal im Alltag viel Zeit für sie nimmt, was wiederum 43% nicht bestätigen konnten. In den Untergruppen waren insbesondere die verwitweten Patienten der Meinung, die Pflegekräfte nähmen sich nicht ausreichend Zeit für sie. Diesem Problem wird sich neben klinikorganisatorischen Überlegungen nur durch Neueinstellung von Personal begegnen lassen. Hier wäre es an der Landesregierung dem LKH Moringen die entsprechenden finanziellen Mittel zur Verfügung zu stellen.
   Die Befragung förderte allerdings auch zu Tage, dass für etwa jeden zweiten der Patienten (53%) zu viele Pflegekräfte an der Betreuung beteiligt sind. Demnach wünschte sich etwa die Hälfte der Teilnehmer zwar, dass sich das Pflegepersonal mehr Zeit für sie nimmt, beinah ebenso viele wollten allerdings nicht von zu viel (wechselndem) Personal versorgt werden. Ziel sollte demnach zum einen sein, die Pflegekräfte möglichst auf ein und derselben Station zu belassen und unnötige Wechsel zu vermeiden. Zum anderen sollten sich die Pfleger und Pflegerinnen in der direkten Betreuung zum Patienten auf diesen konzentrieren können und somit möglichst von davon abweichender Arbeit (z.B. rein organisatorische, Büro- und Verwaltungsaufgaben) entlastet werden. Hierfür würden sich Neueinstellungen anbieten. Einem großen Teil der Eingewiesenen ist offensichtlich am engen Kontakt zu einer Bezugsperson gelegen. Eine solche Vertrauensperson muss sich Zeit für ihren Schützling nehmen können.
3. 53% der Befragten empfanden die Reaktion der Pflegekräfte auf Schmerzen oder sonstige Beschwerden der Patienten als zu langsam, wohingegen 47% der Meinung waren, die Pfleger und Pflegerinnen reagieren im angemessen Zeitraum auf solche Situationen. Auch diese Zahlen deuten auf den Bedarf von mehr Personal hin. Gegebenenfalls ließe sich dem aber auch mit einer Optimierung des Klinikablaufes begegnen. Das Personal könnte vermehrt auf die Bedürfnisse der Untergebrachten sensibilisiert werden.
4. Etwas weniger als die Hälfte (44%) der Teilnehmer empfand das Stationsklima als angespannt und unausgeglichen, während 56% gerade nicht dieser Meinung waren. Nach diesem Ergebnis sollte das LKH Moringen versucht sein, dieses zu verbessern.
5. Etwa jeder zweite Befragte (53%) war mit den Beschäftigungsmöglichkeiten zufrieden, die ihnen innerhalb des LKH Moringen angeboten wurden, während 47% damit eher unzufrieden waren. Demnach erachtete ein nicht unbeachtlicher Teil der psychisch Kranken das Beschäftigungsangebot als zu gering. Es könnte daher erwogen werden, das Angebot der Beschäftigungsmöglichkeiten zu erweitern.

6. Die Befragung hat zudem ergeben, dass sich 48% der Teilnehmer im LKH Moringen wie in einer Festung eingesperrt fühlen, was 52% so nicht bestätigen konnten. Die Klinik hat in den letzten 20 Jahren bereits umfangreiche bauliche Veränderungen vorgenommen, die dem Charakter eines Hochsicherheitstraktes bzw. einer Festung begegnen sollten. Bei knapp der Hälfte der Befragten tragen diese Bemühungen bereits Früchte, was sich an dieser Stelle in deren Antwortverhalten wiederspiegelt. Die andere Hälfte zeigt auf, dass es weitere Verbesserungsmöglichkeiten gibt, wobei zu berücksichtigen ist, dass für so manchen Patienten der Freiheitsentzug an sich zu Unbehagen führt. Als Fazit kann festgehalten werden, dass die baulichen Gegebenheiten im LKH Moringen das subjektive Empfinden des Eingewiesenen und damit dessen Krankheitsverlauf positiv beeinflussen, ohne dabei an Sicherheit für die Allgemeinbevölkerung einzubüßen. Die Atmosphäre eines Hochsicherheitstraktes entbehrt damit jeder Grundlage.
7. In der Gesamtbeurteilung sahen sich 41% der Befragten als Störfaktor in der Anstalt, was jedoch wiederum von 59% der Teilnehmer nicht so gesehen wurde.

V. Untergruppen

Weiterhin war beabsichtigt, besondere Patientengruppen herauszufiltern, die einer besseren Betreuung bedürfen. Alle folgenden Untergruppen wurden in ihrer Aussage statistisch signifikant.

1. Alter

a. Insbesondere die jüngeren Patienten zwischen 21 und 30 Jahren gaben an, dass die Ärzte und/oder Psychologen zu wenig auf ihre Gefühle eingehen (Mittelwert = 1,89). Außerdem wurden von dieser Gruppe die Besuchzeiten als zu kurz empfunden (Mittelwert = 1,84).
b. Die Befragten im Alter von 31-40 Jahren lobten den Umgang zwischen dem Personal besonders (Mittelwert = 1,90), während insbesondere die 41- bis 50-jährigen das Gefühl vermissten, in der Anhörung zu ihrem Lockerungsantrag etwas bewirken zu können (Mittelwert = 3,09).

2. Geschlecht

a. Die weiblichen Patienten empfanden den Tagesablauf im LKH Moringen überdurchschnittlich häufig im Großen und Ganzen als unangenehm (Mittelwert = 3,00). Ganz im Gegensatz zu den Männern, die mehrheitlich mit dem Tagesgeschehen einverstanden waren (Mittelwert = 2,18).

b. Zudem fühlten sich die Frauen zum Befragungszeitpunkt weniger gut aufgeklärt und informiert (Mittelwert = 3,33), als die Männer (Mittelwert = 3,02).

c. Die Patienten weiblichen Geschlechts beurteilten den Aufenthalt im LKH Moringen in der Gesamtbeurteilung der Klinik etwas kritischer (Mittelwert = 3,33), als diejenigen männlichen Geschlechts (Mittelwert = 2,85).

3. Familienstand

a. Die Randgruppe der verwitweten Patienten war der Meinung, mit dem Arzt/Psychologen nicht in eine lange Beziehung eintreten zu können (Mittelwert = 3,50). Hinsichtlich des Pflegepersonals gaben sie zum einen an, dass sich diese im Alltag nicht genug Zeit für die Untergebrachten nehmen (Mittelwert = 3,50), zum anderen vermissten sie in besonderem Umfang die pflegerische Unterstützung, wenn sie welche brauchen (Mittelwert = 3,50).

b. Ganz anders dagegen die verheirateten Teilnehmer. Diese fühlten sich zum Befragungszeitpunkt von den Ärzten/Psychologen besonders ernst genommen (Mittelwert = 1,70). Zudem hatten sie das Gefühl bei Fragen oder Problemen sofort einen Arzt/Psychologen erreichen zu können (Mittelwert = 1,00) und mit diesem in eine lange Beziehung eintreten zu können (Mittelwert = 1,88).

4. Schulabschluss

a. Die Randgruppe, die angab über einen Hoch- bzw. Fachhochschulabschluss zu verfügen, fühlte sich über die verschiedenen Behandlungs- und Beschäftigungsformen schlecht aufgeklärt (Mittelwert = 3,00).

b. Patienten mit Abitur erachteten die Besuchszeiten im LKH Moringen als zu kurz (Mittelwert = 3,33) und hatten im Gegensatz zu den Eingewiesenen ohne Schulabschluss das Gefühl, man nahm sich beim Aufnahmegespräch nicht genug Zeit für sie (Mittelwerte = 1,33 und 1,76). Bei den Abiturienten handelt es sich allerdings abermals um eine Minderheit (3%) innerhalb der Versuchsgruppe.

5. Aufenthaltsdauer

a. Hinsichtlich der Aufenthaltsdauer konnte festgestellt werden, dass sich die Patienten, die am Aufnahmetag ein positives Gefühl hatten, zum Befragungszeitpunkt durchschnittlich 9 Monate länger im LKH Moringen aufhielten, als diejenigen mit negativen Emotionen.

b. Die Befragten mit einer Aufenthaltsdauer von 5 bis 10 Jahren hatten in besonders starkem Maße das Gefühl, eine längere Bindung mit ihrem Arzt/Psychologen eingehen zu können (Mittelwert = 1,85).

c. Patienten, die sich bereits seit mehr als 10 Jahren im LKH Moringen befanden, wussten durchschnittlich in besonderem Maße an wen sie sich mit einer Beschwerde zu wenden haben (Mittelwert = 1,83). Die Erhebung hat allerdings auch ergeben, dass diese Langzeitpatienten das Bedürfnis nach mehr Mitsprache- und Einflussmöglichkeiten bei den Behandlungen/Beschäftigungen hatten (Mittelwert = 1,79). Dieser Zusammenhang wurde zwar nicht signifikant, es ließ sich jedoch eine Tendenz ablesen.

6. Deliktzugehörigkeit

a. Die Teilnehmer, die angaben wegen einer *Straftat gegen das Leben* in das LKH Moringen eingewiesen worden zu sein, waren der Meinung mit dem Pflegepersonal persönliche Probleme besprechen zu können (Mittelwert = 2,43), was die *Sexualstraftäter* (Mittelwert = 1,96) bzw. Patienten, die eine *Sonstige Straftat*[133] (Mittelwert = 1,87) begangen haben sogar in besonderem Maße bestätigten.

b. Die *Sexualstraftäter* hielten das Behandlungs- und das Pflegepersonal für ein eingespieltes Team (Mittelwert = 2,38), was die Befragten, die eine *Sonstige Straftat* begangen haben, in besonderem Maße bestätigten (Mittelwert = 1,95).

c. Teilnehmer, die aufgrund eines *Körperverletzungsdeliktes* eingewiesen wurden (Mittelwert = 2,54) sowie diejenigen, die eine *Sonstige Straftat* begangen haben (Mittelwert = 2,7), befanden die Besuchszeiten im LKH Moringen als zu kurz. Patienten, die eine *Straftat gegen das Leben* verübten (Mittelwert = 1,86), empfanden die Besuchsregelungen sogar ganz besonders als zu kurz und nutzten bei der Beantwortung daher den negativen Extremwert.

d. Beim Vergleich von Befragten, die eine *Straftat gegen das Leben* begangen haben und denjenigen, die eine *Sonstige Straftat* verübten, fühlten sich Erstere besonders schlecht aufgeklärt über ihre Rechte, die ihnen innerhalb der Klinik zustehen (Mittelwert = 1,69), während Letztere sich lediglich im normalen Maße schlecht informiert sahen (Mittelwert = 2,48).

e. Patienten, die wegen einer *Straftat gegen das Leben* eingewiesen wurden, fühlten sich zudem über ihre Medikamente und Behandlungen sehr schlecht

133 Siehe S. 167 f.

aufgeklärt (Mittelwert = 1,92), was auch die *Sexualstraftäter* (Mittelwert = 2,59) und die Untergebrachten *Sonstiger Straftaten* (Mittelwert =2,04) im Normalmaß bestätigten.

VI. Insgesamt-Ergebnisse

Die Befragten hatten innerhalb des Fragebogens Gelegenheit, die jeweils abgefragten Themenbereiche in einer Insgesamt-Beurteilung zu bewerten. Hierfür stand ihnen eine fünfstufige Notenskala von „Sehr gut“ bis „Mangelhaft“ zur Verfügung. Die Aufnahme in das LKH Moringen wurde von den Teilnehmern dabei insgesamt mit der Note „Befriedigend“ versehen (Mittelwert = 3,04), ebenso wie die Ärztliche/Psychologische Betreuung (Mittelwert = 3,05) und die Information & Aufklärung in der Klinik (Mittelwert = 3,04). Mit der Note knapp „Gut“ bewerteten die Befragten dagegen die Pflegerische Betreuung (Mittelwert = 2,82), das Stationsklima (Mittelwert = 2,92), die Behandlung und den Tagesablauf (Mittelwert = 2,91), die Unterbringung & Verpflegung (Mittelwert = 2,93), die Außenkontakte (Mittelwert = 2,72) sowie die Gesamtbeurteilung des Klinikaufenthaltes (Mittelwert = 2,88).

Die Ergebnisse können jedoch nur unter Vorbehalt gesehen werden. Es entsteht der Eindruck, dass die Patienten sich bei der Beantwortung der fünfstufigen Notenskala gerne in der Mitte („Befriedigend“) eingefunden haben. Dies ist ein bekanntes Phänomen bei Skalen, die einen Mittelwert zulassen. Der Befragte neigt dazu, sich einer Entscheidung für „gut“ oder „schlecht“ zu entziehen, indem er alles als „mittelmäßig“ bewertet. Im Pre-Test hatte sich dieses Antwortverhalten bereits abgezeichnet. Hier beantwortete einer der Teilnehmer fast alle Fragen und Behauptungen mit dem Mittelwert, zwei weitere zeigten ebenfalls eine solche Tendenz auf, was dazu führte, dass die ursprünglichen Rating-Skalen (1-5) auf ein vierstufiges Niveau herabgesetzt wurden. Bei den Insgesamt-Beurteilungen wurde eine fünfstufige Bewertungsskala belassen, da diese an das Schulnotensystem erinnern sollte. Die Aussagekraft der oben ausgeführten Ergebnisse ist somit nur mit Einschränkung zu betrachten.

VII. Freie Äußerungen

Die starre Struktur des Fragebogens wurde teilweise durchbrochen, indem die Teilnehmer zu verschieden vorgegebenen Themen frei Stellung nehmen konnten. Zu den wesentlichen Aussagen dieser freien Meinungsäußerungen zählen die folgenden:

1. Behandlung/Beschäftigung im Wiedereingliederungsprozess

Die Patienten wurden dazu befragt, was nach eigener Einschätzung für ihren Genesungsprozess förderlich ist bzw. welche Behandlung/Beschäftigung nicht zu helfen vermag und/oder was für den Einzelnen zwar hilfreich erscheint, im LKH Moringen jedoch zu wenig angeboten wird[134]. Die Teilnehmer machten hierzu in großem Umfang unterschiedlichste Einzelangaben, so dass sich jedenfalls ein Blick in die zitatgenauen Aufzeichnungen lohnt[135]. Zusammenfassend konnten aus den Antworten drei Grundsäulen herausgelesen werden, die die Befragten als positiv in ihrem Wiedereingliederungsprozess beschrieben. Danach wurden mehrheitlich **Gespräche, Beschäftigung** und **Therapie** als gesundheitsfördernd erachtet, wobei sich einige eine Ausweitung des zur Zeit bestehenden Angebotes wünschten. Bei dem Thema **Arbeit** waren sich die Untergebrachten dagegen eher uneins, so dass sich hieraus keine sicheren (Pauschal-)Schlüsse ziehen ließen. Etwa ein Viertel der Patienten (24%) hielt **Ungerechtigkeiten** und **schlechte Gefühle**, die ihnen durch ihr Umfeld vermittelt werden für hinderlich in ihrer Gesundung.

2. Dauer einer Einzeltherapie

10% der Teilnehmer wünschten sich eine Einzeltherapie von bis zu 1 Jahr während weitere 12% eine Dauer von 1 bis 2 Jahren befürworteten. 17% der Befragten waren der Meinung, eine solche Therapie sollte zwischen 2 und 3 Jahren anhalten, wohingegen jeweils 9% 3 bis 4 Jahre bzw. länger als 4 Jahre für angemessen hielten.

3. Freie Meinungsäußerung

Zu guter Letzt erhielten die 100 Befragten Gelegenheit sich frei und zu jedem Thema zu äußern, so dass innerhalb des Fragebogens kein Aspekt zu kurz kommen konnte. Hierbei wurden das **Personal**, die **Behandlung** und die **Beschäftigung** zu den dominierenden Themen. Ersteres wurde dabei am häufigsten Gegenstand der Stellungnahmen, so hatten 44% der Befragten etwas am Krankenhauspersonal zu bemängeln, mehr als ein Drittel (36%) machte diesbezüglich Verbesserungsvorschläge, wohingegen gerade mal 14% lobende Worte fanden. Interessanterweise forderten überraschend wenig Patienten (8) in der freien

---

134 Fragebogen: F. Behandlung & Tagesablauf im LKH Moringen, Fragen 4., 5., 6., siehe S. 158

135 Siehe S. 167 ff.

Stellungnahme konkret die zusätzliche Einstellung von Personal, so dass der Eindruck entstehen könnte das Personalaufkommen reiche aus. Die Auswertung der Fragebögen ließ allerdings ein anderes Bild erkennen. So bemängelte hier mehr als die Hälfte (58%) der Patienten, dass bei Fragen und Problemen nicht sofort ein Arzt/Psychologe erreichbar sei, 43% waren der Meinung, das Pflegepersonal nehme sich im Alltag nicht genug Zeit für sie und mehr als jeder Zweite (53%) empfand die Reaktion der Pflegekräfte auf Schmerzen oder sonstige Beschwerden als zu langsam. Diese Kritik erfordert nicht zuletzt ein Mehr an Personal, was der einzelne Befragte als solches vielleicht noch nicht erkannt hat und deswegen die Anzahl der Beschäftigten nicht direkt monierte.

Der Behandlung stellten dagegen 20% der Befragten ein gutes Zeugnis aus. Gelobt wurden hierbei unterschiedlichste Behandlungsformen, was Pauschalisierungen beinah unmöglich machte. Vielmehr konnte als Fazit festgehalten werden, dass die Behandlungen ausgesprochen individuell auf den Einzelnen wirken und damit nichts anderes übrig bleibt, als den jeweiligen Patienten in der Therapie (wiederkehrend) persönlich danach zu befragen, was ihm nach eigener Ansicht besonders gut tut und was nicht. Ein Massenphänomen aus dem heraus sich ableiten ließe, dass eine bestimmte Behandlung allen oder besonders vielen Kranken hilft lässt sich nicht erkennen. Von 15% der Teilnehmer wurde die Behandlung aber auch in irgendeiner Form als schlecht beurteilt, was vor allem den Wachsaal betraf. 14% machten daher Verbesserungsvorschläge und wünschten sich dabei u.a. mehr Gespräche mit Therapeuten bzw. mehr Hilfe und Entgegenkommen bei den therapeutischen Gesprächen. Die übrigen Vorschläge waren wiederum derart individuell, dass sich ein Blick in die zitatgenauen Antworten lohnt. Gruppierungen lassen sich wiederum schwerlich vornehmen.

35% der Patienten lobten diverse Beschäftigungsformen, die sich abermals kaum gruppieren ließen, so dass auch an dieser Stelle bestenfalls der Einzelne gehört werden sollte, um das für ihn optimale Freizeitangebot zu ermitteln. Ein zu geringes Beschäftigungsangebot wurde in der freien Stellungnahme nur sehr vereinzeln moniert, was nicht weiter verwundert, da dieser Themenkomplex bereits in den festgelegten Behauptungen abgefragt wurde. Hier waren immerhin 47% der Befragten der Meinung, das Beschäftigungsangebot sei zu gering, so dass das LKH Moringen eine Erweiterung der Beschäftigungsmöglichkeiten in Erwägung ziehen kann.

VIII. Patientenbefragung per standardisiertem Fragebogen im Maßregelvollzug

Es konnte festgestellt werden, dass sich die Eingewiesenen im Zuge der Erhebung durchaus dazu in der Lage zeigten ihre Bedürfnisse, Wünsche und Missempfindungen kund zu tun. Die Motivation zur Antwortgebung war hoch, so dass nur vereinzelt Fragebögen unzureichend oder scheinbar lustlos ausgefüllt wurden. Erstaunlich viele Teilnehmer nahmen ausführlich Stellung in der freien Meinungsäußerung, viele dabei ausgesprochen wortgewandt[136]. Es kamen in der Auswertung keine Fragebögen vor, die auf Verwirrung oder andere psychische Unzulänglichkeiten des Befragten hingewiesen hätten, so dass diese aus der Wertung hätten herausgenommen werden müssen. Alle 100 Erhebungsbögen waren verwertbar. Der standardisierte Fragebogen ist damit, trotz der psychischen Erkrankungen der Patienten, geeignet, die Betreuungsqualität in der Maßregelvollzugseinrichtung aus Sicht der Patienten deutlich zu machen und damit praktisch nützliche Ansatzpunkte für eine noch stärker patientenorientierte Unterbringung zu geben. Zudem ist er ein probates Mittel zur Begutachtung der aktuellen Praxis und könnte Initialzündung für weitere Studien sein.

136 Wie anschaulich den zitatgenauen Tabellen entnommen werden kann, z.B. S. 180 ff.

E. Anhang

I. Original Fragebogen

Ihr Aufenthalt im LKH Moringen

Liebe Patientin, lieber Patient,

seit einiger Zeit halten Sie sich im Landeskrankenhaus Moringen auf und haben dabei sicherlich unterschiedliche Erfahrungen gesammelt. Ich möchte Sie bitten mir einige davon mitzuteilen.

Die Erhebung dient wissenschaftlichen Zwecken und soll zu einer Verbesserung der Versorgung im LKH Moringen führen.

Ich selbst bin dabei unabhängig von der Klinikleitung oder den Stationen und bin dem Datenschutz verpflichtet. Entsprechend werte ich Ihre persönlichen Angaben so aus, daß niemals ein Rückschluß auf Ihre Person gezogen werden kann. Ich bin an **Ihrer ehrlichen Meinung** interessiert und bitte Sie um unverblümte Antworten auf den folgenden Seiten. Beantworten Sie bitte jede Frage und lassen Sie keine aus, da der Fragebogen sonst nicht vollständig ausgewertet werden kann.

Für Ihre Mühe und Unterstützung danke ich Ihnen sehr herzlich!

Ihre
Leonie Frenz

Zu Beginn möchte ich einige Informationen über Ihre Person erfragen, die ich aus statistischen Gründen benötige. Ich kann damit z.B. Erkenntnisse gewinnen, ob sich Frauen und Männer in der Bewertung der Klinik unterscheiden oder ähnliches.

A. Angaben zu Ihrer Person und zu Ihrem Aufenthalt

1. Wie alt sind Sie? ______ Jahre

2. Welches Geschlecht haben Sie?
   - ☐ weiblich
   - ☐ männlich

3. Welchen Familienstand haben Sie?
   - ☐ ledig, ohne feste Partnerschaft
   - ☐ ledig, in fester Partnerschaft
   - ☐ verheiratet
   - ☐ geschieden
   - ☐ verwitwet

4. Welchen Schulabschluß haben Sie?
   - ☐ (noch) ohne Schulabschluß
   - ☐ Volks-, Hauptschule
   - ☐ Mittlere Reife
   - ☐ Abitur
   - ☐ Hochschulabschluß bzw. Fachhochschulabschluß

5. Wie lange befinden Sie sich bereits im LKH Moringen? ________________

6. Wegen welchem Delikt wurden Sie in das LKH Moringen eingewiesen? ________________

Ab hier geht es um Ihre Bewertung des LKH Moringen und dessen, was Sie dort bislang erlebt und beobachtet haben!

B. Ihre Aufnahme im LKH Moringen				
1. Welches Gefühl hatten Sie am ersten Tag im LKH Moringen?	________________			
2. Beim Aufnahmegespräch nahm man sich ausreichend Zeit für die Patienten.	***stimmt voll*** 1	***stimmt*** 2	***stimmt nicht*** 3	***stimmt gar nicht*** 4
3. Auf die einzelnen Gespräche mit Ärzten oder Psychologen mußten die Patienten am ersten Tag lange warten.	***stimmt voll*** 1	***stimmt*** 2	***stimmt nicht*** 3	***stimmt gar nicht*** 4
4. Die Patienten wurden freundlich aufgenommen.	***stimmt voll*** 1	***stimmt*** 2	***stimmt nicht*** 3	***stimmt gar nicht*** 4
Insgesamt beurteile ich die Aufnahme in das LKH Moringen als...				
☺☺ sehr gut	☺ gut	😐 befriedigend	☹ ausreichend	☹☹ mangelhaft

C. Die ärztliche und psychologische Betreuung im LKH Moringen	
1. Die Patienten werden von den Ärzten/Psychologen ernst genommen.	*stimmt voll* 1 *stimmt* 2 *stimmt nicht* 3 *stimmt gar nicht* 4
2. Die Ärzte/Psychologen gehen zu wenig auf die Gefühle der Patienten ein.	*stimmt voll* 1 *stimmt* 2 *stimmt nicht* 3 *stimmt gar nicht* 4
3. Die Ärzte/Psychologen nehmen sich in den einzelnen Gesprächen genug Zeit für die Patienten.	*stimmt voll* 1 *stimmt* 2 *stimmt nicht* 3 *stimmt gar nicht* 4
4. Die Ärzte/Psychologen wirken distanziert und unpersönlich auf die Patienten.	*stimmt voll* 1 *stimmt* 2 *stimmt nicht* 3 *stimmt gar nicht* 4
5. Bei Problemen oder Fragen ist sofort ein Arzt/Psychologe erreichbar.	*stimmt voll* 1 *stimmt* 2 *stimmt nicht* 3 *stimmt gar nicht* 4
6. Ein neuer Therapieplan wird immer zunächst mit dem Patienten besprochen.	*stimmt voll* 1 *stimmt* 2 *stimmt nicht* 3 *stimmt gar nicht* 4
7. Die Patienten können mit dem Arzt/Psychologen in eine lange Beziehung eintreten.	*stimmt voll* 1 *stimmt* 2 *stimmt nicht* 3 *stimmt gar nicht* 4
8. Wie oft in der Woche sollte zwischen den Patienten und dem Arzt/Psychologen ein Gespräch stattfinden?	___ mal pro Woche mit dem Arzt ___ mal pro Woche mit dem Psychologen
Insgesamt beurteile ich die ärztliche und psychologische Betreuung als... ☺☺ sehr gut ☺ gut 😐 befriedigend ☹ ausreichend ☹☹ mangelhaft	

D. Die pflegerische Betreuung im LKH Moringen	
1. Das Pflegepersonal nimmt sich im Alltag viel Zeit für die Patienten.	*stimmt voll* 1 *stimmt* 2 *stimmt nicht* 3 *stimmt gar nicht* 4
2. Auf Schmerzen und Beschwerden reagiert das Pflegepersonal zu langsam.	*stimmt voll* 1 *stimmt* 2 *stimmt nicht* 3 *stimmt gar nicht* 4
3. Das Pflegepersonal ist auch im Alltag freundlich.	*stimmt voll* 1 *stimmt* 2 *stimmt nicht* 3 *stimmt gar nicht* 4
4. Das Pflegepersonal kommandiert die Patienten häufig herum.	*stimmt voll* 1 *stimmt* 2 *stimmt nicht* 3 *stimmt gar nicht* 4
5. Mit dem Pflegepersonal können persönliche Probleme besprochen werden.	*stimmt voll* 1 *stimmt* 2 *stimmt nicht* 3 *stimmt gar nicht* 4
6. Es sind zu viele Pflegekräfte an der Betreuung beteiligt.	*stimmt voll* 1 *stimmt* 2 *stimmt nicht* 3 *stimmt gar nicht* 4
7. Die Patienten bekommen Unterstützung vom Pflegepersonal, wenn sie diese brauchen.	*stimmt voll* 1 *stimmt* 2 *stimmt nicht* 3 *stimmt gar nicht* 4
Insgesamt beurteile ich die pflegerische Betreuung als... ☺☺ sehr gut ☺ gut 😐 befriedigend ☹ ausreichend ☹☹ mangelhaft	

E. Das Stationsklima im LKH Moringen				
1. Der Umgang zwischen Pflegepersonal und Ärzten ist freundlich und kollegial.	***stimmt voll*** 1	***stimmt*** 2	***stimmt nicht*** 3	***stimmt gar nicht*** 4
2. Ärzte und Pflegepersonal sind ein eingespieltes Team.	***stimmt voll*** 1	***stimmt*** 2	***stimmt nicht*** 3	***stimmt gar nicht*** 4
3. Das Stationsklima ist angespannt und unausgeglichen.	***stimmt voll*** 1	***stimmt*** 2	***stimmt nicht*** 3	***stimmt gar nicht*** 4
Insgesamt beurteile ich das Stationsklima als...				
☺☺ sehr gut	☺ gut	😐 befriedigend	☹ ausreichend	☹☹ mangelhaft

F. Behandlung & Tagesablauf im LKH Moringen				
1. Die Patienten werden über die verschiedenen Behandlungs- und Beschäftigungsformen aufgeklärt.	***stimmt voll*** 1	***stimmt*** 2	***stimmt nicht*** 3	***stimmt gar nicht*** 4
2. Der Tagesablauf ist im Großen und Ganzen angenehm.	***stimmt voll*** 1	***stimmt*** 2	***stimmt nicht*** 3	***stimmt gar nicht*** 4
3. Die Patienten haben zu wenig Mitsprache- und Einflußmöglichkeiten bei den Behandlungen/Beschäftigungen.	***stimmt voll*** 1	***stimmt*** 2	***stimmt nicht*** 3	***stimmt gar nicht*** 4
4. Folgende Behandlung/Beschäftigung hilft mir besonders, um wieder gesund zu werden...	□ □ □			
5. Folgende Behandlung/Beschäftigung hilft mir gar nicht oder kaum, um wieder gesund zu werden...	□ □ □			
6. Folgende Behandlung/Beschäftigung hilft mir wieder gesund zu werden, wird aber zu wenig angeboten...	□ □ □			
7. Wie lange sollte Ihrer Meinung nach eine Einzeltherapie dauern?	____________			
8. Insgesamt sind die Patienten mit dem Angebot an Beschäftigungsmöglichkeiten zufrieden.	***stimmt voll*** 1	***stimmt*** 2	***stimmt nicht*** 3	***stimmt gar nicht*** 4
9. Die Patienten haben die Möglichkeit mindestens 1 Stunde am Tag im Freien zu verbringen.	***stimmt voll*** 1	***stimmt*** 2	***stimmt nicht*** 3	***stimmt gar nicht*** 4
Insgesamt beurteile ich die Behandlung und den Tagesablauf als...				
☺☺ sehr gut	☺ gut	😐 befriedigend	☹ ausreichend	☹☹ mangelhaft

G. Ihre Unterbringung & Verpflegung im LKH Moringen				
1. Die Patienten fühlen sich im LKH Moringen eingesperrt wie in einer Festung.	***stimmt voll*** 1	***stimmt*** 2	***stimmt nicht*** 3	***stimmt gar nicht*** 4
2. Die Zimmer sind freundlich und gemütlich eingerichtet.	***stimmt voll*** 1	***stimmt*** 2	***stimmt nicht*** 3	***stimmt gar nicht*** 4
3. Es sind zu viele Patienten pro Zimmer untergebracht.	***stimmt voll*** 1	***stimmt*** 2	***stimmt nicht*** 3	***stimmt gar nicht*** 4
4. Das Essen ist abwechslungsreich und schmackhaft.	***stimmt voll*** 1	***stimmt*** 2	***stimmt nicht*** 3	***stimmt gar nicht*** 4
5. Die Patienten haben nicht genug Möglichkeiten sich selbst zu verpflegen.	***stimmt voll*** 1	***stimmt*** 2	***stimmt nicht*** 3	***stimmt gar nicht*** 4
Insgesamt beurteile ich die Unterbringung und Verpflegung als...				
☺☺ sehr gut	☺ gut	😐 befriedigend	☹ ausreichend	☹☹ mangelhaft

H. Außenkontakte im LKH Moringen				
1. Die Klinik unterstützt es, daß die Patienten möglichst häufig Besuch bekommen.	***stimmt voll*** 1	***stimmt*** 2	***stimmt nicht*** 3	***stimmt gar nicht*** 4
2. Die Besuchszeiten sind zu kurz.	***stimmt voll*** 1	***stimmt*** 2	***stimmt nicht*** 3	***stimmt gar nicht*** 4
3. Die Patienten können innerhalb der Klinik ihre Rechte wahren, notfalls mit Hilfe eines Rechtsanwaltes o.ä..	***stimmt voll*** 1	***stimmt*** 2	***stimmt nicht*** 3	***stimmt gar nicht*** 4
4. Die Patienten können unbegrenzt Briefe versenden und empfangen.	***stimmt voll*** 1	***stimmt*** 2	***stimmt nicht*** 3	***stimmt gar nicht*** 4
5. Die Post ist meist schon geöffnet, wenn die Patienten sie bekommen.	***stimmt voll*** 1	***stimmt*** 2	***stimmt nicht*** 3	***stimmt gar nicht*** 4
6. Wenn die Patienten nach draußen telefonieren, dann meist ohne daß ein Pfleger mithört.	***stimmt voll*** 1	***stimmt*** 2	***stimmt nicht*** 3	***stimmt gar nicht*** 4
Insgesamt beurteile ich die Außenkontakte als...				
☺☺ sehr gut	☺ gut	😐 befriedigend	☹ ausreichend	☹☹ mangelhaft

I. Die Information & Aufklärung im LKH Moringen				
1. Bevor die Klinik den Patienten eine Lockerung verwehrt, werden diese angehört.	***stimmt voll*** 1	***stimmt*** 2	***stimmt nicht*** 3	***stimmt gar nicht*** 4
2. Bei einer solchen Anhörung haben die Patienten das Gefühl, daß sie die Entscheidung über die Lockerung auch wirklich beeinflussen können.	***stimmt voll*** 1	***stimmt*** 2	***stimmt nicht*** 3	***stimmt gar nicht*** 4

3. Die Patienten sind über ihre Rechte, die ihnen innerhalb der Klinik zustehen, nicht gut aufgeklärt.	***stimmt voll*** 1 ***stimmt*** 2 ***stimmt nicht*** 3 ***stimmt gar nicht*** 4
4. Vor einer Zwangsbehandlung könnten die Patienten grundsätzlich zunächst eine gerichtliche Entscheidung darüber herbeiführen.	***stimmt voll*** 1 ***stimmt*** 2 ***stimmt nicht*** 3 ***stimmt gar nicht*** 4
5. Die Patienten wissen, an wen sie sich zu wenden haben, wenn sie eine Beschwerde haben.	***stimmt voll*** 1 ***stimmt*** 2 ***stimmt nicht*** 3 ***stimmt gar nicht*** 4
6. Die Patienten fühlen sich über ihre Behandlung und Medikamente schlecht aufgeklärt.	***stimmt voll*** 1 ***stimmt*** 2 ***stimmt nicht*** 3 ***stimmt gar nicht*** 4
Insgesamt beurteile ich die Information und Aufklärung als... ☺☺ sehr gut ☺ gut 😐 befriedigend ☹ ausreichend ☹☹ mangelhaft	

K. Gesamtbeurteilung Ihres Aufenthaltes im LKH Moringen	
1. Der Aufenthalt im LKH Moringen ist besser als erwartet.	***stimmt voll*** 1 ***stimmt*** 2 ***stimmt nicht*** 3 ***stimmt gar nicht*** 4
2. Ich habe insgesamt den Eindruck, daß die Patienten als Störfaktoren empfunden werden.	***stimmt voll*** 1 ***stimmt*** 2 ***stimmt nicht*** 3 ***stimmt gar nicht*** 4
Insgesamt beurteile ich den Aufenthalt im LKH Moringen als... ☺☺ sehr gut ☺ gut 😐 befriedigend ☹ ausreichend ☹☹ mangelhaft	

Freie Meinungsäußerung

Vielleicht ist bei der Klinikbewertung in Ihren Augen ein Aspekt zu kurz gekommen. Bitte geben Sie mir hier Ihre Anmerkungen. Versuchen Sie dabei bitte auf Namensnennungen zu verzichten.

Besonders **gut gefällt** mir:

Einige Dinge haben mir **nicht so gut** gefallen:

Ich habe folgende **Verbesserungsvorschläge und Hinweise**:

Herzlichen Dank für Ihre Mühe*, der Fragebogen endet hier. Ich danke Ihnen für Ihre wertvolle Unterstützung!*

Ihre
Leonie Frenz

II. Bilder vom Niedersächsischen Landeskrankenhaus Moringen

III. Tabellen[137]

A. Demographische Daten – Frage 6:
Wegen welchem Delikt wurden Sie in das LKH Moringen eingewiesen?

Straftaten gegen das Leben	**Anzahl**	**%**
Mord	2	
Totschlag	5	
Totschlag im Affekt	1	16,28
Tötung	1	
Versuchter Mord	2	
Versuchter Totschlag	3	
Körperverletzungsdelikte		
Gewaltdelikt	1	
Körperverletzung	9	
Körperverletzung in Tateinheit mit Raub	1	16,28
Schwere Körperverletzung	2	
Schwere Körperverletzung unter Alkoholeinfluß	1	
Sexualdelikte		
Exhibitionismus	1	
Sexualdelikt	9	
Sexuelle Nötigung	2	
Sexueller Mißbrauch	1	30,23
Sexueller Mißbrauch von Kindern	4	
Sittenverstoß	1	
Vergewaltigung	7	
Versuchte Vergewaltigung	1	
Brandstiftung		
Brandstiftung	7	10,47
Brandstiftung u.a.	2	
Sonstiges		
Alkohol	1	
Aufenthalt im Ausland	1	

137 Die Antworten der nachfolgenden Tabellen wurden allesamt zitatgenau übernommen und lediglich auf Rechtschreibfehler hin korrigiert. Mögliche Doppelnennungen wurden nur einmal aufgeführt.

Betrug	1	
Betrug, Diebstahl	1	
Bewährungswiderruf	1	
Diebstahl	2	
Diebstahl, Drogen, Waffen	1	
Diebstahl, Einbruch	1	
Einbruch	1	
Fahren ohne Führerschein	1	25,58
Freiheitsberaubung, Nötigung	1	
Führungsaufsichtsbeschluß	1	
Raub	1	
Raub u.a.	1	
Raub, Erpressung	1	
Räuberische Erpressung	1	
Schwere Nötigung	1	
Schwerer Raub	1	
Verkehrsgefährdung	1	
Vollrausch	2	

n = 86

F. Behandlung & Tagesablauf – Auswertung Frage 4:
Folgende Behandlung/Beschäftigung hilft mir besonders, um wieder gesund zu werden...

Arbeit	**Anzahl**	**%**
Arbeit	3	
Arbeiten	2	
Arbeit in der Gärtnerei	3	
Gartenarbeit	1	
Gärtnerei	1	
Arbeit in Patientenschule	1	20,24
Arbeit mit den Tieren	1	
Arbeit, die mit Spaß macht	1	
Eine Vernünftige Arbeit	1	
Kreative Arbeit	1	
Kreativer Arbeitsplatz	1	
Kreatives Arbeiten	1	

Ausbildung

Ausbildung	1	2,38
Schule	1	

Außen

Ausgang mit Personal	1	
Außenaktivitäten	1	3,57
Außenkontakte	1	

Beschäftigung

Lehrküche	1	
Malen	1	
Zeichnen	1	
Mit Tieren	1	
Stationsaktivitäten	1	
Tagesfahrten/Aktivitäten	1	
Mehrtagesfahrten/Urlaube	1	17,86
Bauernhof Poser	1	
Beschäftigung	1	
Beschäftigungstherapie	2	
Anspruchsvolle Beschäftigung	1	
BT Hofmann	1	
Die vielen Angebote, die für meine Freizeit angeboten werden	1	
Schwimmen	1	

Drogen

Drogenabstinenz	1	
Drogentherapie	1	2,38

Partner

Ein Zimmer mit meinem Lebensgefährten	1	
Einzelzimmer mit meiner zukünftigen Frau	1	
Förderung meiner Beziehung	1	4,76
Partnerschaft	1	

Familie

Wenn die Familie hinter einem steht	1	
Familie (Freunde)	1	2,38

Freizeit

Mehr Freizeitangebote	1	5,95
Freizeitaktivität	1	
Freizeitaktivitäten	1	
Freizeitbeschäftigung	1	
Freizeitumgang	1	

Gespräche

Gespräch(e)	6	27,38
Gespräch mit den Mitpatienten	1	
Einzelgespräch	1	
Einzelgespräch mit Psychologen	1	
Gespräche	1	
Mehr Therapiegespräche	1	
Mehr Gespräche	1	
Gespräche mit Ärzten und Psychologen	1	
Gespräche mit Psychologen	1	
Tägliche Gespräche mit dem Einzeltherapeuten	1	
Gespräche mit Team	1	
Gespräche über die Krankheiten	1	
Gesprächsbereitschaft erhöhen	1	
Psychologengespräche	1	
Psychologische Gespräche/Auseinandersetzungen	1	
Gesprächsgruppen	1	
Intensive Arztgespräche	1	
Therapeutengespräche	1	

Keine

Keine	1	2,38
Keine, ich bin nicht krank!	1	

Selbständigkeit

Selber meine Freizeit gestalten können	1	4,76
Selbstständiges Arbeiten (Ledergruppe)	1	
Mehr Selbstbestimmung	1	
Uneingeschränkte Selbständigkeit	1	

Sport

Sport	6	
Sport (Laufen, Fahrrad fahren im Freien)	1	9,52
Viel Sport	1	

Medikamente

Antidepressiva	1	
Medikamenteneinnahme	1	3,57
teils Medikamente	1	

Therapie

Arbeit in Ergotherapie	1	
Arbeitstherapie	3	
Holz-AT	1	
AT bzw. Projekte z.B. Leder, Tiffany	1	
Möglichst zügig einen Therapeuten bekommen	1	
Therapeutische Sitzung	1	
Einzeltherapeutin	1	
Einzeltherapeutische Gespräche	1	
Einzeltherapie	1	
Psychotherapie	1	
Selbsttherapie	1	30,95
Therapeutisches Essen/Grillen	1	
Meine Therapie	1	
Therapie	2	
Sporttherapie	2	
Therapie mit meinem Therapeuten	1	
Therapiegespräch(e)	5	
Therapieplatz (Arbeit an mir selber)	1	

Sonstiges

Ursachenbekämpfung, hier: Alkohol- und Aggressivität	1	
Fester Zeitplan	1	
Als erwachsene Person Ernst genommen zu werden	1	
Weniger Druck auf einen ausüben	1	
Einzelausgänge	1	
Deliktverarbeitung	1	
Zusammen arbeiten	1	28,57
Freiheit	1	

Freundlichkeit	1	
Gefühlskontrolle	1	
Hilfe vom Team	1	
Teestube	1	
Hormonelle Substitution mit anschließender geschlechtsangleichender OP, aber auf das Problem wird zu wenig eingegangen	1	
Dass ich mich ausprobieren darf.	1	
Kritikfähigkeit des Personals	1	
Mehr Ehrlichkeit	1	
Mehr Offenheit ohne Intrigen, also in jedem Fall Klartext	1	
Mehr Verbindung zum wahren Leben	1	
Mir hilft, mit dem Personal zu reden und wenn ich zur Arbeit (AT) gehe, hilft es mir.	1	
Mitarbeit	1	
Persönlichkeitsrechte	1	
Recht auf Intimsphäre	1	
Viel Ruhe	1	
Schlafen	1	

n = 84

F. Behandlung & Tagesablauf – Auswertung Frage 5:
Folgende Behandlung/Beschäftigung hilft mir gar nicht oder kaum, um wieder gesund zu werden...

Arbeit	**Anzahl**	**%**
Akkordarbeit	1	
Arbeit	1	
Arbeit, die keinen Spaß macht	1	
Arbeitstherapie	13	31,75
Der Zwang zum Arbeiten	1	
Monotone Arbeit	1	
Schraubenzieher zusammenbauen	1	
Zu wenig Verdienst auf der Arbeit	1	

Ausbildung

Schule	2	3,17

Außen

Zuwenig Ausgang	1	1,59

Behandlung

Behandlungsverweigerung	1	
Falsche Behandlung	1	4,76
Jede Behandlung hilft mir	1	

Beschäftigung

Zu wenig Beschäftigung am Wochenende	1	
BT	1	
Langeweile	1	
Rumgammeln am Wochenende	1	12,70
Fernsehen den ganzen Tag	1	
Zeitschinden	1	
Wenn ich unbefriedigend beschäftigt werde, z.B. Arbeitstherapie	1	
Zu wenig Freizeitangebote	1	

Gespräche

Keine Gespräche mit Ärzten und Psychologen	1	1,59

Keine

Keine	2	3,17

Personal

Herablassendes Verhalten des Personals	1	
Herumkommandiert und ständig kritisiert zu werden	1	
Ständige Bevormundung des Pflegepersonals	1	7,94
Wenn ich direkt vom Pfleger oder Therapeuten angesprochen werde	1	
Wenn Mitarbeiter Thematiken anschneiden, von denen sie keinesfalls Ahnung haben.	1	

Sanktionen

Einschränkungen der Lockerungen	2	
Freiheitsentzug	1	9,52
Sanktionen	1	
Verwahrung	2	

Schlechte Gefühle/Ungerechtigkeiten

Wenn ich öfter erinnert werde wegen meiner Straftat	1	
Vorwürfe	1	
Behauptungen	1	
Bevormundung	1	
Diskriminierung	1	
Druck	1	
Erpressung	1	
Das jeder glaubt, alles richtig zu machen.	1	23,81
Negative Beurteilungen vom Team	1	
Nicht auf mich eingehen	1	
Nicht Ernst genommen werden	1	
Ohne Kommentar abgewiesen werden	1	
Unter Psycho-Druck setzen	1	
Verleumdungen	1	
Verlogenheit und Machtdemonstration	1	

Sport

Sport	3	
Schattenboxen	1	7,94
Zwangssport (Kraft- u. Ausdauertraining)	1	

Medikamente

Vitamintabletten	1	
Zuviel Medikamente	1	3,17

Therapie

Keine Therapeuten	1	
Einmischung der AT-Therapeuten in Therapie	1	
Therapeutisches Mittag- oder Abendessen	1	7,94
Zu wenig Einzeltherapie	1	
Zu wenig Therapie	1	

Sonstiges

3 bis 2-Mannzimmer	1	
Alles nicht Kreative	1	
Das Haus dicht machen	1	
Förderbereich	1	
Keine Steuern	1	15,87
Nicht versichert	1	

Stationsklima	1	
Stationsversammlungen	1	
Stress, was von draußen reinkommt	1	
Unruhe unter den Patienten	1	

n = 63

F. Behandlung & Tagesablauf – Auswertung Frage 5:
Folgende Behandlung/Beschäftigung hilft mir wieder gesund zu werden, wird aber zu wenig angeboten...

Arbeit	**Anzahl**	**%**
Akkordarbeit	1	
Arbeit	1	
Arbeit mit den Tieren	2	11,29
Kreatives Arbeiten	1	
Kreatives Arbeiten, Holz usw.	1	
Arbeit zu haben	1	
Ausbildung		
Ausbildung	1	
Weiterbildung	2	6,45
Schule	1	
Beschäftigung		
Bauchtanz	1	
Beschäftigungstherapie	1	
BT Holz	1	
Entspannungsangebote (Yoga etc.)	1	
Entspannungstraining	1	
Federball	1	
Mehr Stationsaktivitäten	1	
Mehrtagesfahrten	1	33,87
Ausgang mit Personal	1	
Ausflüge	1	
Außenaktivitäten	1	
Stationsaktivitäten	1	
Stationsfahrten	2	

Weitere Ausgänge	1	
Bauernhof Poser	1	
Unterhaltung	1	
Aktivitäten	2	
Kinobesuche	1	
Kanu AG	1	
Drogen		
Cannabis-Selbsthilfegruppe	1	1,61
Familie		
Eigene Familie	1	
Zusammenführung mit Eltern	1	
Einbeziehung der Familie	1	8,06
Heimfahrten	1	
Zu Hause zu sein	1	
Freizeit		
Freizeit	1	
Freizeitbeschäftigung	1	4,84
Freizeitgestaltung	1	
Gespräche		
Ernstnahme der Gespräche	1	
Gespräche	1	
Gesprächsgruppen in der Abteilung: Politik, Gesellschaft, Kunst, Literatur, Religion	1	9,68
Gruppengespräch	1	
Psychologengespräche leider nur 1mal wöchentlich	1	
Arztgespräche	1	
Keine		
Keine	2	3,23
Sport		
Sport	4	
Sport in Vereinen, außerhalb des LKH	1	8,06
Medikamente		
Medikamente	1	1,61
Therapie		
Einzeltherapie	1	
In der AT wird man nicht gefordert	4	

Gruppentherapie	1	22,58
Psychologische Betreuung	1	
Therapie	2	
Therapie, da zu wenig Therapeuten zur Verfügung stehen	1	
Therapeuten	1	
Therapieplatz	1	
Musiktherapie in Grenzen	1	
Gruppenauseinandersetzungen	1	
Sonstiges		
Adäquate Gespräche für transidentische Einzelgespräche mit Psychologen	1	27,42
Alltag zu gestalten	1	
Aufarbeitung meiner Quartalssauferei i.V.m. der Aggressivität, die dadurch entsteht	1	
Bin genug beschäftigt	1	
Egal in welcher Problematik, offen und Ehrlichkeit. Absolute Konfrontation und Aggressivität (ohne körperliche)	1	
Lockerungen dauern zu lange	1	
Resozialisierung	1	
So genommen zu werden, wie ich bin	1	
Soziales Training	1	
Unbekannt	1	
Zu wenig Angebote, um das öffentliche Leben kennen zu lernen	1	
Menschlichkeit des Personals	1	
Integriert zu werden	1	
Kontakte pflegen	1	
Freiraum	2	
WG	1	

n = 62

F. Behandlung & Tagesablauf – Auswertung Frage /:
Wie lange sollte Ihrer Meinung nach eine Einzeltherapie dauern?

Monate/Jahre	Anzahl	%
3 bis 6 Monate	1	10,34
6 Monate	1	
Höchstens 1 Jahr	1	

Nicht länger als 1 Jahr	1	
1 Jahr	5	
1 bis 1,5 Jahre	1	
1,5 Jahre	2	
1,5 bis 2 Jahre	1	11,49
1 bis 3 Jahre	1	
2 Jahre	4	
Max. 2 Jahre	1	
2,5 Jahre	1	
2 bis 3 Jahre	6	
2 bis 4 Jahre, je nach Krankheit	1	17,24
3 Jahre	5	
Max. 3 Jahre	1	
Mind. 3 Jahre	1	
3 bis 4 Jahre	4	
3 bis 5 Jahre	1	
3 bis 6 Jahre	1	9,20
3 bis 7 Jahre	1	
4 Jahre	1	
4 bis 5 Jahre	2	
4 bis 5 Jahre müssten es schon sein	1	
Nicht länger als 5 Jahre	1	9,20
5 Jahre	2	
5 bis 8 Jahre	1	
6 Jahre	1	
Gesamt	50	57,47

Minuten/Stunden	**Anzahl**	**%**
30 Minuten	1	
30 Minuten, bei Bedarf länger	1	
30 bis 60 Minuten	1	
45 bis 60 Minuten	1	9,20
1 Stunde	3	
Max. 1 Stunde	1	
2 Stunden	2	2,30
Gesamt	10	11,50

Sonstiges	Anzahl	%
Bis zum Erfolg	1	12,64
Bis man therapiert ist	1	
Bis zum Ende	1	
Bis zur Entlassung	1	
Bis zur kompletten Heilung	1	
Bis zur Stabilität	1	
Nach Behandlungserfolg	1	
So lang wie notwendig	1	
So lange wie nötig.	1	
So lange wie sie dauert	1	
Wenn sinnvoll, solange bis Ziel erreicht ist.	1	
2mal pro Woche über max. 5 Jahre	1	18,39
3mal pro Woche 2 Stunden	1	
Einige Jahre	1	
Einige Monate	1	
Gar nicht	1	
Ich bin gegen Einzeltherapie, wie sie hier praktiziert wird	1	
Gesamte Behandlung	1	
In Regelmäßigkeit: 1mal pro Woche	1	
Individuell	1	
Individuell nach Einzelfall	1	
Je nach dem	1	
Kommt auf die Problematik an	1	
Liegt an jedem selbst	1	
Ohne feste Vorgabe	1	
Paar Jahre	1	
So lange wie möglich	1	
Gesamt	27	31,03

n = 87

Freie Meinungsäußerung

	1	2	3
Fragebogen	**Besonders gut gefällt mir...**	**Einige Dinge haben mir nicht so gut gefallen...**	**Ich habe folgende Verbesserungsvorschläge & Hinweise...**
1	0	Auf Beschwerden wird schlecht reagiert.	Beschwerden ernster nehmen.
2	Musikgruppe.	0	0
3	Gar nichts.	0	0
4	Die Hilfe und Mithilfe des Personals in schwierigen Situationen.	Ich bin zur Zeit wenig gelockert und finde es als Belästigung, zumal meine Ehe sehr darunter leiden musste.	0
5	Den Versuch kreative Arbeit zu fördern.	Meist nicht qualifiziertes Personal.	Besser geschultes Personal in der Pflege.
6	BT-Möglichkeiten aller Art.	Auf den Wachsälen hat sich das Personal kaum zum Gespräch angeboten.	Einstellung von mehr Personal.
7	Dass man bei einigem Personal gut ein Vertrauen aufbauen kann. Vielleicht auch eine gute Freundschaft. Das gilt nicht bei jedem!	Einige Pfleger behandeln uns wie Tiere, die man nicht füttern darf!	Das Personal müsste uns einfach wie normale Menschen behandeln!
8	Das LKH Moringen ist meiner Meinung nach besser, als andere LKH's oder psychiatrische Anstalten. Außerdem ist Moringen eine Kleinstadt und man erlebt weniger, als wie z.B. Hannover oder Göttingen.	Großstadtflair fehlt in Moringen. Aggressivität unter den Patienten.	Habe keine. Bin rundum zufrieden!

9	Manche Pfleger und Schwestern machen ihren Job, weil sie helfen wollen und davon gibt es zu wenig. Dass es draußen WG's und auch das Tierprojekt gibt.	Dass manche Pfleger nur hier arbeiten, um Geld zu bekommen. Dass neue Ideen auf den Patienten abgewälzt werden, ohne diese mit denen zu bereden. Dass manche Doktoren die Patienten nicht für voll nehmen. So nach dem Motto: "Ich Doktore, du nix!" Bei manchen vom Personal ist es genauso.	Das Personal (Pflegekräfte, wie auch Doktoren) müssten lernen mit dem Patienten zu reden und auch darauf zu reagieren. Pflegekräfte und Doktoren müssten sich auch mehr austauschen, dann wäre manche Anspannung auf manchen Stationen gelöst. Dass es mehr öffentliche Arbeit gibt, die der Welt zeigt, daß es im LKH Moringen nicht alles Monster, Idioten und Wahnsinnige sind, sondern auch Menschen, die aufgrund ihrer Erkrankung eine Straftat begangen haben.
10	Ich habe 11 Jahre Psychiatrie-Erlebnisse, auch seit gut 7 Jahren forensische Erlebnisse. Beide sind sehr unmenschlich, besonders chaotisch.	Misshandlung durch Pflegepersonal. Überdosierung durch Medikamente.	Auf jeden Fall Grenzen bewahren, wenn dies geschieht ist eine Arbeit um Weites klärender.
11	0	Keine Ausbildungsplätze (Lehre).	Mehr Ausbildungsplätze. Gute Arbeitsplätze. Mehr auf die Probleme des Patienten eingehen.
12	Da ich absoluter Gegner forensischer Kliniken bin, möchte ich mich diesbezüglicherweise nicht objektiv äußern. Ich akzeptiere absolut bei kriminellen Verstößen gegen das StGB, daß ich verurteilt werde. Aber bitte	Hier wird absolut gegen Menschenrechte, Meinungsfreiheiten und die deutsche Demokratie verstoßen. Man beruft sich hier auf die Maßregelvollzugsgesetze und verstößt seitens des Hauses gegen die Grundrechte der Strafgesetzgebung.	Ich mache keine Verbesserungsvorschläge, da sie a) einem nur zum Nachtteil sind und b) nicht praktikabel sind, also nicht umgesetzt werden und bezüglich der Hinweise möchte ich sagen, daß ich die Erfahrung gemacht habe, je mehr man gegen etwas

	dann zur Gefängnisstrafe. Und nicht aufgrund psychologischer, dilettantischer Begutachtung. Wie gesagt, ich spreche hier von meiner Person.	Eine diktatorische Hierarchie.	agiert und opportun ist, ohne dabei gegen Gesetze zu verstoßen, umso länger dauert die Unterbringung. P.S. Alles was ich hier angeführt habe ist lediglich meine Erfahrung und meine Meinung!
13	Machtkämpfe mit Personal.	Diskriminierungen. Verletzung der Menschenrechte.	Partnerschaftszimmer. Partner sollten auf einer Station ein Zimmer haben.
14	0	0	0
15	0	Medikamente, die ich nehmen muss und die mir schaden, muss ich gegen meinen Willen nehmen. Lockerungen sind nicht so, wie ich sie mir wünsche.	Das Pflegeteam und die Ärzte sollten mit dem Patienten besser kommunizieren.
16	0	0	0
17	Das Essen.	Dass ich aufgrund falscher Prognosen schon 14 Jahre untergebracht bin.	Das LKH sollte bitte mal die langen Unterbringungszeiten mit den Straftaten verglichen, ob sie überhaupt im Verhältnis stehen.
18	Dass hier das weibliche Geschlecht vertreten ist.	0	0
19	0	0	0
20	Dass wir viele Möglichkeiten haben, daß wir mit der Station sehr viele Aktivitäten machen. Dass man hier Gespräche bekommt, wenn es einem nicht so besonders gut geht.	Ich habe keine Meinung dazu!	Ich habe keine "Verbesserungsvorschläge"!

	Dass die einen unterstützen, wenn man Probleme hat.		
21	**0**	**0**	**0**
22	**0**	**0**	**0**
23	Kann meine Meinung nicht vertreten!	Zum Beispiel gefallen mir nicht Fixierungen.	Momentan habe ich keine Verbesserungsvorschläge.
24	Dass eine Zusammenarbeit mit den Angehörigen stattfindet und auch gut ist.	0	0
25	Der Verdienst in der Arbeitstherapie. Die schulische Ausbildung. Besitz von Computern.	Keine ehrlichen ablehnenden Gründe. Nicht Erkennung von Entwicklungen. Therapeuten werden nicht ernst genommen (die Meinung).	Nicht so viele Büro- und Verwaltungsaufgaben der Pfleger. Das Personal soll auf die Patienten mehr zugehen.
26	Dass wir mehr Freistunden haben, als rechtlich vorgeschrieben. Die Teestube.	Dass bei jeder Auseinandersetzung man auf die Wachstation kommt. Das ist im Knast besser.	Einzelzimmer oder Zweibettzimmer, wie im Knast meist üblich.
27	Ich bin das zweite Mal hier in Moringen und es läuft für mich besser, als in der ersten Unterbringung.	Lange Aufenthalte auf dem Wachsaal.	Mehr Angebote, um Patienten eine Lehrstelle innerhalb der Klinik zu ermöglichen.
28	Nichts erwähnenswertes zu vermelden.	Die angebotenen Nahrungsmittel sind zu einseitig bzw. Essen aus der Hauptküche ist m.E. therapeutisch unsinnig. Vorantreibung der Hospitalisierung vieler Patienten / therapeutischer Kreisbewegungen. Gleichgültigkeit ggü dem Patienten, nach dem Motto: mein Geld bekomme ich auch, wenn sie hier sterben.	Viele Mitarbeiter des Hauses leben hier legal Perversionen aus. Sie sind verdammt ignorant und stets bestrebt das Meiste zu sagen. Von einer wirklichen adäquaten Unterstützung kann aus meiner Sicht keinesfalls die Rede sein. Hinzu kommen persönliche Aversionen, welche das "therapeutische Voranschreiten" immens beein-

		Machtkämpfe zwischen den Mitarbeitern: Wer hat mehr zu sagen? Auslebung legaler Perversionen: UK Standard 29 Lange, überflüssige Aufenthaltsdauer, weil man Angst um den eigenen Stuhl hat.	flusst. Als vorbildliche Therapie ist diese hier im LKH Moringen angebotene keinesfalls zu sehen, sondern primär als legale bzw. moderne Schändung an Menschen. Es gibt viel zu tun. Natürlich kann man diese Abweichungen selbstverständlich wieder zu uns Patienten delegieren, doch auch wenn man wirklich bemüht ist an sich zu arbeiten, erfährt man nichts außer mangelnde Unterstützung. Außerdem werden Fortschritte zu spät erkannt. Der Einweisungsparagraph trägt sicherlich entscheidend zu diesen Dingen bei, denn auch er ist alles andere als menschenfreundlich. Einen Aufenthalt bis zum seelischen bzw. körperlichen Verfall anzuordnen, im Falle einer Nichtminderung der angeblich vorhandenen Störung, ist m.E. eine immense Grundgesetzverletzung und eine brutale Einschneidung in die gesamte Persönlichkeit eines jeden Betroffenen. Nicht einmal meinem größten Feind wünsche ich diese Unterbringung, wobei ich Therapie im Allgemeinen nicht verurteilen möchte. Es gibt sicherlich Arbeitslose,

			welche mehr daran interessiert wären uns zu helfen, bei knapp 5 Mio., wie die hier vorhandenen Mitarbeiter.
29	Sollte ein persönliches Gespräch nötig sein, egal wie spät, ist dieses wohl möglich.	Zu wenig Einbindung des Patienten auf evtl. Behandlung oder auf die Frage: wie könnte es perspektivisch weitergehen.	Mehr Einbindung des Patienten auf bevorstehende Entscheidungen, vielleicht auch mehr Gespräche, wenn diese nötig sein sollten.
30	0	Zu wenig Freizeitangebote.	Mehr Freizeitangebote.
31	Die Förderung von Kontakten zwischen den Patienten bzw. nach außen. Freundliche Atmosphäre zwischen den Patienten. Diskussionsbereitschaft bzw. Verständnis einiger Krankenpfleger.	Provokation von Personal und Ärzten. Sichtliche Überforderung bzw. Arbeitsunlust einiger Pfleger und Ärzte. Unverständnis und Begriffsstutzigkeit der Ärzte. Schiebereien zwischen Personal und Patienten.	Häufigere Gruppengespräche zum Allgemeinverständnis. Eventuelles Durchwechseln des Personals zwischen den Stationen. Psychologisch wertvolle Gespräche zwischen Pflegern und Ärzten, damit die Pfleger eine Anlaufstelle für ihre schlechte Laune haben.
32	Dass es Möglichkeiten gibt das Besucherappartement mit Frau/Mann zu benutzen. Sportmöglichkeiten.	Dass man z.B. nicht mit Kind alleine ins Besucherappartement darf, um den Kontakt zum Kind nicht distanzieren zu lassen.	Vielleicht noch mehr für ein gutes Familienleben tun und unterstützen.
33	Das regelmäßige Kochen mit der Hauswirtschaftlerin.	Manche Sozialarbeiter ruhen sich zu dolle aus.	Man sollte die Selbstständigkeit der Patienten überprüfen, so daß auch der B-Bereich manche Patienten sich selbst versorgen können.

34	Schnelle Lockerungen, z.B. Einzeleinkauf. Angebote, z.B. Hochseefahrten, Wanderung Reitertouren Dass das Pflegepersonal sehr viel Veranstaltungen macht oder organisiert.	0	Mehr Therapien mit Tieren. Möglichkeiten zu geben etwas über Massagen zu zeigen oder mit dem Masseur mitzugehen - ist mein Traumberuf.
35	Das Angebot Schule machen zu können. Auch finde ich es gut, wenn man einen Psychologen haben möchte ist es, zwar nach langer Zeit, möglich einen zu bekommen.	Mir gefällt es nicht, daß man oft das Gefühl hat, daß Pfleger oft mehr zu sagen haben als Ärzte oder Psychologen.	Es sollte statt wenigen großen Stationen, lieber viele kleinen Gruppen geben.
36	Dass ich mich für viele Aktivitäten entscheiden kann. Malen, Bildhauen, Mauernsegeln, Kochen, Sport, Schwimmen usw..	Schwere Probleme mit Transsexualität.	Schulungen und Aufklärung, besonders bei Personal und Ärzten, in Hinsicht "Transsexualität".
37	0	Es sollte mehr gutes Pflegepersonal geben. Es sollte mehr auf Lockerungen geachtet werden, denen es zusteht und nicht denen, die faul und Geschäfte machen.	Das Setting in dieser Klinik und das Essen sollte komplett überdacht werden.
38	Nichts.	Formulierungen sind im Ergebnis mit keinem greifbaren Ergebnis verbunden.	Klare Absprachen an die sich beide Seiten halten.
39	Freistundenhof. Sommerfreistunde. Spielkreis. Schwimmbad.	Zimmer zu klein.	Besuch auf den einzelnen Stationen auch während des Abends und wenn keine Hofgangzeit ist.

40	Besonders gut würde ich finden, daß viele Patienten Tiere halten dürften.	Dass ein paar Pfleger nur ihre Lieblingspatienten/in rauspicken und gute Sachen mit ihnen reden.	Mehr Tiere für uns, auch auf Station 08, Patienten. Dass man für´s Haschrauchen nicht bestraft wird.
41	Sportangebote.	Benachteiligung von Patienten im B-Gelände.	Nach Möglichkeit sollte der Aufenthalt so kurz wie möglich gehalten werden, damit eine effektivere und leichtere Eingliederung stattfinden kann.
42	Mehr Zeit für Patienten/innen. Öfter mit Patientinnen zusammen sein.	Das Verhältnis Patient/innen zu Personal.	Fachgerechtes Personal auf die Stationen schicken und Mitspracherecht bei der Stationswahl. Vor allem Patienten/innen-Auswahl.
43	0	Dass die Therapien hier so lange hinausgezögert werden, denn die Zeit ließe sich hier erheblich verkürzen.	Öftere und häufige Gespräche mit Therapeuten sind nötig, so u.a. auch daß die Therapeuten mehr auf die Patienten eingehen, z.B. wenn ein Patient keine Themen hat oder nicht weiß wie er beginnen soll, ist Hilfe von Nöten. Mehr Hilfe und Entgegenkommen bei den therapeutischen Gesprächen, denn nicht jeder hat von sich aus die Möglichkeit aus sich herauszukommen. Grund: die meisten Patient sind gewohnt, aufgrund schlechter Erfahrung, misstrauisch zu sein und dieser Zustand muss sich erst einmal ändern.
44	Behandlung.	0	Lockerungen.

45	0	0	0
46	Mir gefällt besonders gut, daß ich oft in meinen Zukunftsplänen unterstützt werde. Und daß ich von hier meine familiären Kontakte hegen und pflegen kann.	Mir gefällt es manchmal nicht so gut, wenn belanglose Worte in die Waagschale geworfen werden und zur Debatte werden können.	Als Verbesserungsvorschlag würde ich es gut finden, wenn der Besuch auf dem Zimmer stattfinden könnte.
47	Dass es keine vorgeschriebenen Zeiten gibt, wann man ins Bett muss.	Dass ich Wochen auf der Wachstation verbringen musste.	0
48	Dass ich eine feste Tagesstruktur für mich gut ausüben kann.	0	Verbesserungsvorschläge habe ich keine, da ich mit dem Ablauf hier zufrieden bin.
49	0	0	0
50	Dass die Möglichkeit besteht ein Einzelzimmer zu bekommen.	0	0
51	0	0	0
52	0	Im 63er-Bereich zu wenig Einzeltherapie / -peuten/in.	Weniger medikamentenbezogene Behandlung schwieriger Patienten.
53	0	Lockerungen sperren für nix.	Mehr Zeit mit Patienten zu verbringen. Tiere. Therapie. Auswählen, wo Patient arbeiten will. Mehr Freigänge.
54	In der Gärtnerei zu arbeiten.	Die Ausdrucksweise der Mitpatienten.	Mehr Fingerspitzengefühl von den Stationsleitern/innen und Ärzten.
55	Im Großen und Ganzen bin ich zufrieden.	Es geht alles zu langsam vorwärts.	Es müsste alles viel schneller vorwärts gehen.
56	Nichts.	0	0
57	Stationsfreizeitfahrt 1mal im Jahr.	Zuviel Papierkrieg im LKH.	Lockerungsanträge schneller bearbeiten.

58	Dass man hier was lernen kann mit der Zeit. Dass man eine Arbeit hat.	Unterbringung dauert zu lange. Manchmal fühle ich mich unverstanden.	Besserer Umgang mit Patienten im LKH.
59	Lockerungen. Außenkontakte.	Behauptungen. Verleumdungen.	Das Pflegepersonal soll mehr auf die Patienten eingehen, bevor was behauptet wird was nicht Tatsache ist.
60	Diskobesuch im Plaza. Kleine Aktivitäten und Mehrtagesaktivitäten mit Übernachtung.	Streitigkeiten mit Personal und Patienten.	Das Personal sollte mehr auf die Wünsche von den Patienten eingehen und wahrnehmen.
61	0	0	0
62	Diskobesuch im Plaza.Kleinere Aktivitäten und Mehrtagesaktivitäten.	Streitigkeiten mit Personal und Patienten.	Das Personal sollte mehr auf die Wünsche von den Patienten eingehen und wahrnehmen.
63	Dass es hier Menschen gibt, die einem wirklich zuhören.	Dazu möchte ich mich nicht äußern!	Keine, weil es sowieso nichts bringt!
64	Dass ich ein Einzelzimmer habe sowie einen Therapeuten habe, der voll eingeht auf meine Schwierigkeiten. Sowie die Ärzte insgesamt sich gut um einen kümmern.	Dass man keine Antwort bekommt, wenn man dem Chef einen Brief schreibt.	Dass auf sämtlichen Stationen die Namen von den hier arbeitenden Therapeuten ausgehändigt wird, vielmehr eine Liste auf der Station ausgehängt wird.
65	Dass man offen miteinander umgeht.	Dass ich meine ersten Jahre hier in Moringen selbst verschenkt habe.	Ich werde mich mehr auf Gespräche mit Personal und Patienten einlassen.
66	0	0	0
67	Abschließmöglichkeit von Sachen. Kabelanschluss für Fernseher. Möglichkeiten (selber) überhaupt Wä-	Keine ausreichende Aufklärung des Zusammenspiels/Zusammenarbeit zwischen Maßregeleinrichtung und Vollstreckungskammer des Land-	Ausreichende Aufklärung über Zusammenspiel von LKH und Gerichten. Fotokopien der ärztlichen Stellungnahmen

	sche zu waschen. Selbstverpflegungsmöglichkeiten.	gerichts. Fotokopien von den ärztlichen Stellungnahmen zur gerichtlichen Anhörung sind nur über Rechtsanwälte/innen möglich. Neue Bekleidung zu bürokratisch. Keine ausreichenden Telefonbücher, Verbot Telefonauskunft anzurufen. Machtkämpfe zwischen Patienten.	kriegen, auch ohne Verteidiger/in. Stärkere Berücksichtigung/mehr Einfluss der Patientin/des Patienten bei den Entlassungsvorbereitungen. Möglichkeiten der Berufserlernung und Berufsabschlüsse (mit Gesellenbriefen). Für neue Bekleidung pauschale Auszahlung, wie bislang bei Sozialhilfe. Mehr Telefonbücher beschaffen und auch zugänglich machen (z.B. in der Patientenbücherei). Telefonhäuschen auf den Stationen (bei manchen Stationen noch nicht vorhanden). Mehr Schutz vor Drohungen, Handgreiflichkeiten und Gewalttätigkeiten von Patienten, insbesondere auf den Wachsälen und B-Klinik.
68	Dass man, wenn man an sich arbeitet vorankommt und die Änderungen sieht und auch mit mehr Freizeit fordert.	Der Klinikleiter sollte mit einem Patienten sprechen, wenn es Bedarf gibt. Das vermisse ich. Dass einige Pfleger gerne ihre Macht ausleben und unkontrolliert demonstrieren.	Ich bin für die Privatisierung der Klinik und des Personals. Die Besuchskommission des Nds. Ministeriums sollte neu reformiert und demokratischer werden.
69	**0**	**0**	**0**
70	Dass ich in der WG "eingesperrt" bin.	Nennung des Delikts.	Das Personal müsste menschlicher werden.
71	Dass es Seelsorger gibt.	Zu wenig Vertrauen ggü den Patienten.	Patienten sollten mit Belohnungen motiviert werden.

72	Weiterbildung (schulische Maßnahmen).	Die Betreuung von Psychosepatienten auf der Wachstation ist eine Katastrophe.	Eigene Station für Patienten, die gerade aktiv psychotisch sind. Mehr Lehrstellen für Patienten.
73	Das Zimmer.	Die Einführung. Die ersten Monate in der Klinik.	Ich nehme auf und versuche den Aufenthalt in der Klinik als Lehre zu sehen und nicht als Strafe.
74	**0**	**0**	Mehr Therapeuten im Haus.
75	Man wird hier noch als Mensch behandelt.	Widersprüche bei Entscheidungen.	**0**
76	Dass es, wenn es Fahrten gibt, sei es Tages- oder Mehrtagesfahrten, sie gut organisiert sind.	Dass der Entschluss schon feststeht, wenn eine Anhörung vorm Richter ist.	Mehr Ausgänge, dann gibt es weniger Entweichungen. Nur wer seine Kuh auf's Eis schickt kann ausprobieren, ob sie einbricht.
77	Dass Außenkontakte nach Möglichkeit gefördert werden. Stationsfahrten über mehrere Tage außerhalb des LKH's. Partnerschaften werden vom Haus sowie dem Stationsteam unterstützt.	Es gibt zu wenige Therapeuten/Psychologen im Hause mit denen man Therapie machen könnte (zu viele Patienten haben keinen Therapeuten für Einzelgespräche). Zuviel Drogen befinden sich im Hause.	Einstellung von mindestens fünf Einzeltherapeuten, damit man seine Einzeltherapie auch voll nutzen kann. Zu lascher Umgang mit Drogenkurieren.
78	Die Machtkämpfe mit dem Pflegepersonal.	Die Missachtung der Menschenrechte.	1 Partnerschaftsstation. Vertraulicher Umgang zwischen Ärzten und Patienten.
79	Die Gespräche mit dem Therapeuten.	Dass es zu wenige Therapeuten gibt.	Mehr Aufklärung über das Leben außerhalb des LKH.
80	Gespräche mit Personal. Dass die Stationen schöner geworden sind.	Dass manche Pfleger die Patienten unter Druck setzen. Nicht genug ernst genommen werden.	Ausgebildetes Personal einstellen, die Probleme und Wünsche besser erarbeiten können.

	Dass man öfter mit den Problemen besser umgehen kann.		
81	Die Lockerungen.	0	0
82	0	0	0
83	Die einzelnen Aktivitäten, wie Freizeit, Fahrradfahren, Wandern.	0	Würde mich freuen über mehr Aktivitäten.
84	0	0	0
85	Die Behandlung.	0	0
86	Dass Ärzte und Psychologen gemeinsam stehen in ihren Fragen.Es muss viel mehr für die schwachen Patienten gemacht werden.Arbeit, den Fertigkeiten entsprechend gefördert werden.	Alles ist gut, was uns therapiert.	Es müsste eine PSR da sein. Dass man auch mal für die ganze Gemeinschaft was machen kann.
87	Das Freizeitangebot. Das Besuchsangebot (Besucher).	Personal (Fehler machen und nicht mal sich entschuldigen). "Gruppenbestrafung".	Mehr Musik in bestimmten Räumen reinsetzen (Radio). Personal öfters mal austauschen, deswegen meist schlechtes Klima.
88	0	Patienten bleiben zu lange ohne Behandlung durch einen Psychologen. Behandlung von Problemen wird auf die lange Bank geschoben. Den Unterschied zwischen Transidentität und Transvestismus scheint niemand wirklich zu kennen.	Es sind mehr Psychologen erforderlich. Wünschenswert wäre die Begleitung durch einen Psychologen vom ersten Tag an. Extreme Therapeuten bei Transidentität. Kommt hier zu selten vor, daher fühlen sich die Betroffenen alleingelassen.
89	Intensive Behandlung.	Letzte Zeit keine Rückfragen durch das Personal.	Der ärztliche Dienst sollte mehr vor Ort sein.

90	Das Essen. Das Gelände.	Z.B. ein Jahr zu verlieren ohne jegliche eigene Schuld, weil man "zu schnell gefördert worden" sei. Mein Eindruck, daß die Wunderkeule "Sanktionen" immer öfter (und unberechtigter) geschwungen wird. (Nachweisbare) Schikanen auf der Station 03.	Beim Tierprojekt scheinen mehr Entscheidungsträger involviert zu sein, als Tiere. Trotz aller Konferenzen werden Hühner, Enten zu spät raus- und zu früh reingebracht. Absoluter Härtefall: 14.03.04 "Dunkelhaft" und 20 Stunden.
91	Auf dem A-Bereich konnte ich gut mit dem Pflegepersonal reden.	0	0
92	Das Sportangebot der Klinik.	Dass sie es einem nicht glauben, wenn man die Wahrheit sagt.	Dass die Patienten einen mit Sprachrecht haben bei Aktivitäten.
93	0	0	0
94	0	0	0
95	Die Freistunden-Zeiten im LKH.	Die Behandlung mit Psychopharmaka.	Individuell auf den Patienten eingehen.
96	Dass es vereinzelt Perspektiven für mich gibt und daß es Taschengeld gibt.	Pfleger als Rechtsradikale. Zuviel Tabletten.	Sauna mit Aufsehen. Fußballplatz aus Rasen.
97	0	0	Bessere Einsatzmöglichkeiten für die AT.
98	Therapeutisches Angebot (Einzeltherapie-Gespräche). Ernährung.	Teamunfähigkeit auf Stationen (Arzt - Psychologe - Stationspflegepersonal). Kompetenzkämpfe.	0
99	Freie Entfaltung bei den Hobbies und der Gestaltung des eigenen Lebensraumes.	Langer Aufenthalt auf Wachsaal. Lange Wartezeit Einzelgesprächstherapeuten.	0
100	Dass ich 2mal die Woche Einzelgespräch habe.	0	0

IV. Niedersächsisches Maßregelvollzugsgesetz (Nds. MVollzG) vom 01.06.1982 (GVBl. 131), zuletzt geändert am 17.12.1991 (GVBl. 370)

Erster Teil
Anwendungsbereich, Grundsätze, Organisation

§ 1 Anwendungsbereich

Dieses Gesetz regelt den Vollzug der durch strafrichterliche Entscheidung angeordneten freiheitsentziehenden Maßregeln der Besserung und Sicherung in einem psychiatrischen Krankenhaus oder einer Entziehungsanstalt (Unterbringung).

§ 2 Grundsätze

(1) Ziel einer Unterbringung in einem psychiatrischen Krankenhaus ist es, den Untergebrachten soweit wie möglich zu heilen oder seinen Zustand so weit zu bessern, daß er nicht mehr gefährlich ist. Ziel einer Unterbringung in einer Entziehungsanstalt ist es, den Untergebrachten von seinem Hang zu heilen und die zugrundeliegende Fehlhaltung zu beheben. Beide Maßregeln dienen zugleich dem Schutz der Allgemeinheit.
(2) Soweit wie möglich soll der Vollzug den allgemeinen Lebensverhältnissen angeglichen werden und den Untergebrachten auf eine selbständige Lebensführung vorbereiten. Seine familiäre, soziale und berufliche Eingliederung soll gefördert werden.
(3) Der Untergebrachte wird unverzüglich über seine Rechte und Pflichten unterrichtet. Hat er einen gesetzlichen Vertreter, so soll dieser Gelegenheit erhalten, an der Unterrichtung teilzunehmen.

§ 3 Einrichtungen des Maßregelvollzuges

(1) Die Maßregeln werden in psychiatrischen Krankenhäusern und Entziehungsanstalten als Einrichtungen des Landes vollzogen. Die Landesregierung kann diese Aufgabe auch entsprechenden Einrichtungen anderer Träger mit deren Zustimmung widerruflich übertragen; insoweit unterstehen die Einrichtungen der Aufsicht der zuständigen Behörden.
(2) Die Einrichtungen sind so zu gliedern und auszustatten, daß eine auf die unterschiedlichen Anforderungen abgestimmte Behandlung ermöglicht und die Eingliederung der Untergebrachten gefördert wird. Es sind namentlich die

Voraussetzungen für einen offenen und geschlossenen Vollzug sowie für eine gesonderte Behandlung Jugendlicher und Heranwachsender zu schaffen.

(3) Die Maßregeln können auf Grund besonderer Vereinbarungen auch in Einrichtungen außerhalb des Landes Niedersachsen vollzogen werden.

§ 4 Zusammenarbeit der Einrichtungen mit Dritten

Die Einrichtungen sollen mit den Behörden, Stellen und Personen zusammenarbeiten, die das Ziel der Unterbringung fördern können. In Zusammenarbeit mit den Einrichtungen der Forschung und Lehre sollen insbesondere die Behandlungsmethoden wissenschaftlich fortentwickelt und die Ergebnisse für die Zwecke des Maßregel- und Strafvollzuges nutzbar gemacht werden.

§ 5 Vollstreckungsplan, Einweisung und Verlegung

(1) Die örtliche und die sachliche Zuständigkeit der Einrichtungen sind in einem Vollstreckungsplan zu regeln und nach allgemeinen Merkmalen zu bestimmen.

(2) Der Untergebrachte kann abweichend vom Vollstreckungsplan in eine andere für den Vollzug der jeweiligen Maßregel vorgesehene Einrichtung eingewiesen oder verlegt werden, wenn

1. hierdurch die Behandlung des Untergebrachten oder seine Eingliederung gefördert wird,
2. sein Verhalten oder sein Zustand eine Gefahr für die Sicherheit oder Ordnung in der Einrichtung, in der er untergebracht ist, darstellt oder in erhöhtem Maße Fluchtgefahr besteht oder die andere Einrichtung zu seiner sicheren Unterbringung besser geeignet ist, oder
3. dies aus Gründen der Vollzugsorganisation oder aus anderen wichtigen Gründen erforderlich ist.

(3) Der Untergebrachte kann in eine Einrichtung, die für Untergebrachte seines Alters nicht vorgesehen ist, verlegt werden, wenn dies zu seiner Behandlung notwendig ist. Die Behandlung der übrigen in dieser Einrichtung Untergebrachten darf dadurch nicht gefährdet werden.

(4) Ein Untergebrachter kann in den offenen Vollzug eingewiesen oder verlegt werden, wenn zu erwarten ist, daß dadurch das Ziel der Unterbringung gefördert wird und nicht zu befürchten ist, daß er sich dem Vollzug entziehen oder die Möglichkeiten des offenen Vollzuges missbrauchen wird.

Zweiter Teil
Untersuchung, Behandlung und Förderung

§ 6 Untersuchungen

(1) Nach seiner Aufnahme wird der Untergebrachte unverzüglich ärztlich untersucht. Die Untersuchung erstreckt sich auch auf die Umstände, deren Kenntnis für die Erarbeitung des Behandlungs- und Eingliederungsplanes notwendig ist.
(2) Weitere Untersuchungen können durchgeführt werden, soweit dies im Rahmen der Behandlung oder zum Schutz der Gesundheit des Untergebrachten oder anderer Personen erforderlich ist.
(3) Die Untersuchungen sind dem Untergebrachten zu erläutern. Er hat die Untersuchungen zu dulden und an ihnen mitzuwirken.

§ 7 Behandlungs- und Eingliederungsplan

(1) Unter Berücksichtigung der Persönlichkeit, des Alters, des Entwicklungsstandes und der Lebensverhältnisse des Untergebrachten wird auf der Grundlage der Ergebnisse der Aufnahmeuntersuchung und, soweit erforderlich, ergänzender human- und sozialwissenschaftliche Erhebungen unverzüglich ein Behandlungs- und Eingliederungsplan aufgestellt. Er soll mindestens die notwendigen Maßnahmen der Behandlung einschließlich psychotherapeutische Maßnahmen sowie medizinische, pädagogische, soziale und berufliche Eingliederungsmaßnahmen umfassen.
(2) Der Plan ist, längstens im Abstand von sechs Monaten, der Entwicklung des Untergebrachten anzupassen. Dabei sind die Möglichkeiten für Lockerungen des Vollzuges, für Beurlaubungen und für eine Aussetzung der Vollstreckung der Unterbringung zur Bewährung zu prüfen. Wenn abzusehen ist, daß die Vollstreckung zur Bewährung ausgesetzt oder daß der Untergebrachte entlassen wird, so sollen auch Angaben über die notwendigen vorzubereitenden Maßnahmen aufgenommen werden.
(3) Der Behandlungs- und Eingliederungsplan ist mit dem Untergebrachten zu erörtern. Der gesetzliche Vertreter erhält Gelegenheit, an der Erörterung teilzunehmen.

§ 8 Behandlung

(1) Der Untergebrachte erhält die nach den anerkannten Regeln der ärztlichen Kunst gebotene Behandlung. Diese schließt die Förderung durch heilpädago-

gische, durch psychotherapeutische sowie durch beschäftigungs- und arbeitstherapeutische Maßnahmen ein. Der Untergebrachte hat die Behandlung zu dulden und zu unterstützen.

(2) Die Behandlung ist dem Untergebrachten zu erläutern. Ist er fähig, Grund, Bedeutung und Tragweite der Behandlung einzusehen und seinen Willen nach dieser Einsicht zu bestimmen, so soll die Erläuterung auch darauf hinzielen, daß er der Behandlung zustimmt.

(3) Erfordert die Behandlung einen operativen Eingriff oder ist sie mit Gefahr für Leben oder Gesundheit des Untergebrachten verbunden oder würde sie seine Persönlichkeit wesentlich oder auf Dauer nachteilig verändern, so darf sie nur mit seiner Einwilligung vorgenommen werden.

(4) Eine Behandlung, die die Persönlichkeit des Untergebrachten in ihrem Kernbereich verändern würde, ist unzulässig.

(5) Ist der Untergebrachte in den Fällen des Abs. 3 nicht fähig, Grund, Bedeutung und Tragweite der Behandlung einzusehen oder seinen Willen nach dieser Einsicht zu bestimmen, so ist die Einwilligung seines Personensorgeberechtigten oder die Einwilligung seines Betreuers oder seines Pflegers, deren Aufgabenkreis diese Aufgabe umfasst, maßgebend.

(6) Kann eine erforderliche Untersuchung oder Behandlung nicht in der Einrichtung durchgeführt werden, in der sich der Untergebrachte befindet, so ist er in eine geeignete andere Einrichtung des Maßregelvollzuges oder, wenn eine solche nicht zur Verfügung steht, in ein geeignetes Krankenhaus zu verlegen. Der Schutz der Allgemeinheit ist durch geeignete Maßnahmen sicherzustellen.

(7) Der Untergebrachte hat über die nach Abs. 1 gebotene Behandlung hinaus Anspruch auf weitere gesundheitliche Betreuung nach Maßgabe der Vorschriften des StVollzG über die Gesundheitsfürsorge und über die Mutterschaftshilfe.

§ 9 Ausbildung, berufliche Eingliederung

Dem Untergebrachten soll Gelegenheit zur Schulausbildung, zur Berufsausbildung, zur Umschulung, zur Teilnahme an berufsfördernden Maßnahmen oder zur Förderung in einer arbeitstherapeutischen Einrichtung gegeben werden. Aus einem Zeugnis oder einer Teilnahmebescheinigung darf nicht erkennbar sein, daß die Maßnahme im Rahmen einer Unterbringung durchgeführt worden ist.

§ 10 Seelsorge

(1) Dem Untergebrachten ist Gelegenheit zu geben, Seelsorge durch eine im Inland bestehende Kirche oder andere Religionsgemeinschaft in Anspruch zu nehmen. Bei Beschränkungen, insbesondere denjenigen des Besuchs, des Schriftwechsels, der Teilnahme an Veranstaltungen sowie des Besitzes und des Erwerbs von Sachen, ist auf das Bedürfnis nach Seelsorge Rücksicht zu nehmen.
(2) Die Einrichtung soll die den Untergebrachten geltenden seelsorgerischen Bemühungen der in Abs. 1 S. 1 genannten Kirchen und Religionsgemeinschaften fördern, soweit die Ziele der Unterbringung dies zulassen.
(3) Die Abs. 1 und 2 gelten für die der Seelsorge vergleichbare Betreuung von Untergebrachten durch eine den Religionsgemeinschaften gleichstehende Weltanschauungsvereinigung sinngemäß.

§ 11 Taschengeld

Der Untergebrachte erhält ein Taschengeld nach den Grundsätzen und Maßstäben, die für das Taschengeld gemäß § 21 Abs. 3 BSHG gelten. Er kann über das Taschengeld frei verfügen, soweit dies den Zweck der Unterbringung nicht gefährdet.

§ 12 Zuwendungen und sonstige Einkünfte, Überbrückungsgeld

(1) Für die Leistung wirtschaftlich ergiebiger Arbeit erhält der Untergebrachte eine Zuwendung. Zuwendungen können auch für die Teilnahme an beruflicher Eingliederung, am Unterricht oder an heilpädagogischer Förderung gewährt werden.
(2) Die Voraussetzungen und die Höhe von Zuwendungen bestimmen sich nach den Grundsätzen, die für die Gewährung von Zuwendungen an Kranke und Behinderte gelten, die in psychiatrischen Landeskrankenhäusern arbeitstherapeutisch gefördert werden. An der Entscheidung über die Verteilung der für Zuwendungen zur Verfügung stehenden Mittel sind Mitarbeiter und Untergebrachte der Einrichtung angemessen zu beteiligen.
(3) Die Befugnis des Untergebrachten zur Verfügung über Zuwendungen und sonstige Einkünfte ist entsprechend den Grundsätzen zu regeln, die für Kranke und Behinderte in den psychiatrischen Landeskrankenhäusern gelten, soweit sich nicht aus Abs. 4 etwas anderes ergibt.
(4) In geeigneten Fällen soll von den Zuwendungen und den sonstigen Einkünften ein Betrag zurückgelegt werden, der zur Eingliederung des Unterge-

brachten bestimmt ist (Überbrückungsgeld). Das Überbrückungsgeld soll bis zur Höhe desjenigen Betrages gebildet werden, der dem Untergebrachten und den Personen, denen gegenüber er zum Unterhalt verpflichtet ist, den notwendigen Lebensunterhalt in den ersten vier Wochen nach der Entlassung sichert. Das Überbrückungsgeld ist unter Berücksichtigung seiner besonderen Zweckbestimmung wie Mündelgeld anzulegen. Der gesetzliche Vertreter sowie die Personen oder Stellen, die bei der Eingliederung mitwirken, sollen an den Entscheidungen über die Bildung und die Auszahlung des Überbrükkungsgeldes beteiligt werden.

§ 13 Eigengeld, Schutzvorschriften

(1) Taschengeld, Zuwendungen und sonstige dem Untergebrachten in der Einrichtung zur Verfügung stehende Einkünfte, über die er nicht verfügt und die nicht als Beitrag zu den Unterbringungskosten (§ 25) oder für andere Verpflichtungen, insbesondere Unterhaltsleistungen, in Anspruch genommen oder als Überbrückungsgeld zurückgelegt werden, sind für ihn zu verwahren (Eigengeld). Über Eigengeld kann der Untergebrachte mit Zustimmung der Einrichtung verfügen. Vor ihrer Entscheidung soll die Einrichtung den gesetzlichen Vertreter hören.

(2) Soweit sich aus diesem Gesetz nichts anderes ergibt, gelten für das Taschengeld und die Zuwendungen nach § 12 die §§ 38 bis 59 SGB-I sinngemäß.

§ 14 Ersatz von Aufwendungen

Wird die Einrichtung in persönlichen Angelegenheiten des Untergebrachten tätig und entspricht dies seinem wirklichen oder mutmaßlichen Willen, so hat er die erforderlichen Aufwendungen zu ersetzen. Der Anspruch auf Ersatz der Aufwendungen ist nicht geltend zu machen, wenn dies die Behandlung oder die Eingliederung behindern würde.

§ 15 Lockerung des Vollzuges und Urlaub

(1) Dem Untergebrachten können Lockerungen des Vollzuges oder Urlaub gewährt werden, wenn zu erwarten ist, daß dadurch das Ziel der Unterbringung gefördert wird und wenn nicht zu befürchten ist, daß der Untergebrachte die ihm eingeräumten Möglichkeiten missbrauchen, insbesondere sich oder die Allgemeinheit gefährden wird.

(2) Als Lockerung des Vollzuges kann insbesondere zugelassen werden, daß der Untergebrachte

1. außerhalb der Einrichtung regelmäßig einer Beschäftigung unter Aufsicht (Außenbeschäftigung) oder ohne Aufsicht (Freigang) nachgeht oder
2. für eine bestimmte Zeit innerhalb eines Tages die Einrichtung unter Aufsicht (Ausführung) oder ohne Aufsicht (Ausgang) verlässt. Die Aufsicht wird durch Bedienstete der Einrichtung wahrgenommen.

(3) Urlaub aus dem geschlossenen Vollzug darf nicht für länger als zwei Wochen, aus dem offenen Vollzug nicht für länger als einen Monat gewährt werden. Insgesamt dürfen die Beurlaubungen aus dem geschlossenen Vollzug zwei Monate im Kalenderjahr, aus dem offenen Vollzug drei Monate im Kalenderjahr nicht überschreiten.

(4) Aus wichtigem Anlass kann Urlaub für längere als die in Abs. 3 genannten Zeiträume gewährt werden. Die in Abs. 3 S. 2 genannte Höchstdauer darf dabei um längstens die Hälfte überschritten werden.

(5) Vor der Bewilligung von Freigang, Ausgang oder Urlaub ist die Vollstreckungsbehörde zu hören. Ist bei einer Unterbringung der Schutz der Allgemeinheit besonders zu beachten, so darf Urlaub nur im Einvernehmen mit der Vollstreckungsbehörde gewährt werden. Das Nähere regelt der Sozialminister im Einvernehmen mit dem Minister der Justiz.*

(6) Vollzugslockerungen und Urlaub können mit Weisungen verbunden werden, soweit dies für den Zweck der Unterbringung erforderlich ist. Dem Untergebrachten kann insbesondere die Weisung erteilt werden,

1. sich einer Behandlung zu unterziehen,
2. sich der Aufsicht einer bestimmten Stelle oder Person zu unterstellen,
3. Anordnungen zu befolgen, die sich auf den Aufenthalt oder ein bestimmtes Verhalten außerhalb der Einrichtung beziehen,
4. in bestimmten Abständen für kurze Zeit in die Einrichtung zurückzukehren.

(7) Während des Urlaubs hat der Untergebrachte nur Anspruch auf Behandlung und Pflege durch die für ihn zuständige Einrichtung oder eine andere geeignete Einrichtung, die die Behandlung im Einvernehmen mit der zuständigen Einrichtung übernommen hat. Behandlungskosten infolge einer Weisung nach Abs. 6 werden nur übernommen, soweit keine Ansprüche gegen einen Sozialleistungsträger bestehen.

* Ausführungsbestimmungen zu § 15 Abs. 5 gem. RdErl. vom 23.8.1982 (Nds.MBl. 1268)

§ 16 Mitwirkung bei der Aussetzung zur Bewährung und der Entlassung

(1) Der ärztliche Leiter der Einrichtung unterrichtet die Vollstreckungsbehörde, wenn er es für geboten hält, die Vollstreckung der Unterbringung zur Bewährung auszusetzen.

(2) Wenn abzusehen ist, daß die Vollstreckung der Unterbringung zur Bewährung ausgesetzt wird oder wenn die Entlassung des Untergebrachten bevorsteht, ist er von der Einrichtung in Zusammenarbeit mit dem Träger der Sozialhilfe, dem sozialpsychiatrischen Dienst, der Führungsaufsichtsstelle und dem Bewährungshelfer auf das Leben außerhalb der Einrichtung vorzubereiten.

Dritter Teil
Hausordnung, Beschränkungen, Sicherheit und Ordnung

§ 17 Anordnungen, Hausordnung

(1) Der Untergebrachte soll sich so verhalten, daß das Ziel der Unterbringung auch für die anderen Untergebrachten nicht gefährdet und das geordnete Zusammenleben in der Einrichtung nicht gestört wird. Anordnungen des Leiters der Einrichtung und ihrer Bediensteten hat er zu befolgen.

(2) Die dem Untergebrachten obliegenden Pflichten sowie Grundsätze für die Ausübung des Hausrechts sind in einer Hausordnung näher zu bestimmen. Die Hausordnung erlässt der Leiter der Einrichtung mit Zustimmung der Aufsichtsbehörde.

(3) Die Hausordnung soll insbesondere Bestimmungen enthalten über
1. die Besuchszeiten und die Dauer von Besuchen,
2. die Tageseinteilung, insbesondere Zeiten für Untersuchungen, Einzel- und Gruppentherapie, Ausbildung, Arbeit, Freizeit und Ruhezeit,
3. die Möglichkeiten der Verwendung und der Verwahrung eigener Sachen,
4. den Umgang mit den Sachen der Einrichtung,
5. den Empfang von Paketen,
6. die Benutzung von Fernsprechern,
7. die Durchführung von Veranstaltungen,
8. regelmäßige Sprechzeiten von Vertretern der Einrichtung und der Aufsichtsbehörde.

(4) Die Hausordnung ist an allgemein zugänglicher Stelle auszuhängen.

§ 18 Grundsätze für Beschränkungen, Sicherung der Unterbringung

(1) Die in diesem Gesetz zugelassenen Beschränkungen können dem Untergebrachten auferlegt werden, soweit das erforderlich ist, um das Ziel der Unterbringung auch der anderen Untergebrachten zu fördern oder um die Sicherheit oder Ordnung aufrechtzuerhalten.
(2) Die Erkenntnisse, die bei der Überwachung der Besuche, des Schriftverkehrs, der Telefongespräche und der sonstigen Sendungen gewonnen werden, sind vertraulich zu behandeln. Sie dürfen nur verwertet werden, soweit dies erforderlich ist, um zu verhindern, daß der Zweck der Unterbringung auch der anderen Untergebrachten oder die Sicherheit oder Ordnung gefährdet wird.
(3) Soweit in diesem Gesetz nichts anderes bestimmt ist, gilt für Beschränkungen und für die Sicherung der Unterbringung das Niedersächsische Gesetz über die öffentliche Sicherheit und Ordnung (SOG). Die Einrichtungen des Maßregelvollzuges sind besondere Verwaltungsbehörden der Gefahrenabwehr (§ 75 SOG). Ihre Bediensteten haben, soweit es erforderlich ist, um die Aufgaben nach S. 1 durchzuführen, die Stellung von Verwaltungsvollzugsbeamten.

§ 19 Besitz, Erwerb und Verwendung von Sachen

(1) Sachen können dem Untergebrachten vorenthalten oder entzogen werden. Ihr Erwerb und ihre Verwendung können beschränkt werden.
(2) Dem Untergebrachten kann auferlegt werden, von der Einrichtung angeordnete Kleidung zu tragen.
(3) Besitz, Empfang, Weitergabe und Verwendung von Tonträgern können davon abhängig gemacht werden, daß der Untergebrachte ihrer Überprüfung zustimmt. Für die Überprüfung gelten die Maßstäbe für die Überwachung des Schriftverkehrs (§ 21) sinngemäß.
(4) Eingebrachte Sachen, die der Untergebrachte nicht in Gewahrsam haben darf, sind, wenn er sie nicht versenden will, für ihn aufzubewahren. Ist die Aufbewahrung nicht möglich, so können die Sachen auch gegen den Willen des Untergebrachten auf seine Kosten unter Wahrung seiner berechtigten Interessen versandt, anderweitig aufbewahrt oder entfernt werden.
(5) Aufzeichnungen und andere Sachen, die Kenntnisse über Sicherheitsvorkehrungen der Einrichtung vermitteln, können vernichtet oder unbrauchbar gemacht werden.

§ 20 Besuche

(1) Besuche können eingeschränkt oder untersagt werden. Besuche eines gesetzlichen Vertreters, von Verteidigern sowie von Rechtsanwälten und Notaren in einer den Untergebrachten betreffenden Rechtssache sind zu gestatten. Der Besuch kann davon abhängig gemacht werden, daß der Besucher sich durchsuchen und die von ihm mitgeführten Gegenstände überprüfen lässt. Die von einem Verteidiger mitgeführten Schriftstücke und Unterlagen dürfen nicht auf ihren Inhalt überprüft werden.

(2) Die Besuche mit Ausnahme der Besuche von Verteidigern können überwacht werden. Ein Besuch kann abgebrochen werden, wenn der Untergebrachte oder der Besucher trotz Abmahnung gegen die Vorschriften dieses Gesetzes oder darauf gestützte Anordnungen verstößt. Die Abmahnung kann unterbleiben, wenn besondere Gründe dafür vorliegen, den Besuch sofort abzubrechen.

§ 21 Briefliche und andere Sendungen, Telefongespräche

(1) Der Schriftverkehr des Untergebrachten kann, auch soweit Schriftstücke bei Besuchen übergeben werden, überwacht und beschränkt werden. Ausgenommen hiervon ist der Schriftverkehr mit

1. einem Verteidiger,
2. dem Ausschuss und den Besuchskommissionen gemäß § 24 sowie deren Mitgliedern,
3. den Volksvertretungen des Bundes und der Länder sowie deren Mitgliedern,
4. der Europäischen Kommission für Menschenrechte.

Eine Beschränkung nach Abs. 2 Nr. 1 ist jedoch auch für diesen Schriftverkehr zulässig.

(2) Der Schriftverkehr kann insbesondere dadurch beschränkt werden, daß

1. Absendung und Empfang durch die Einrichtung vermittelt werden,
2. Schreiben angehalten werden,
3. ausgehenden Schreiben, die unrichtige Darstellungen enthalten, ein Begleitschreiben beigefügt wird, wenn der Untergebrachte auf der Absendung besteht.

(3) Schreiben können insbesondere angehalten werden, soweit

1. ihre Weitergabe den Zweck der Unterbringung auch der anderen Untergebrachten oder die Sicherheit oder Ordnung der Einrichtung gefährden würde,

2. die Weitergabe in Kenntnis ihres Inhalts einen Straf- oder Bußgeldtatbestand verwirklichen würde,
3. sie grob unrichtige oder erheblich entstellende Darstellungen von Verhältnissen der Einrichtung enthalten,
4. ihre Weitergabe die Eingliederung eines anderen Untergebrachten nach dessen Entlassung gefährden würde oder
5. sie in Geheimschrift oder ohne triftigen Grund in einer fremden Sprache abgefasst, verschlüsselt oder unlesbar sind.

Schreiben an die Aufsichtsbehörde, an Gerichte oder an Staatsanwaltschaften dürfen nicht angehalten werden. Angehaltene Schreiben werden an den Absender unter Angabe des Grundes zurückgegeben oder, sofern dies unmöglich oder aus besonderen Gründen untunlich ist, von der Einrichtung verwahrt.

(4) Für Telefongespräche gelten die Vorschriften über den Besuch und den Schriftverkehr sinngemäß. Telefongespräche werden dadurch überwacht, daß ein Bediensteter der Einrichtung das Gespräch mithört; der Untergebrachte ist darüber vor Beginn des Gesprächs zu unterrichten.

(5) Für Pakete, für andere Sendungen einschließlich Zeitungen und Zeitschriften und für andere Arten der Nachrichtenübermittlung gelten die Vorschriften über den Schriftverkehr sinngemäß. Darüber hinaus gelten die Vorschriften über Besitz und Erwerb von Sachen (§ 19).

§ 22 Durchsuchung

Der Untergebrachte, seine Sachen und die Unterbringungsräume können durchsucht werden. Eine mit einer Entkleidung verbundene körperliche Durchsuchung ist nur bei Gefahr im Verzuge oder auf Anordnung des Leiters der Einrichtung zulässig; sie muss in einem geschlossenen Raum durchgeführt werden, andere Untergebrachte dürfen nicht anwesend sein. Der Leiter der Einrichtung kann Durchsuchungen nach S. 2 für bestimmte Fälle allgemein anordnen.

§ 23 Besondere Sicherungsmaßnahmen

(1) Gegen einen Untergebrachten können besondere Sicherungsmaßnahmen angeordnet werden, wenn in erhöhtem Maße Fluchtgefahr besteht oder sonst sein Verhalten oder sein Zustand eine erhebliche Gefahr für die Sicherheit oder Ordnung darstellt, insbesondere, wenn Gewalttätigkeiten gegen Personen oder Sachen oder eine Selbsttötung oder Selbstverletzung zu befürchten sind. Als besondere Sicherungsmaßnahmen sind zulässig:

1. der Entzug oder die Beschränkung des Aufenthalts im Freien,
2. der Entzug oder die Vorenthaltung von Gegenständen,
3. die Absonderung von anderen Untergebrachten,
4. die kurzdauernde mechanische Fixierung,
5. die Unterbringung in einem besonders gesicherten Raum. Besondere Sicherungsmaßnahmen sind ärztlich zu überwachen.

(2) Über einen Zeitraum von mehr als einem Monat darf ein Untergebrachter nur mit Zustimmung der Aufsichtsbehörde von anderen Untergebrachten abgesondert werden. Die Zustimmung darf nur für einen Zeitraum von jeweils höchstens zwei weiteren Monaten erteilt werden.

Vierter Teil
Schlussvorschriften

§ 24 Ausschuss für Angelegenheiten der psychiatrischen Krankenversorgung, Besuchskommissionen

Der Ausschuss gemäß § 37 PsychKG* nimmt die ihm obliegenden Aufgaben auch für die im Maßregelvollzug Untergebrachten wahr. Für die Einrichtungen des Maßregelvollzuges werden besondere Besuchskommissionen gebildet. § 37 Abs. 2 S. 3 und 4, Abs. 3 bis 5 PsychKG* gilt sinngemäß.

* entspricht § 30 Abs.4 S.1 und 2, Abs.5 und 6 sowie § 31 Nds PsychKG in der Fassung vom 16.6.1997 (GVBl.272,277); dazu Verordnung gemäß § 31 Nds.PsychKG vom 6.7.2001 (GVBl.419)

§ 25 Kosten

(1) Die Kosten einer Unterbringung nach diesem Gesetz trägt das Land, soweit nicht ein Sozialleistungsträger oder der Untergebrachte zu den Kosten beizutragen hat.

(2) Der Untergebrachte hat zu den Kosten nach den Grundsätzen und Maßstäben beizutragen, nach denen ein Hilfeempfänger nach dem BSHG bei nicht nur vorübergehender stationärer Behandlung sein Einkommen einzusetzen hätte. Die Bildung eines angemessenen Überbrückungsgeldes (§ 12 Abs. 4) darf dadurch nicht beeinträchtigt werden.

§ 26 Einschränkung von Grundrechten

Durch dieses Gesetz werden die Grundrechte auf körperliche Unversehrtheit und auf Freiheit der Person (Art. 2 Abs. 2 GG) und auf die Unverletzlichkeit des Brief- und Fernmeldegeheimnisses (Art. 10 GG) eingeschränkt.

§ 27 Inkrafttreten

[nicht abgedruckt]

Danksagung

Herrn Prof. Dr. Dirk Fabricius möchte ich für die Anregung zu dieser Arbeit sowie für die Betreuung und Unterstützung in dieser Angelegenheit danken.

Mein ausdrücklicher Dank gilt außerdem Herrn Dr. Martin Schott, der mir den Zutritt zum Landeskrankenhaus Moringen ermöglicht hat und mir dabei stets hilfreich und unterstützend zur Seite stand.

Ebenfalls Dank gilt meinen Eltern, die mich während der Zeit des Promotionsstudiums finanziell unterstützt haben.

FRANKFURTER KRIMINALWISSENSCHAFTLICHE STUDIEN

Band 1 Peter Böning: Die Lehre vom Unrechtsbewußtsein in der Rechtsphilosophie Hegels 100 S., 1978.

Band 2 Wolfgang Schneider: Kriminelle Straßenverkehrsgefährdung (§ 315c Abs. 1 Ziff. 2, Abs. 3 StGB). Eine kriminologische und strafrechtliche Untersuchung zur Problematik dieser Verkehrsstraftaten unter Berücksichtigung ausländischer Rechte. 342 S., 1978.

Band 3 Lothar Kuhlen: Die Objektivität von Rechtsnormen. Zur Kritik des radikalen labeling approach in der Kriminalsoziologie. 178 S., 1978.

Band 4 Günther Grewe: Straßenverkehrsdelinquenz und Marginalität. Untersuchungen zur institutionellen Regelung von Verhalten. 148 S., 1978.

Band 5 Dieter Haberstroh: Strafverfahren und Resozialisierung. Eine Studie über Verstehen und Nicht-Verstehen, über Verstanden-Werden und Nicht-Verstanden-Werden und deren Bedingungen in der Hauptverhandlung. 202 S., 1979.

Band 6 Thomas Vogt: Die Forderungen der psychoanalytischen Schulrichtungen für die Interpretation der Merkmale der Schuldunfähigkeit und der verminderten Schuldfähigkeit (§§ 51 a.F., 20, 21 StGB). 182 S., 1979.

Band 7 Andreas Michael: Der Grundsatz in dubio pro reo im Strafverfahrensrecht. Zugleich ein Beitrag über das Verhältnis von materiellem Recht und Prozeßrecht. 214 S., 1981.

Band 8 Ilias G. Anagnostopoulos: Haftgründe der Tatschwere und der Wiederholungsgefahr (§§ 112 Abs. 3, 112 a StPO). Kriminalpolitische und rechtssystematische Aspekte der Ausweitung des Haftrechts. 1984.

Band 9 Helga Müller: Der Begriff der Generalprävention im 19. Jahrhundert. Von P.J.A. Feuerbach bis Franz v. Liszt. 1984.

Band 10 Frowin Jörg Kurth: Das Mitverschulden des Opfers beim Betrug. 1984.

Band 11 Martin J. Worms: Die Bekenntnisbeschimpfung im Sinne des § 166 Abs. 1 StGB und die Lehre vom Rechtsgut. 1984.

Band 12 Jong-Dae Bae: Der Grundsatz der Verhältnismäßigkeit im Maßregelrecht des StGB. 1985.

Band 13 Helmut Fünfsinn: Der Aufbau des fahrlässigen Verletzungsdelikts durch Unterlassen im Strafrecht. 1985.

Band 14 Christoph Krehl: Die Ermittlung der Tatsachengrundlage zur Bemessung der Tagessatzhöhe bei der Geldstrafe. 1985.

Band 15 Walter-Hermann Kiehl: Strafrechtliche Toleranz wechselseitiger Ehrverletzungen - Zur ratio legis der §§ 199, 233 Strafgesetzbuch -. 1986.

Band 16 Matthias Krahl: Die Rechtsprechung des Bundesverfassungsgerichts und des Bundesgerichtshof zum Bestimmtheitsgrundsatz im Strafrecht (Art. 103 Abs. 2 GG). 1986.

Band 17 Patrick Carroll Campbell: § 220a StGB. Der richtige Weg zur Verhütung und Bestrafung von Genozid? 1986.

Band 18 Winfried Hassemer (Hrsg.): Strafrechtspolitik. Bedingungen der Strafrechtsreform. 1987.

Band 19 Felix Herzog: Prävention des Unrechts oder Manifestation des Rechts. Bausteine zur Überwindung des heteronom-präventiven Denkens in der Strafrechtstheorie der Moderne. 1987.

Band 20 Astrid Michalke-Detmering: Die Mindestanforderungen an die rechtliche Begründung des erstinstanzlichen Strafurteils. Zur Auslegung des § 267 StPO. 1987.

Band 21 Lothar Kuhlen: Die Unterscheidung von vorsatzausschließendem und nichtvorsatzausschließendem Irrtum. 1987.

Band 22 Michael Buttel: Kritik der Figur des Aufklärungsgehilfen im Betäubungsmittelstrafrecht (§ 31 BtMG). 1988.

Band 23 Matthias Kögler: Die zeitliche Unbestimmtheit freiheitsentziehender Sanktionen des Strafrechts. Eine vergleichende Untersuchung zur Rechtslage und Strafvollstreckungspraxis in der Bundesrepublik Deutschland und den USA. 1988.

Band 24 Klaus Lüderssen/Cornelius Nestler-Tremel/Ewa Weigend(Hrsg.): Modernes Strafrecht und ultima-ratio-Prinzip. 1990.

Band 25 Jürgen Taschke: Die behördliche Zurückhaltung von Beweismitteln im Strafprozeß. 1989.

Band 26 Daniela Westphalen: Karl Binding (1841-1920). Materialien zur Biographie eines Strafrechtsgelehrten. 1989.

Band 27 Sigrid Jans: Die Aushöhlung des Klageerzwingungsverfahrens. 1990.

Band 28 Dimitris Spirakos: Folter als Problem des Strafrechts. Kriminologische, kriminalsoziologische und (straf-)rechtsdogmatische Aspekte unter besonderer Berücksichtigung der Folterschutzkonvention und der Pönalisierung der Folter in Griechenland. 1990.

Band 29 Stephan Moll: Strafrechtliche Aspekte der Behandlung Opiatabhängiger mit Methadon und Codein. 1990.

Band 30 Stefan Werner: Wirtschaftsordnung und Wirtschaftsstrafrecht im Nationalsozialismus. 1991.

Band 31 Xanthi Bassakou: Beiträge zur Analyse und Reform des Absehens von Strafe nach § 60 StGB. 1991.

Band 32 Rainer Runte: Die Veränderung von Rechtfertigungsgründen durch Rechtsprechung und Lehre. Moderne Strafrechtsdogmatik zwischen Rechtsstaatsprinzip und Kriminalpolitik. 1991.

Band 33 Olaf Hohmann: Das Rechtsgut der Umweltdelikte. Grenzen des strafrechtlichen Umweltschutzes. 1991.

Band 34 Klaus Jochen Müller: Das Strafbefehlsverfahren (§§ 407 ff. StPO). Eine dogmatisch-kriminalpolitische Studie zu dieser Form des schriftlichen Verfahrens unter besonderer Berücksichtigung der geschichtlichen Entwicklung – zugleich ein Beitrag zum StVÄG 1987. 1993

Band 35 Sang-Don Yi: Wortlautgrenze, Intersubjektivität und Kontexteinbettung. Das strafrechtliche Analogieverbot. 1991.

Band 36 Birgit Malsack: Die Stellung der Verteidigung im reformierten Strafprozeß. Eine rechtshistorische Studie anhand der Schriften von C. J. A. Mittermaier. 1992.

Band 37 Rüdiger Schäfer: Die Privilegierung des "freiwillig-positiven" Verhaltens des Delinquenten nach formell vollendeter Straftat. Zugleich ein Beitrag zum Grundgedanken des Rücktritts vom Versuch und zu den Straftheorien. 1992.

Band 38 Cornelius Nestler-Tremel: AIDS und Strafzumessung. 1992.

Band 39 Christine Gutmann: Freiwilligkeit und (Sozio-)Therapie – notwendige Verknüpfung oder Widerspruch? 1993.

Band 40 Walter Kargl: Der strafrechtliche Vorsatz auf der Basis der kognitiven Handlungstheorie. 1993.

Band 41 Jürgen Rath: Zur strafrechtlichen Behandlung der aberratio ictus und des error in objecto des Täters. 1993.

Band 42 Martin Fischer: Wille und Wirksamkeit. Eine Untersuchung zum Problem des *dolus alternativus*. 1993.

Band 43 Regina Harzer: Der Naturzustand als Denkfigur moderner praktischer Vernunft. Zugleich ein Beitrag zur Staats- und Rechtsphilosophie von Hobbes und Kant. 1994.

Band 44 Helmut Pollähne: Lockerungen im Maßregelvollzug. Eine Untersuchung am Beispiel der Anwendung des nordrhein-westfälischen Maßregelvollzugsgesetzes im Westfälischen Zentrum für Forensische Psychiatrie (Lippstadt). 1994.

Band 45 Hans-Joachim Leonhardt: Rechtsmittelermessen der Staatsanwaltschaft. Eine Gegenüberstellung von § 296 StPO mit Nummern 147 und 148 Richtlinien für das Strafverfahren und das Bußgeldverfahren (RiStBV). 1994.

Band 46 Rolf Grünebaum: Zur Strafbarkeit des Therapeuten im Maßregelvollzug bei fehlgeschlagenen Lockerungen. 1996.

Band 47 Barbara Bialas: Promille-Grenzen, Vorsatz und Fahrlässigkeit. 1996.

Band 48 Christine Pott: Die Außerkraftsetzung der Legalität durch das Opportunitätsdenken in den Vorschriften der §§ 154, 154a StPO. Zugleich ein Beitrag zu einer kritischen Strafverfahrensrechtstheorie. 1996.

Band 49 Wolfgang Köberer: *Iudex non calculat*. Über die Unmöglichkeit, Strafzumessung sozialwissenschaftlich-mathematisch zu rationalisieren. 1996.

Band 50 Institut für Kriminalwissenschaften Frankfurt a.M. (Hrsg.): Vom unmöglichen Zustand des Strafrechts. 1995.

Band 51 Petra Kamberger: Treu und Glauben (§ 242 BGB) als Garantenstellung im Strafrecht? 1996.

Band 52 Anastassios Triantafyllou: Das Delikt der gefährlichen Körperverletzung (§ 223a StGB) als Gefährdungsdelikt. (Zugleich ein Beitrag zur Dogmatik der Gefährdungsdelikte). 1996.

Band 53 Norbert Kissel: Aufrufe zum Ungehorsam und § 111 StGB. Grundrechtlicher Einfluß bei der Feststellung strafbaren Unrechts. 1996.

Band 54 Susanne Ehret: Franz von Liszt und das Gesetzlichkeitsprinzip. Zugleich ein Beitrag wider die Gleichsetzung von Magna-charta-Formel und Nullum-crimen-Grundsatz. 1996.

Band 55 Stefan Braum: Geschichte der Revision im Strafverfahren von 1877 bis zur Gegenwart. Zugleich eine Kritik der Kontinuität politischer Macht im Recht. 1996.

Band 56 Katja Diel: Das Regreßverbot als allgemeine Tatbestandsgrenze im Strafrecht. 1997.

Band 57 Christoph Koller: Die Staatsanwaltschaft – Organ der Judikative oder Exekutivbehörde? Die Stellung der Anklagebehörde und die Gewaltenteilung des Grundgesetzes. 1997.

Band 58 Frank Schößler: Anerkennung und Beleidigung. Rechtsgut und Strafzweck des § 185 StGB. 1997.

Band 59 Regina Engelstädter: Der Begriff des Unfallbeteiligten in § 142 Abs. 4 StGB. Zugleich eine Kritik an aktuellen Zurechnungslehren. 1997.

Band 60 Jörg Reinhardt: Der Ausschluß und die Ablehnung des befangen erscheinenden Staatsanwaltes. 1997.

Band 61 Jens Christian Müller-Tuckfeld: Integrationsprävention. Studien zu einer Theorie der gesellschaftlichen Funktion des Strafrechts. 1998.

Band 62 Peter Maria Rohe: Verdeckte Informationsgewinnung mit technischen Hilfsmitteln zur Bekämpfung der Organisierten Kriminalität. Zugleich eine rechtsvergleichende Analyse der polizeilichen Abhörbefugnisse in den U.S.A. 1998.

Band 63 Dirk Fabricius: Was ein Lehrbuch lehrt ... Eine exemplarische Untersuchung von Jakobs *Strafrecht – Allgemeiner Teil.* 1998.

Band 64 Stefan Sinner: Der Vertragsgedanke im Strafprozeßrecht. 1999.

Band 65 Sebastian Schattenfroh: Die Staatsphilosophie Giovanni Gentiles und die Versuche ihrer Verwirklichung im faschistischen Italien. 1999.

Band 66 Athanassia Dionyssopoulou: Der Tatbestand der Geldwäsche. Eine Analyse der dogmatischen Grundlagen des § 261 StGB. 1999.

Band 67 Klaus von Lampe: *Organized Crime.* Begriff und Theorie organisierter Kriminalität in den USA. 1999.

Band 68 Christian Hanssen: "Trennung der Märkte". Rechtsdogmatische und rechtspolitische Probleme einer Liberalisierung des Drogenstrafrechts. 1999.

Band 69 Institut für Kriminalwissenschaften und Rechtsphilosophie Frankfurt a.M. (Hrsg.): Irrwege der Strafgesetzgebung. 1999.

Band 70 Konstantinos Chatzikostas: Die Disponibilität des Rechtsgutes Leben in ihrer Bedeutung für die Probleme von Suizid und Euthanasie. 2000.

Band 71 Bettina Wirmer-Donos: Die Strafrechtstheorie Karl Christian Friedrich Krauses als theoretische Grundlage des spanischen Korrektionalismus. 2001.

Band 72 Christine Löw: Die Erkundigungspflicht beim Verbotsirrtum nach § 17 StGB. 2001.

Band 73 Florian Ufer: Der Verwertungswiderspruch in Theorie und Praxis. Prozessuale Obliegenheiten des Verteidigers und ihre Bedeutung für die Rechtsposition des Beschuldigten. 2002.

Band 74 Katja Melzer: Psychisch kranke Straftäterinnen. Frauen im Maßregelvollzug. 2001.

Band 75 Gregor Kuntze-Kaufhold: Lebenswelt und Unparteilichkeit. Kriterien für eine Rechtsanwendungslehre am Beispiel der Analyse von fünf Hauptverhandlungen in Strafverfahren. 2002.

Band 76 Iris Kristina Passek: Die erstinstanzliche Zuständigkeit der Oberlandesgerichte in Staatsschutzstrafsachen. Historische Entwicklung und aktuelle Probleme. 2002.

Band 77 Michael Krebs: Die Weisungsgebundenheit des Staatsanwalts unter besonderer Berücksichtigung des rechtstatsächlichen Aspekts. 2002.

Band 78 Kerstin Degenhardt: Europol und Strafprozeß. Die Europäisierung des Ermittlungsverfahrens. 2003.

Band 79 Domenico Siciliano: Das Leben des fliehenden Diebes: Ein strafrechtliches Politikum. 2003.

Band 80 Marc Colussi: Produzentenkriminalität und strafrechtliche Verantwortung. 2003.

Band 81 Thilo Lars Hild: Grenzen einer strafrechtlichen Regulierung des Kapitalmarktes. Eine kriminalrechtliche Untersuchung von Börsengängen und Aktienhandel in Deutschland und den USA. 2004.

Band 82 Philipp Rau: Schweigen als Indiz der Schuld. Ein Vergleich des deutschen und englischen Rechts zur Würdigung des Schweigens des Beschuldigten. 2004.

Band 83 Alexandra Pfeiffer: Die Regelung der Lebendorganspende im Transplantationsgesetz. 2004.

Band 84 Elena Fischer: Recht auf Sterben?! Ein Beitrag zur Reformdiskussion der Sterbehilfe in Deutschland unter besonderer Berücksichtigung der Frage nach der Übertragbarkeit des Holländischen Modells der Sterbehilfe in das deutsche Recht. 2004.

Band 85 Jörg Ziethen: Grundlagen probabilistischer Zurechnung im Strafrecht. 2004.

Band 86 Stefanie Schork: Ausgesprochen schuldig. Dogmatische und metadogmatische Untersuchungen zum Schuldspruch. 2005.

Band 87 Claudia Schubert: Verbotene Worte? Versuch einer Neubestimmung im Umgang mit rassistischen Äußerungen jenseits des Strafrechts. 2005.

Band 88 Ulfrid Neumann / Cornelius Prittwitz (Hrsg.): Kritik und Rechtfertigung des Strafrechts. 2005.

Band 89 Denis Basak: Die Zuständigkeitsregeln internationaler Strafgerichte und Art. 101 GG. Zum Verhältnis der deutschen Strafgerichtsbarkeit zu den Internationalen Tribunalen für Jugoslawien und Ruanda sowie zum Ständigen Internationalen Strafgerichtshof. 2005.

Band 90 Hsiao-Wen Wang: Der universale Strafanspruch des nationalen Staates. Eine Untersuchung über das Weltrechtsprinzip im Internationalen Strafrecht. 2005.

Band 91 Leonie Frenz: Faktizität des Rechts in der forensischen Psychiatrie. Eine Untersuchung im LKH Moringen. 2005.

Band 92 Eva-Maria Unger: Schutzlos ausgeliefert? Der Europäische Haftbefehl. Ein Beispiel für die Missachtung europäischer Bürgerrechte. 2005.

www.peterlang.de

MIX
Papier | Fördert
gute Waldnutzung
FSC® C083411

Kolibri 360 GmbH
Ferdinand-Jühlke-Straße 7
99095 Erfurt, Deutschland
produktsicherheit@kolibri360.de

Druck:
CPI Druckdienstleistungen GmbH
im Auftrag der
Kolibri 360 GmbH
Ferdinand-Jühlke-Str. 7
99095 Erfurt